装备物流工程概论

蔡军锋 ◎ 主编

INTRODUCTION TO EQUIPMENT
LOGISTICS ENGINEERING

内 容 简 介

本书针对我军装备物流特点以及相关物流工程技术的发展趋势，以装备物流系统及其有关活动为对象，系统论述了装备物流工程的概念、内涵，装备物流系统的分析、规划、设计、管理和控制等内容，为装备物流工程建设与发展提供科学的技术和方法。

本书既可作为物流管理与技术、装备管理、弹药保障与爆炸技术等相关专业本科生和研究生的教科书，又可作为装备物流相关技术人员的参考用书。

版权专有　侵权必究

图书在版编目（CIP）数据

装备物流工程概论 / 蔡军锋主编. --北京：北京理工大学出版社，2022.3
ISBN 978-7-5763-1158-7

Ⅰ. ①装⋯　Ⅱ. ①蔡⋯　Ⅲ. ①装备制造业-物流-概论　Ⅳ. ①F407.05

中国版本图书馆 CIP 数据核字（2022）第 045042 号

出版发行 / 北京理工大学出版社有限责任公司
社　　址 / 北京市海淀区中关村南大街 5 号
邮　　编 / 100081
电　　话 /（010）68914775（总编室）
　　　　　（010）82562903（教材售后服务热线）
　　　　　（010）68944723（其他图书服务热线）
网　　址 / http://www.bitpress.com.cn
经　　销 / 全国各地新华书店
印　　刷 / 三河市华骏印务包装有限公司
开　　本 / 787 毫米 × 1092 毫米　1/16
印　　张 / 13.5
字　　数 / 314 千字
版　　次 / 2022 年 3 月第 1 版　2022 年 3 月第 1 次印刷
定　　价 / 62.00 元

责任编辑 / 徐　宁
文案编辑 / 邓雪飞
责任校对 / 周瑞红
责任印制 / 李志强

图书出现印装质量问题，请拨打售后服务热线，本社负责调换

编委会名单

主　编：蔡军锋

副主编：武洪文

编　者：姚　恺　李　江　李天鹏　苑希超

　　　　傅孝忠　戴祥军

前言

装备物流工程是现代物流、军事物流与装备保障相结合而产生的，贯穿于装备全寿命过程的物流技术、物流管理和物流保障活动的总称。装备物流工程是在系统工程思想指导下，运用现代理论方法和信息技术手段，研究装备物流系统的分析、规划、设计、组织、管理、评价、决策、控制等问题，实现装备物流系统快速、精确、可靠、安全、高效运行的一种工程技术。

现代高技术战争具有高强度、大消耗等特点，装备物流对现代高技术战争的制约作用比以往更加明显，强大的装备物流体系是高技术战争强有力的支撑，装备物流的能力和水平已经成为影响战争进程和结果的关键性因素。

本书针对我军装备物流特点以及相关物流工程技术的发展趋势，以装备物流系统及其有关活动为对象，系统论述了装备物流工程的概念、内涵，以及装备物流系统的分析、规划、设计、管理和控制等内容，为装备物流工程建设与发展提供科学的技术和方法。

本书分为 8 章。第一章主要概述了装备物流工程的概念、内涵、作用、研究内容以及装备物流工程的现状与发展；第二章主要介绍了装备物流系统的概念、分类、系统要素以及特征，分析了装备物流系统的结构与功能，组织过程及任务流程等内容；第三章阐述了装备物流设施规划与设计的目标、内容，装备物流设施中心的规划设计以及装备物流设施的选址等内容；第四章主要介绍了装备包装与集装的功能和作用，从装备包装和集装两个方面分别阐述了装备包装和集装的设计原理、技术方法等内容；第五章主要介绍了装备装卸搬运系统的概念、特点，系统设计的原则、程序、方法以及当前装备装卸搬运设备的现状与发展等内容；第六章主要介绍了装备物流信息系统的概念、特点、建设目标、关键技术以及装备物流信息系统需求分析和系统设计等内容；第七章主要介绍了装备物流管理中装备储备策略与技术、装备仓储管理与优化、装备运输投送与管理以及装备供应链管理与技术等内容；第八章主要介绍了装备物流运筹优化的概念、方法及分析工具，并针对一些典型的物流运筹优化问题，给出了基于 WinQSB 软件的分析示例。

全书由蔡军锋统稿。其中，第一、六章由蔡军锋执笔，第二章由姚恺执笔，第三章由苑希超、傅孝忠执笔，第四章由李天鹏、蔡军锋执笔，第五章由李江执笔，第七章由武洪文、戴祥军执笔，第八章由武洪文执笔。在本书的编写过程中，参考了国内外的有关著作、资料及相关学术研究成果，在此向文献作者表示深深的谢意。

限于作者水平，书中疏漏在所难免，恳请广大读者批评指正。

作 者

2021 年 8 月

目　录
CONTENTS

第一章　绪论 ··001
　第一节　装备物流工程的概念与内涵 ···001
　　一、物流与物流工程 ··001
　　二、装备物流工程 ··002
　第二节　装备物流工程的作用与研究内容 ···004
　　一、装备物流工程的作用 ··004
　　二、装备物流工程的研究内容 ···005
　第三节　装备物流工程的现状与发展 ···006
　　一、装备物流工程发展现状 ··006
　　二、装备物流工程发展趋势 ··007
　思考与练习 ···009

第二章　装备物流系统分析 ···010
　第一节　装备物流系统概述 ··010
　　一、装备物流系统概念 ···010
　　二、装备物流系统分类 ···011
　　三、装备物流系统要素 ···014
　　四、装备物流系统特征 ···015
　第二节　装备物流系统的结构与功能分析 ···018
　　一、装备物流系统结构 ···018
　　二、装备物流系统功能 ···019
　第三节　装备物流系统的组织过程与模式分析 ···023
　　一、组织过程 ··023
　　二、组织模式 ··025
　　三、新型组织模式 ··030
　第四节　装备物流系统影响因素与流程分析 ··033
　　一、装备物流系统影响因素 ··033
　　二、装备物流任务流程 ···038
　　三、装备物流系统主要环节组织决策流程 ···039
　思考与练习 ···042

第三章 装备物流系统规划与设计 043
第一节 装备物流系统规划与设计的目标和内容 043
一、装备物流系统规划与设计的目标 043
二、装备物流系统规划与设计的内容 044
三、装备物流系统网点规划布局 044
第二节 装备物流中心规划与设计 045
一、装备物流中心规划与设计的内容 046
二、装备物流中心设施布局设计 046
三、装备物流设施选址 047
第三节 装备物流设施选址模型 048
一、单设施选址模型 049
二、多设施选址模型 051
三、动态选址模型 054
四、综合选址模型 055
思考与练习 057

第四章 装备包装与集装设计 058
第一节 装备包装与集装概述 058
一、装备包装 058
二、装备集装 061
第二节 装备包装设计 063
一、防水包装设计 063
二、防潮包装设计 066
三、防锈包装设计 068
四、防振包装设计 070
五、电磁防护包装设计 075
第三节 装备集装单元设计 077
一、装备集装器具设计 077
二、装备集装装载设计 081
三、装备集装模式设计 082
思考与练习 085

第五章 装备装卸搬运系统设计 086
第一节 装备装卸搬运系统概述 086
一、装卸搬运的概念 086
二、装卸搬运的地位与作用 086
三、装卸搬运的分类与特点 088
第二节 装备装卸搬运系统设计方法 090
一、装卸搬运系统设计原则 090

二、装卸搬运系统设计程序……091
　　三、装卸搬运系统物流分析……092
　　四、装卸搬运设备编配方法……094
第三节　装备装卸搬运设备发展现状……096
　　一、托盘装卸搬运设备……096
　　二、集装箱装卸搬运设备……100
　　三、美军装备装卸搬运设备……106
思考与练习……109

第六章　装备物流信息系统设计……110
第一节　装备物流信息系统概述……110
　　一、装备物流信息系统基本概念……110
　　二、装备物流信息系统主要特点……111
　　三、装备物流信息系统建设目标……112
　　四、装备物流信息系统发展趋势……113
第二节　装备物流信息系统关键技术……114
　　一、信息识别与采集技术……114
　　二、信息传输与跟踪技术……117
　　三、信息存储与管理技术……119
　　四、信息处理与决策支持技术……120
第三节　装备物流信息系统需求分析……121
　　一、装备物流信息系统需求分析概述……121
　　二、装备物流信息系统需求分析过程……124
　　三、装备物流信息系统组织结构分析……125
　　四、装备物流信息系统业务流程分析……126
第四节　装备物流信息系统设计……127
　　一、装备物流信息系统设计概述……127
　　二、装备物流信息系统设计方法……129
　　三、装备物流信息系统数据库设计……131
　　四、装备物流信息系统代码设计……133
　　五、装备物流信息系统输入/输出设计……135
思考与练习……138

第七章　装备物流管理工程与技术……139
第一节　装备储备策略与技术……139
　　一、装备储备概述……139
　　二、装备储备策略……141
　　三、装备储存技术……144
第二节　装备仓储管理与优化……146
　　一、装备仓储管理……146

二、装备库存控制 ·· 148
　　三、装备储存优化 ·· 151
　第三节　装备运输投送与管理 ·· 154
　　一、装备运输投送概述 ·· 154
　　二、装备运输投送方式 ·· 156
　　三、装备运输投送指挥 ·· 157
　　四、装备运输投送管理 ·· 159
　第四节　装备供应链管理与技术 ·· 163
　　一、装备供应链管理概述 ·· 163
　　二、装备供应链物流管理 ·· 166
　　三、装备供应链信息流管理 ·· 168
　　四、装备供应链风险管理 ·· 169
　思考与练习 ·· 171

第八章　装备物流运筹优化 ··· 172
　第一节　装备物流运筹优化方法 ·· 172
　　一、装备供应需求预测 ·· 172
　　二、装备供应运筹规划 ·· 175
　　三、装备供应方案决策 ·· 181
　第二节　装备物流运筹优化分析计算 ··· 183
　　一、装备物流运筹优化计算工具 ··· 183
　　二、装备物流运筹优化分析示例 ··· 184
　思考与练习 ·· 202

参考文献 ·· 203

第一章
绪　　论

　　装备物流工程主要用于解决装备保障过程中装备物流系统规划、设计、控制与管理等方面的问题，它的应用范围相当广泛，是军事物流工程的重要组成部分。基于装备保障的特点与规律，装备物流工程的内涵及研究内容既有军事物流工程研究中的共性，也有其自身的特性。本章主要论述物流工程、军事物流工程和装备物流工程的概念、内涵、研究内容以及现状与发展等内容。

第一节　装备物流工程的概念与内涵

一、物流与物流工程

　　"物流"一词是第二次世界大战期间从军事后勤学的含义演变而来的，最早源于美国，后被日本引进并结合当时日本国内的经济建设和管理而得到发展。我国国家标准 GB/T 18354—2006 关于物流的定义是：物品从供应地向接收地的实体流动过程。根据实际需要，将运输、储存、装卸、搬运、包装、流通加工、配送、信息处理等基本功能实施有机的结合。

　　物流的概念不是一成不变的，随着物流管理理论和物流实践活动的发展，其内涵和外延也在不断变化。在不同的经济发展阶段，为适应不同的经济活动目的，物流的定义也会不断进化与完善。20 世纪 80 年代以后，传统物流已向现代物流转变。现代物流与传统物流的不同在于现代物流已经突破商品流通的范围，把物流活动扩大到生产领域。物流已不仅仅从产品出厂开始，而是包括从原材料采购、加工生产到产品销售、售后服务直至废旧物品回收等整个物理性的流通过程。这是因为，随着生产的发展，社会分工越来越细，大型制造商往往把成品零部件的生产任务外包给其他专业性制造商，自己只负责把这些零部件组装起来，而这些专业性制造商可能位于世界上劳动力比较便宜的地方。在这种情况下，物流不但与流通系统保持紧密的联系，而且与生产系统也产生了密切的关系。将物流、商流和生产 3 个方面结合在一起，就能产生更高的效率和效益。

　　"物流工程"是物流学与工程技术结合的产物，它是以物流系统为研究对象，研究物流系统的规划设计与资源优化配置、物流运作过程的计划与控制以及经营管理的工程领域。物流工程是管理与技术的交叉学科，与交通运输工程、管理科学与工程、工业工程、计算机技术、机械工程、环境工程、建筑与土木工程等领域密切相关。

随着社会的发展，物流工程正由纯管理模式向软硬科学结合的模式转变。物流工程作为一门交叉学科，它与其他学科有着密切的联系。以下几个方面是物流工程研究中主要涉及的内容：

（1）管理科学在物流系统中的应用与发展。

（2）信息科学在物流工程中的装备、设施的控制、管理以及监控信息的处理。

（3）现代通信技术在物流系统中的应用。

（4）计算机仿真技术在降低投资、减少经营费用、提高系统可靠性方面的应用。

（5）系统工程科学为物流系统的分析提供了可靠的方法，运筹学、动态规划方法等使物流系统的规划、布置更为科学合理。

（6）物料搬运技术为物流系统提供了硬件支持，现代物料搬运设备的机械化、自动化、大型化、机器人化使物流系统的软硬件结合得更加密切。

（7）仓储技术从原来的单独储存功能发展为集配送、储存、拣选、流动加工为一体。

在物流工程中，如果把信息技术比喻成大脑和神经系统，工程技术构成了它的骨骼，而物流管理科学就是它的肉体，单纯强调某一方面的作用都会偏离发展方向。物流工程体现了自然科学和社会科学相互交叉的边缘学科的许多特征：

（1）物流工程是以多学科综合为其理论基础，它既是技术学科也是经济学科。物流工作人员和研究人员需要有多方面的知识，除了要掌握生产、运输等技术知识外，还要掌握经济学、统计学等经济管理知识。

（2）物流工程研究的对象一般是多目标决策的、复杂的动态系统。在系统分析时，既要考虑其经济性指标，又要考虑技术上的先进性、科学性。因此，其研究方法不仅要运用自然科学中常用的科学逻辑推理与逻辑计算，同时也常采用对系统进行模型化、仿真与分析的方法。

（3）物流工程作为一门交叉学科，它与其他学科有着密切的联系，如机械工程、机械电子学、计算机科学、生产加工工艺学等。

二、装备物流工程

装备物流是现代物流、军事物流与装备保障相结合而产生的，是贯穿于装备全寿命过程的物流技术、物流管理和物流保障活动的总称。装备物流工程是装备保障领域的军事物流活动，具体是指装备通过生产、筹措、运输、储存、包装、加工（修复）、调拨、供应等环节及相关信息活动，最终抵达部队使用或消耗以及报废与回收处理，实现装备时间和空间转移的全过程。

军队是担负特殊任务的武装集团，在装备保障任务中，同样包含着物流系统的诸多相关要素。采用物流系统的观点去研究和分析这些要素，就形成了装备物流的概念。装备物流是与战争、军队密切相关的。战争形态的演变，对装备保障的需求产生了决定性影响；军队规模、装备发展促使装备物流活动的范围和内容发生了深刻的变化。采用装备物流的概念来描述装备保障功能，是将过去分散的、局部的、相对静止的一系列工作环节和作业过程，用联系的、整体的、动态的观点去分析，将整个装备物资在时间、空间状态下的变化过程用一个系统去描述，这将使我们能够发现在原来分散状态下所无法掌握的规律，从而提高整个装备物流系统乃至装备保障系统的效益。

装备物流是装备保障系统的重要组成部分，而装备物流本身又是一个包含着诸多要素的复杂系统。装备物流系统的要素可以从管理的对象、职能、功能3个方面进行分析，分为基本要素、职能要素和功能要素。基本要素是指构成系统本身的实体，主要由人员、物资、设备、设施、任务、资金和信息等组成；职能要素主要是实现决策、计划、组织、协调与控制，其目的是充分利用系统的基本要素，合理组织装备物资的流量、流向和强度，按照指定的时间、地点、数量和质量提供装备物资保障，并尽可能地降低各种消耗；功能要素是系统与环境之间作用特征的表现，是实现系统目标的有效作用。装备物流系统的主要目标是服务，因此决定了系统的服务功能，就是为部队筹措、运输、储存、装卸、供应、配送装备物资。上述各种要素是通过各种各样的联系组成一个复杂的系统而存在的。基本要素是系统职能要素作用的对象，在系统各功能要素中发挥物质的保障作用，使装备物流过程有序地进行。系统职能要素作用于基本要素，组成具有装备物资保障功能的物资职能系统。装备物资的筹措、运输、储存、装卸、供应、配送等功能，构成了一个开放的、动态的、循环的装备物流系统。

现代物流工程是集系统理论和现代管理理论与方法、物流技术与装备于一体的系统工程，它综合运用信息技术、通信技术、数据库技术、条码技术、射频技术、物流跟踪定位技术、自动化和智能技术、运输技术、仓储技术、包装技术、分拣与加工技术、建模与仿真技术等现代技术，并依托现代化的物流技术装备与设施，进行物流系统与网络的规划和运营。装备物流工程作为装备领域的一种特殊物流活动，既具有一般物流工程的共同特点，又有其特殊性。

1. 军事性

装备物流的首要目标是满足军队装备训练及作战行动的需要，具有鲜明的军事性，必须在提高或保持战斗力的前提下，追求经济效益，实现经济效益与军事效益的统一，这就要求采取严格的军事化物流管理手段和方法。首先，现代战争的进程加快，要求装备物流高度重视时效性，快速准确地响应军事行动需求，提供及时高效的物流保障；其次，现代战争针对保障系统的破坏力度不断加强，要求装备物流具有很强的战场生存能力，提供可靠的物流保障；最后，军事行为具有很强的诡秘性，要求装备物流活动必须高度保密，无论平时还是战时都要充分注意信息安全。

2. 经济性

装备物流不仅是一项军事活动，也是一项复杂的经济活动。装备物流具有军事性和经济性双重属性，与多种经济要素相联系。一方面，装备物流是一种国防消费活动，要求按照市场经济的供求规律来解决装备供给与部队需求的矛盾，运用经济杠杆协调各种不同主体的利益关系；另一方面，国家资源的有限性，要求装备物流在满足军事需求的前提下，必须不断完善机制、整合资源、深化改革，提高经济效益。

3. 对抗性

与一般的物流系统相比，装备物流的对抗性表现得尤为突出。这种对抗性不同于一般企业间的竞争，而是生与死的直接较量，最终的保障目标是以最小的代价保障己方消灭对方或使对方丧失战斗能力。装备物流的对抗性具有突发性、隐蔽性、不对称性等特点。另外，战时装备物流保障更多的是伴随保障，必要时装备物流力量还可以直接投入战斗。

4. 非线性

装备物流平时和战时的需求差异很大，呈现较强的非线性。平时，装备物流主要是满足部队装备日常训练和保障需要，需求相对稳定，可以根据部队消耗的历史数据和训练计划较准确地预测装备需求，物流量总体较小且相对稳定；战时，装备消耗急剧增长，战场对物流保障的要求近于苛刻，不确定因素空前增多，需求预测难度增大，导致物流规模呈现几何级数增长。

5. 高消耗

现代战争装备消耗呈几何级数增长，装备物流具有高消耗性的特点。一方面，作战发起突然、装备资源起始需求大。如在海湾战争中，美军在战争发起后两天的装备运量超过了朝鲜战争一个月的运量。另一方面，信息化作战，参战力量多元，打击手段精确，装备损坏率高，战损武器装备成倍增加，供应保障任务繁重。

第二节 装备物流工程的作用与研究内容

一、装备物流工程的作用

现代战争条件下，装备保障任务更加繁重，装备领域的物流活动逐渐成为军事物流的主体，装备物流作为装备保障体系的重要组成部分，其能力和水平已经成为影响战争进程和结果的关键性因素。

1. 对国民经济的转化与促进作用

现代战争不仅是交战双方军力的较量，更是参战国综合国力的较量。一般情况下，综合国力强者往往在战争中处于优势。经济实力是综合国力的重要因素，但经济本身并不直接作用于战争，经济力量不等同于军事力量，经济实力不会自动转化为军事实力。装备物流是国民经济和军事需求的重要"桥梁"。国家资源经过装备物流活动进行资源和功能整合，转化为装备保障能力和作战能力，满足装备保障需求，实现经济实力向军事实力的转化。装备物流能力与国家经济力、科技力、信息力密切相关，国民经济是装备物流的基础和依托。同时，装备物流作为一种服务于国防安全的"纯"消费活动，能够为社会创造大量需求，整合社会资源，拉动经济增长，促进国民经济发展。

2. 对军事行动的支持与保障作用

装备是构成军队战斗力的重要物质基础和关键要素。现代战争装备战损率空前提高，物资器材消耗呈几何级数增长，迫切需要提升装备物流的能力和水平。装备物流为军事行动提供了必需的装备支持和配套物资器材保障。一方面，通过装备采购、器材筹措、储存运输和供应，及时补给装备和配套保障物资器材，满足多样化军事行动的需要；另一方面，通过装备回收、维修和再制造，提供军事行动装备所必需的技术支持和保障，使装备战斗力得以恢复。装备物流是军队作战能力的增长点，是实施和保障军事行动的核心环节。

3. 对装备保障资源的时空转化作用

装备物流作为一种特殊的物流活动，对装备保障资源起着重要的时空转化作用。一方面，武器装备研制生产周期较长，而军事行动具有突发性，要求在最短的时间满足武器装备需求，必须通过一定规模的装备储存来解决研制生产和使用需求之间的"时间差"矛盾；另一方面，武器装备从供给地到需求地之间存在的空间距离，要求通过快速及时的装备运输或资源分散配置来解决储存地和需求地之间的"空间差"矛盾。装备物流既强调建立适当数量的装备储备以应付战时不时之需,又要关注如何适时将所需装备运达部队,充分实现装备物流的时空转化作用,满足军事行动需求。

二、装备物流工程的研究内容

装备物流工程是在系统思想指导下,运用现代理论方法和信息技术手段,研究装备物流系统的分析、规划、开发、设计、组织、管理、调整、控制、评价等问题,快速、精确、可靠、安全、低耗地实现保障有力目标的一种装备保障与管理工程技术。装备物流工程主要包括以下几方面的研究内容:

1. 装备物流需求预测

装备物流需求预测,就是根据战争规模样式、保障对象实力、指挥员的想定决心,以及以往建设、训练和作战对装备物资的消耗数据、作战环境资料等各种因素,对未来军队建设、训练和战争所需消耗的装备物资需求和装备物流服务需求做出科学的估计。装备物流预测的目的就是掌握对装备物流决策具有重要作用的、未来的不确定因素,为制订装备物流计划、规划和决策提供信息和数据服务。预测技术主要分为判断、时间序列和因果预测技术,前者属于定性预测技术,后两者属于定量预测技术。时间序列预测是根据所预测对象的纵向历史数据资料,按时间进程组成的动态数列,进行分析,预测未来的方法。因果预测就预测对象同其制约因素联系进行分析,建立预测对象与其所能观察到的相关强度的变量间因果预测模型的方法。

2. 装备物流系统的规划与设计

装备物流系统的规划与设计,就是要根据历史和现状的装备物流供需状况与军事斗争需要、国民经济发展与国防建设之间的相互关系,对未来政治、经济、技术与军事形势发展下的装备物流发展需求进行分析和预测,确定未来装备物流设施和装备物流组织发展建设的规模、结构、布局等方案,并对不同方案进行评价和选择,确定推荐方案,同时提出建设实施方案和运行方案。它是构建适应信息化战争需要,高效、灵敏、快捷的现代装备物流体系的主要手段和方法。

3. 装备仓储管理和库存控制

装备仓储管理主要包括以下两个方面:一是库存系统的规划设计与可靠性分析;二是装备器材物料库存的控制,在保证供应前提下,使费用最低或缺货损失最小。对装备仓储管理设计的问题进行定量分析和描述,建立数学模型,从数量上明确物与物之间的制约关系及其影响的程度。

4. 装备运输系统合理调度及优化决策

装备运输在整个装备物流活动中处于较为核心的地位,也是军事斗争和装备保障工作的基础。装备物流系统经常包含若干运输车辆和多种运输路线。在一定的输送条件下,思考如何合理选择运输方式,规划运输路线,使输送量最大、费用最省、距离最短。

5. 装备物流的成本评估

装备物流与一般民用物流相比,具有军事与经济的双重属性。我们在不断提高装备物流军事效益的同时,也不能忽略经济效益的重要性。物流成本包括运输成本、库存成本、装卸成本等,是分析完成一个特定的物流系统任务,统计整个物流过程的花费,需要的所有要素成本,而不是分别计算其中的一两项成本。同时,可以建立起成本与物流系统规划、成本与物料库存控制、成本与物料运输调度策略之间的联系，从而用成本核算结果来评价物流系统的各种策略和方案，保证系统的经济效益。

6. 战时装备物流系统仿真分析

战时装备物流具有物流规模大、时间要求紧、消耗大、不确定因素多等特点，往往给物资保障过程中造成损失的不是日常的用户需求，而是不经常的低概率突发事件。通过仿真技术，可以模拟仓库的分布、仓库的容量、运输管理、配送模式、配送流程、补货策略等对不同服务群体服务水准的影响。更重要的是，仿真技术可以使模型模拟战场情况、天气变化、突发事件、装备损坏等诸多因素的波动所带来的影响，不断修改物流方案，选择最优方案，使物流系统即便在小概率的冲击事件下也可以在规定的范围内得到很好的恢复。

第三节 装备物流工程的现状与发展

现代科学技术的发展，使军队的武器装备发生了革命性变革，随之而来的是作战方式的迅速改变和不断创新。装备保障是战争的重要物质条件，是组织指挥战役不可忽视的重要依据。现代高技术战争具有高强度、大消耗的特点。装备物流工程是以装备物流系统及其有关活动为研究对象，进行各种物流系统的分析、规划、设计、管理和控制，并注重信息流在系统中的作用，以求系统整体的最优效益。装备物流工程是有关装备物流系统构成、规划设计、优化配置和持续完善的理论、技术和方法等知识及经验的应用过程。现代物流作为一门新兴的综合性边缘科学，在发达国家已有较早、较全面的研究并形成了一系列的理论和方法，在指导其物流产业的发展中发挥了重要作用。历史证明，强大的装备物流体系是高技术战争强有力的支撑，装备物流的能力和水平已经成为决定战争进程和结果的关键性制约因素。

一、装备物流工程发展现状

现代战争，高技术应用越广泛，对武器装备的依赖性就越强，装备物流对战争的制约作用也将比以往更加明显。在以信息为引导的当今世界，美军不仅对作战体系、兵力结构进行了大幅度改善，同时也对其物流体系进行了深入的研究和创新改革，坚定地摒弃了滞后繁重的规模型物流保障体系，通过运用信息技术提高物流反应时间和精度，通过运用卫星定位、快速识别技术提高物流控制能力和工作效率。经过多年的发展，美军已建立起以计算机和卫星为基础的军事物流信息网络。美军实行的是装备物流与后勤物流相融合的军事物流体制，其后勤信息网由美国国防部后勤局直接管理，可以提供美军现行后勤信息系统的在线查询服务，内容涉及装备定位及供应商数据，国防部及各军、兵种采办和在运物资状况等方面。为了便于后勤人员更好地实施物资保障，美军将各种网络加以合并，建立了跨越不同职能部门的综合网络，在全球任何地方、任何环境中都能使用同一网络，查看相同景象。这样在战争中各级后勤部门便能随时了解作战进程、作战指挥官及战斗部队情况，提前预测物资保障需求并知道从何处调集所需保障力量，以达到作战指挥员要求，在需要的时间和地点准确提供所需物资。

我军在国家物流产业高速发展的牵引与影响下，在理论上进行了探索研究并取得了一定成绩，但由于起步较晚，规模和投入较小，与发达国家相比，我军的装备物流水平存在较大差距。一是装备物流过程缺乏全系统观念。物流是将运输、储存、装卸、搬运、包装、加工、配送、信息处理等基本功能实施有机整合的系统过程，装备物流亦不外乎如此。然而，由于历史发展、编制体制等原因，我军装备物流建设缺乏全系统观念，不同部门只注重各自负责的某个物流环节，忽视了与其他环节间的必要衔接，物流各环节尚未形成一体，各体系之间局限于内部的垂直运作，体系间的平行联系较少，整个装备物流呈现分离式线性保障状态，保障效率不高。二是基础设施建设不配套，发展不协调。装备物流的顺利进行需要公路、铁路、航空、各级仓库等基础设施来协助完成。这些基础设施必须形成一个统一的网络，才能顺畅高效地进行物流流通。基础设施发展得不协调，很容易导致顾此失彼，突出某些设施而相对削弱了其他设施，在这种情况下，只能临时地完成物流某些环节，而其他环节却不能有效完成，最终只会阻碍良好设施下的物流环节。三是装备物流管理信息系统不够健全。信息贯穿整个物流的始终，信息经过收集、传递后成为决策的依据，对整个物流活动起指挥、协调、支持的作用。我军目前对装备物流信息管理的操作还不能系统地完成，军队内部单一职能的信息不能与其他职能的信息共享，装备物流信息的传递速度慢、效率不高，这种状况将会导致装备物流各环节不能顺畅流通，不仅延迟完成任务的时间，还会反过来影响物流信息的实时更新，这将在很大程度上给物流的下一步决策带来负面效应。四是人才培养体系不健全，专业人力资源匮乏。人力是促进发展的主导因素，要使我军装备物流工程快速系统发展，高素质装备物流人才是关键。当前我军装备物流人才培养体系还不健全，极大地限制了装备物流专业在装备保障中的地位范围，导致人才培养中岗位定位不准、业务综合能力较差、人才流转机制滞后等问题。部队内物流专业人才少之又少，专业人才需求缺口大，这种情况势必严重影响装备物流的发展。

二、装备物流工程发展趋势

装备物流工程的发展趋势主要有以下几个方面：

1. 装备物流体制一体化

近期发生的局部战争，高度展示了现代军事物流综合"一体化"的保障格局，即国际力量、国家力量、地方力量和军兵种的力量，将战略、战役和战术各级物流要素，整合成一个全方位一体、全过程一体和全纵深一体的高度一体化保障模式。装备物流在战争中扮演着极其重要的角色，甚至占据了重要的战略位置。装备物流一体化，是高技术战争中联合作战和合理高效配置物流资源的需要，也是世界各国军事物流发展的主导方向。装备物流一体化是把战场物流的各个环节（或各子系统）联系起来，视为一个大系统，进行整体的规划设计和管理，以最佳的组织结构、最好的保障力量配置，充分发挥整个战场物流系统的功能和效率，实现系统的合理化、最优化、高效化。一体化的内涵是统一性、协调性和整合性，形成一个高效通畅、可调控的流通体系，更好地发挥系统的保障效能、减少物流环节、节约物流费用、提高服务质量，最大限度地提高战场物流系统的军事经济效益。

2. 装备物流管理信息化

在装备物流领域，借助和依托先进的信息技术、装备和手段，围绕提高信息化战争条件下装备保障的质量和效益，最终建立起与信息化战争相适应的装备保障体系。信息化是装备物流建设的基础，是实现高效物流保障的必然途径。信息化表现为在整个装备物流保障流程中，物流信息收集的数据库化和代码化、物流信息处理的电子化和计算机化、物流信息传递的标准化和实时化、物流信息存储的数字化等。物流管理信息化主要通过应用通信技术、互联网技术、自动识别与信息采集技术等信息技术，主动消除装备物流保障环节中管理与执行的延迟，从而提高整个装备物流系统的反应速度与保障效率。随着现代物流技术的日趋成熟，装备物流可以通过机械化、自动化、信息化等手段使供应链上各个物流作业环节实时化，实现装备物流保障的实时配送、实时追踪、实时反馈等。

3. 装备物流作业自动化

物流活动离不开物流装备，物流装备是组织实施物流活动的重要手段，是物流活动的基础。在战场物流供应链上各作业环节中，应用各种物流自动化系统及设备设施，利用自动检测技术自动获取所需信息，再经过信息处理、分析判断、操作控制，实现战场物流保障各环节的无人化作业。自动化的实现，有利于提高物流系统的作业水平，降低物流作业的差错率，降低作业的劳动强度，有利于提高物资的快速保障能力，减少作业人员，加快物资收发，缩短保障时间，提高物流作业的效率。以美军为例，美军在总部一级大仓库装备了统一的仓库管理信息系统，该系统包括中央控制计算机和装在仓库现场的终端设备，能够自动处理不同的仓库业务。例如，核对出入库物资的数量和品种，确定物资的储存位置，进行库存统计、编制发货运输计划和文件等。近年来，美陆军研制装备供应物资自动化请领系统，目的在于解决物资供应上存在的层次多、手续复杂、效率不高问题，大大缩短了供应周期。美空军实施了"现代化管理系统"，这个系统可在全球范围内快速自动化传递、计算与综合处理空军所需物资的采购、储存、分发、运输、维修、人事、卫生、财务等数据，并与全军指挥网络联网。

4. 装备物流信息可视化

以现代信息技术来改造传统装备物资保障模式，应用地理信息系统、卫星定位技术、数据传输技术、条形码技术以及电子射频等技术，实现物流数据实时跟踪，使装备保障部门以及保障单位随时能够知晓装备物资在仓储或运输途中的位置、性能、质量，实现装备保障系统的"全部资产可视"。可视化系统的实质是对信息化战争物流信息的可视，而不是能看到所有的活动场景，其特点是实时、精确、透明、一体。装备物流信息可视化主要包括以下几个方面：一是装备保障资源可视化。保障资源可视化可分为静态信息可视化和动态信息可视化。静态信息可视化是指保障资源的数、质、时、空等静态参数的可视化。动态信息可视化是指保障资源流通和变化参数的可视化。二是保障需求可视化。将保障需求可视化，才能知道部队实时需要什么，才能利用可视的保障资源实施有效的保障，以提高保障效益。只有实现保障需求和资源的双重可视化，才能实现保障资源和保障对象的关系可视化。三是保障过程可视化。实现装备筹措、运输、储存、供应等一系列物流过程的可视化，真正建立起一道装备保障和保障资源之间的可视化"桥梁"。四是保障控制可视化。通过建立客观、可信的各类保障历史数据库，充分研究装备保障的实现方式和保障规律，运用数据模型，掌握保障资源的管理准则，利用数字化处理方式，实现对保障全过程的控制信息数字化处理，以达到实时或近实时的可知、可视。

5. 装备物流决策智能化

智能化是物流信息化和自动化的高层次运用和发展，旨在解决物流作业过程中大量的运筹和决策问题。它运用数字管理模型和计算机模拟仿真技术，准确预测部队作战需求、物资储存量和毁损数量，实现需求物资、储存物资和周转物资的可视化，严密控制物流强度，甚至预先在战场上配置所需物资，实现精确实时保障。实现装备物流决策智能化：一是在指挥决策上引入人工智能技术，模拟指挥员的决策思维活动，能够在战时对抗状态下短时间内帮助指挥员完成情况判断，定下决心，制订装备保障计划，下达命令等决策活动；同时，应用人工智能技术，为仓库布局和战备物资储备规划，提供决策辅助作用等。二是建立物流保障专家系统，将相关专家的知识和经验总结出来，建成知识库，并按照合适的控制策略，模仿专家的思维过程，建立类似专家解决问题的推理机制，构成推理系统，当外界输入需要解决的问题时，系统运用专家知识进行分析、判断和推理，提出解决问题的策略和方法，用于辅助指挥决策，提高装备保障决策的科学性。三是将计算机模拟仿真技术应用于装备保障，通过计算机模拟，确定未来一段时间内保障设施的配置位置，所需保障物资的种类、数量、时间、地点，提高装备保障的预见性和准确性。

思考与练习

1. 简述装备物流工程的概念和内涵。
2. 装备物流工程研究内容主要有哪些？
3. 论述装备物流工程的发展趋势。

第二章
装备物流系统分析

装备物流系统具有鲜明的军事特点，其系统构成主要依托军事要素，系统运行主要依据军事规律，系统组织与军事其他系统协调一致，并满足军事需求、实现军事功能。本章主要将物流系统和军事系统两者结合起来，分别介绍装备物流系统的基本内涵、结构功能、组织模式和系统优化。

第一节 装备物流系统概述

一、装备物流系统概念

（一）物流系统

由物流的定义可知，无论是军事物流还是普通物流，其本身都是由诸环节构成的，各物流环节之间存在着相互关联、相互制约的关系，正是通过各环节之间的相互协调和作用，实现了物流的高效率、低成本流动这一特定功能。由此，物流领域普遍认为，"物流系统"是指在一定的时间和空间里，由物流诸环节及其涉及的物品、信息、设施和设备等若干相互联系、相互制约的要素组成的具有特定功能和目标的有机整体。关于物流系统的认识，主要把握以下3个方面：

（1）从物流系统的构成要素看，物流活动包括运输、仓储、装卸搬运、信息处理等诸多作业环节和过程，涉及不同的行为主体、物料、设施、设备、工具、信息等基本要素，以及政策、制度、法规、标准等支持要素。因此，物流系统是一个自然系统与人造系统复合的、实体系统与概念系统结合的、动态的、开放的系统。也就是说，物流系统包括不同的要素，既有实体要素，也有概念要素；既有自然要素，也有人为要素；既有静态要素，也有动态要素。

（2）从物流系统各要素之间的关系看，各要素之间存在相互作用、相互影响的有机联系。例如，采购的批量与库存决策模型、需求量之间有相互依赖关系；包装环节对仓储、装卸、运输环节的效率均有影响；企业的供应、生产、销售部门的物流具有不同的甚至相互冲突的子目标，在企业内部努力实现协调平衡。这正是物流系统要素之间有机联系的体现。

（3）从系统的功能看，物流系统的功能和目标并不是各要素功能的简单叠加，而是物流系统的整体功能、全局目标。例如，物流系统总成本目标、总体服务水平等。物流子系统目标之间往往存在相互制约，甚至相互冲突的现象，无法同时实现子系统局部目标的最优化。因此，物流系统往往以实现物流系统的整体目标为根本，同时考虑各子系统的多样性和多层次性，构建合适的子系统目标和分目标。以企业层面的物流系统为例，其目标包括满足客户服务需要、降低物流总成本、提高资源利用率、增强企业竞争优势等。

（二）军事物流系统

军事物流系统是一个特定的系统，它存在于国家经济系统之中，是国家经济大系统中的一个子系统，也是国防建设大系统中的一个子系统。军事物流系统具有一般系统的共性，也具有一般物流系统的共性，同时还具有不同于一般系统和一般物流系统的特殊性。目前，对于军事物流系统的定义有多种，尚未形成统一的、公认的表述方式，一般认为，"军事物流系统"是由军事物流设施、军事物流设备、军事物流信息、军事物流指挥、军事物流人员、军事物流财务等多个相互联系、相互依赖、相互制约、相互作用的子系统构成的，并通过对军用装备物资进行合理的包装、储存、装卸、运输、配送等环节，高效、精确、可靠、安全、低耗地实现军事装备物资的时空转移，达到保障有力目标的过程系统。这个定义包含以下要点：

（1）构成要素：军事物流设施、军事物流设备、军事物流信息、军事物流指挥、军事物流人员、军事物流财务等，这些子系统又是由十分复杂的要素构成的。

（2）关联关系：相互联系、相互依赖、相互制约、相互作用。构成系统的要素都不是孤立存在的，而是存在着密切联系，任何一个要素出现问题，都会对系统产生不良影响。

（3）物流环节：包装、储存、装卸、运输、配送等。

（4）系统功能：实现军事物资的时空转移。

（5）系统目标：高效、精确、可靠、安全、低耗地实现保障有力。

（三）装备物流系统

装备物流系统是军事物流系统的一个主要分支，与后勤物流系统并列。

装备物流系统是指在一定时间和空间范围内，由各种相互作用、相互依赖的物流要素（或子系统）构成的具有特定结构和功能的有机整体，采用系统工程的基本方法和技术，合理衔接装备物流环节、有效配置和整合资源，实现整体军事效益和经济效益的统一，系统、高效地满足部队装备物资需求。

从上述概念来看，装备物流系统与军事物流系统的关系是相关包含的关系，与后勤物流的区别在于，物流中"物流"的不同。装备物流系统中的"物"主要是武器装备或其他军事装备及其配件，在整个物流过程中对"物"的质量保证更加看重。

二、装备物流系统分类

物流系统分类的视角有很多，既可以按照物流发生的位置、物流运行的性质、物流活动的范围以及物流构成的内容进行分类，也可以按照物流装备类型、保障层次和行动性质进行分类。

（一）按照物流发生的位置分类

按照物流发生的位置，物流系统可划分为内部物流系统和外部物流系统。虽然都是装备管理大系统内的子系统，但是从具体的责、权、利来说也需要区分。

1. 内部物流系统

内部物流系统主要是指装备管理单位或机构内部经营运作所涉及的物流活动。例如，装备管理单位内部涉及的调库、储存、技术检查等。

2. 外部物流系统

外部物流系统主要是指相对于具体的某个装备管理单位或机构之外的，仍属于装备物流大系统的其他物流系统所涉及的物流活动。例如，装备管理单位对外的发出、接收、调库等，都属于外部物流系统。

（二）按照物流运行的性质分类

按照物流运行的性质，物流系统可划分为生产物流系统、筹措物流系统、供应物流系统、维修物流系统和报废物流系统等。

1. 生产物流系统

生产物流系统是指从装备的原材料投入生产起，经过下料、加工、装配、检验、包装等作业直至成品入库为止的物流过程。生产物流的运作过程基本上是在装备承制企业（工厂）内部完成的。流动的物品主要包括原材料、在制品、半成品、产成品等，这些物品在企业（工厂）范围内的仓库、车间、车间内各工序之间流动，贯穿企业的基本生产和辅助生产、附属生产等生产工艺流程的全过程，是保证生产正常进行的必要条件。生产物流的运作主体是生产经营者，部分生产物流业务可以延伸到流通领域，如第三方物流提供流通加工。

2. 筹措物流系统

筹措物流系统是指装备物流系统中由实施装备采购、筹措、检验、接收功能的机构，完成订购、验收和接收装备的物流过程。从事销售物流运作的经营主体可以是装备管理机关、试验机构、军事代表系统等。

3. 供应物流系统

装备物流系统中的供应物流系统，既包括从原材料、燃料、辅助材料、机械设备、外协件、工具等从供应商处的订货、购买开始，经过运输等中间环节，直到收货人收货入库为止的物流过程，也包括仓库之间的调整转换，仓库向部队的发放使用等物流过程。

4. 维修物流系统

维修物流系统是指按照装备维修的有关规定，对装备进行送修、送检、维修、试验等物流过程，主要涉及修理厂、试验机构、检验机构及一些配件供应商等。

5. 报废物流系统

报废物流系统是指对报废、退役装备的收集、运输、分类、处理等过程中产生的物流，物品运输、配送、安装等过程中所使用的包装容器、装载器具、工具及其他可以再利用的废旧物资的回收过程中发生的物流，主要涉及修理厂、报废销毁机构及地方一些废旧材料回收企业。

（三）按照物流活动的范围分类

按照物流活动的范围，装备物流系统可划分为国内区域物流系统和国外物流系统。

1. 国内区域物流系统

区域物流系统是指以某特定地域为主要活动范围的军事物流活动。区域物流一般表现为通过一定地域范围内的多个企业间的合作、协作，共同组织大范围专项或综合物流活动的过程，以实现区域物流的合理化。装备国内区域物流主要是按照区域保障的基本模式，以战区/军区为活动区域，由装备保障部门和联勤保障部门共同实施的。

2. 国外物流系统

国外物流系统是指在国家（或地区）与国家（或地区）之间的装备投送、运输及军事交流、合作过程中的物流活动。

（四）按照物流构成的内容分类

按照物流构成进行划分，既可以按照军兵种类型划分，也可以按照装备专业类型划分。

1. 军兵种装备物流系统

按照陆军、海军、空军、火箭军等军兵种类型划分，装备物流可分为陆军装备物流、海军装备物流、空军装备物流、火箭军装备物流，主要是指用于满足陆、海、空、火箭军等军兵种装备保障领域的军事物流活动，结合军兵种装备特点和规律，解决军兵种装备筹措、储存、供应、退役报废等问题。

2. 各专业类别装备物流系统

按照军械、装甲、车船、工化等装备专业类型划分，装备物流也可分为军械装备物流、装甲装备物流、车船装备物流、工化装备物流，主要是指用于军械、装甲、车船、工化等专业装备保障领域的军事物流活动，结合专业装备特点和规律，解决专业装备筹措、储存、供应、退役报废等问题。

（五）按照保障层次分类

我军装备保障分为战略级、战役级、战术级3个层次。装备物流是装备保障领域的一项专业活动，与之对应，装备物流也可分为战略装备物流、战役装备物流和战术装备物流。战略装备物流，负责全军装备的计划、筹措、供应、退役报废等物流活动的组织协调与实施，包括战略层面的装备物流顶层设计、发展规划、宏观决策等问题，由军委装备物流管理机构组织实施；战役装备物流，负责战区内装备的计划、筹措、供应、退役报废等物流活动的组织协调与实施，由战区内装备物流管理机构组织实施；战术装备物流，负责军以下各级部队装备的计划、筹措、供应、退役报废等物流活动的组织协调与实施，由军以下各级装备物流管理机构组织实施。

（六）按照行动性质分类

按照行动的性质，可分为军事行动和非军事行动。军事行动可分为平时装备物流和战时装备物流。平时装备物流是为了满足部队平时装备训练和装备战备建设需要的物流活动，强调压缩储备规模和充分利用可支配的保障资源，注重保障成本和质量。战时装备物流是一种应急物流，主要是为了满足部队装备作战所需的物流活动，突出强调能够迅速响应各种突发物流需求，提供快速、高效的物流保障，尤其是准时制装备战略投送保障。非军事行动可分为反恐、处理突发事件、抢险救灾、国际维和等。

三、装备物流系统要素

要充分认识装备物流系统，首先要认识构成装备物流系统中各要素，以及组成要素之间的关系。要素是组成系统的基本单元，是组成系统的重要元素。构成物流系统的要素有很多，根据不同的研究目的，物流系统要素可分为不同的类型，如流动要素、功能要素、支撑要素等；另外，还可以根据物流系统的主体、客体或硬件、软件等划分成不同的要素组成。此外，物流系统的要素之间还存在冲突与矛盾现象。物流系统优化的目标之一就是对这些相互冲突的要素进行协调与整合，实现物流要素的集成。

装备物流系统是一个由诸多要素（子系统）构成的多层次的复杂系统，由装备物流主体、装备物流客体和装备物流环境三大子系统构成。其中，装备物流主体主要是指装备物流过程中的相关物流人员、组织机构和物流装备；装备物流客体主要是指部队用户需要的各种装备；装备物流环境主要是指物流作业过程中所处的硬、软环境，包括信息资源、经费资源、物流设施、政策法规等要素。装备物流主体作用于装备物流客体，并不断利用有利条件克服不利环境带来的困难，从而完成装备物流保障任务。装备物流的三大子系统相互影响、相互制约，构成了一个完整的体系结构。

（一）装备物流主体子系统

1. 物流人员

物流人员是指按一定形式组织起来的从事装备物流活动的人群。装备物流人员的能力、素质、结构等群体性质，在一定程度上决定了装备物流系统的流量、流向及效率。因此，装备物流人员是装备物流系统中的决定性要素，是其他要素发挥作用的关键。军队装备物流人员可根据职能分为决策、管理、执行人员3个层次，又可根据其工作领域和职责范围分为管理型人才、经营型人才和专业技术型人才；也可根据其从事专业的环节不同，分为运输人员、仓储人员、指挥人员、技术人员等。

2. 组织机构

组织机构是指为实现装备物流系统保障目标，装备物流人员和相关部门按特定的结构而形成的工作机构。主要职责是组织、协调和控制装备物流系统运转，并根据实际情况，制定装备物流保障方案，提供全面的物流服务，确保装备物流系统运转有序、高效。目前，军队装备物流系统的组织机构主要依托现行各装备管理、保障的组织架构体系来实现，战区以下由保障部相关部门构成，军委及军兵种由装备部、后勤部按照职责分工负责，其他相关部门配合。

3. 物流装备

物流装备是指完成各种装备物流工作的装备、设备、仪器、工具和系统，一般包括运输装备设备、装卸搬运设备、包装机械、堆码机械、计量设备、检验设备、集装工具等，如自动导向车、自动化分拣设备、巷道堆垛机、二维条码识别系统、射频识别系统等。物流装备是部队实施装备保障不可缺少的物质条件。

（二）装备物流客体子系统

装备是指用以实施和保障军事行动的武器、武器系统和其他军事技术器材的统称。需要强调的是，这里所指装备是装备物流系统中的"物"，也即装备物流系统的客体对象，按照《中国人民解放军军语》（2011年版）指用于作战和保障作战及其他军事行动的武器、武器系统、电子信息系统和技术设备、器材等的统称，可进一步分为通用装备、军兵种专用装备和配套器材。装备物流系统中的装备除包括武装力量编制内的武器、弹药、车辆、机械、器材、装具等资源，也包括军队管理范畴的退役装备、装备制造和建设所必需的原材料等。它是装备物流系统其他要素存在的基础。

（三）装备物流环境子系统

1. 信息资源

信息资源是指与装备物流活动有关的内部和外部信息，包括各种物流资料、数据、报表、图纸、账目等。它是装备物流系统的重要因素。按信息的作用，可以分为计划信息、控制及作业信息、统计信息、决策信息；按照应用领域，可以划分为运输信息、仓储信息、装卸信息、修理加工信息。装备物流信息的实时收集、处理、传递、分析和决策，对于提高装备物流系统的运转效能具有十分重要的作用。军队的装备物流信息不但是物流系统的基本要素，也是军事系统信息的重要组成部分，其反映的军事活动的基本属性和规律，是装备物流系统区别于其他物流系统的基本依据。

2. 经费资源

经费资源是指装备物流活动中不可缺少的固定和流动资金及其有效利用。建设装备物流配送中心，自动化立体仓库，现代化运输体系，装备的维护、保养、包装、加工，信息系统的建设、维护都需要经费的支持。装备物流经费主要包括物流成本费用、物流建设费用、管理费用以及盈余利润等。装备物流经费通常是按军队建设和装备物流的需要自下而上逐级申报，由军委按照年度规划和经费使用情况统一下达和监管。例如，装备费就是装备物流经费的主要来源。

3. 物流设施

物流设施是指位置固定或相对固定的装备物流要素，它是装备物流系统运行和开展相关装备物流活动的主要场所。主要包括各种仓储设施、中转集货设施、道路交通设施、安全防护设施等物流基础设施，如铁路、公路、航道、车站、码头、机场、仓库、综合交通枢纽等。装备物流设施是装备物流环境的重要支撑，既包括国家和国防体系中的设施，也包括军队体系内部的设施；既包括永久或半永久的固定设施，也包括临时搭建的应急物流设施。

4. 政策法规

政策法规是指规范装备物流系统运转的法律法规和规章制度，如各种装备物流标准、管理制度等。制定完善的装备物流法律法规，有利于实现装备物流各主体之间、各环节之间的无缝连接，也是实现"快速反应、灵活可靠、安全高效、及时准确"保障必不可少的物流环境要素。随着全军调整改革的逐步深入，装备物流系统的政策法规也在不断完善，如一些物流行业的技术标准在不断更新完善，一些法规制度则伴随军队调整改革重新建立相应的运行机制。

四、装备物流系统特征

装备物流系统具有军事系统、物流系统的共同特征，如军事性、动态性、复杂性、整体性等，也具有自身的特征，如安全性、多变性、依赖性等。下面对装备物流系统的基本特征属性归纳如下：

（一）军事性

装备物流系统是为实现军事目的而建立的物流系统，具有明显的军事性。在装备物流系统设计和优化时，必须综合考虑军事战略方针、作战力量部署、部队规模、作战对象、作战强度、战争态势、战场环境等诸多军事因素，明确装备物流的军事目的。装备物流系统的军事性是其存在和运行的根本，作为本质属性是其区别于一般物流系统的基本特征，也是其在军队系统内部区别于其他军事系统和后勤物流系统的关键。在装备物流系统中，军事性体现在方方面面，各物流系统要素都鲜明地反映了军事性，物流系统的结构、功能和目的也受军事规律的牵引和制约，物流系统的组织过程和组织模式都依托于当前军队现行系统，物流系统的其他特征也受军事性的影响。因此，军事属性是装备物流系统的根本属性。

（二）复杂性

军事系统和物流系统都是复杂系统，装备物流系统几乎涉及军事系统的方方面面，包括物流系统的所有环节，因此装备物流系统也具有复杂性。军事物流系统是一个十分复杂的大系统，其复杂性表现在以下方面：

1. 物流主体的复杂性

装备物流系统是一个人工系统，人始终是系统的主体。在物流活动过程中参与部门多，涉及人员广。从纵向上看，涉及不同层级的指挥决策人员、参谋人员、管理人员、物资包装、装卸搬运、运输等操作人员等；从横向上看，涉及地方交通管理人员、军队不同物资的管理和保障部门人员等。装备物流活动还包括大量的物流设备，如仓库搬运装卸设备、载重汽车、火车机车、铁路车皮、运输船只、运输飞机等，这些设备具有不同的载运能力、不同的运输能力、不同的适用范围。

2. 物流对象的复杂性

物流系统运行对象是"物"，装备物流的装备资源涉及范围很广。从装备品种上看，军用装备品种成千上万，有武器、弹药、器材等；从数量上看，有的装备数量巨大，有的装备相对较少；从装备状态上看，有气态、液态、固态等；从载运特性上看，有大型笨重的装备物资、形状规则的箱装装备等；从危险程度上看，有危险程度极高的弹药和燃料，也有危险性不大的装备维修器材等。

3. 物流环境的复杂性

在装备物流活动的全过程中，始终伴随着大量的物流信息。在战争情况下，这种信息有可能受到敌人的破坏和干扰，甚至被敌方篡改，军事物流信息的复杂性远大于经济领域中的商业物流，装备物流工作者必须予以高度重视。装备物流系统运行地域跨度很大，环境十分复杂，来自自然地理条件的环境因素包括高山、深谷、平原、河流等，哪里有作战，装备物流就需要延伸到哪里；来自天气条件的环境因素包括风、雪、雨、雾、白天、黑夜等，无论什么时候发生物流需求，装备物流系统都应当提供及时的保障能力；来自敌方攻击和破坏的环境因素包括对作战装备的远程精确打击、对物流设施的破坏性轰炸、对后方保障基地的袭扰破坏、对装备保障力量的攻击等。由此可见，装备物流系统的运行环境要素与商业物流相比，具有更大的风险、更多的不确定性。

（三）整体性

系统功能取决于系统的整体性，整体性是装备物流系统工程的核心理念，它是充分运用系统科学方法和现代信息技术，对装备物流各个松散的环节进行有效整合，使其形成一个完整的有机整体，实现"1+1＞2"的效果。装备物流整体性的形成不能完全依靠"经济利益链条"，在战争状态下尤其如此。在和平时期，装备物流可以运用"经济利益链条"，根据经济利益原则，通过统一规划和设计物流配送方案，选择适当的物流企业，形成军兵种物流一体化和军地物流一体化；在战争时期，军事物流整体性的形成除了采用强有力的经济手段之外，还应辅之行政手段和法律手段，唯有如此，才有可能保证军地物流一体化运行，实现装备物流系统的目标，达到保障有力的目的。为了实现和形成整体性，装备物流系统通常是按层次和能效进行组织管理的，结构层次性较一般物流系统更加鲜明。以我军装备物流系统为例，由军委、军种/战区形成各自的层次物流子系统，统筹协调整体装备物流、军种装备物流和战区装备物流，注意处理好各层次之间的协调和联结，只有这样，才可能使系统整体发挥出良好的功能。

（四）多变性

装备物流系统的多变性是由战场不确定性决定的。在战争条件下，装备物资的储存地点、物资数量、运输路线、物流设施和设备、保障对象的地理位置等，随时都可能发生改变，这就要求装备物流系统工程人员必须按照动态的观点思考问题，在进行物流流程设计和规划时，充分考虑到各种可能发生的情况，并针对不同情况提出相应对策方案。

同时，由于装备物流系统还存在不平衡性，也使得多变性表现得更为突出和不规律，它比一般物流系统的动态变化更快、更频繁、更不易掌握。一方面，装备物流系统衔接了多个供方和需方，系统会随着需求、供应、渠道、战术背景、物价的变化而变化，而且系统内的要素也同样经常发生变化，难以长期稳定；另一方面，军事行动的突发性极大地增加了装备物流系统的不稳定性，尤其是战时装备物流系统的动态性更大。

由于装备物流系统存在多变性，装备物流在实现有力保障这个总能力的前提下，需要面对多目标的决策问题。例如，在战备物资储备数量方面，从保证战争应急需求角度看，应加大战备物资储备的品种和数量；而从降低成本角度看，则应减少储备。又如，采用精确保障方式，就可能使保障的可靠性降低。快速与安全、快速与低耗、快速与可靠、精确与可靠、可靠与低耗等目标之间相互制约、相互影响，更加导致了装备物流系统的多变性。

（五）安全性

装备物流系统既是物流系统，更是军事系统，其物流的流量、流向，系统的目标、功能时时刻刻都在体现着军事性，因此从国家安全和国防安全角度上讲，其信息安全性是十分重要的，不能被窃取、不能被破坏。另外，一些武器装备本身具有极强的破坏性和危险性，虽然从军事角度讲这是物的自身特性，但除了军事之外，从物流角度讲，都是特殊物流，甚至是危险货物的特种物流。例如，一些装有火药、炸药的弹药、导弹、地爆器材等，还有具有杀伤性能的枪械、匕首等，一旦失去控制，就会发生燃烧爆炸等破坏，遗留在社会上就会造成社会恐慌，危害社会安全。因此，装备物流系统的安全性也是装备物流区别于普通物流和其他军事物流的主要特征之一。

第二节 装备物流系统的结构与功能分析

装备物流系统的结构决定了装备物流系统的复杂程度和运行效率，装备物流系统的功能决定了装备物流系统的体系规模和运行状态。因此，装备物流系统的结构与功能是装备物流系统建立、发展、优化和演化的基础。

一、装备物流系统结构

装备物流系统的要素在时间和空间上的排列顺序构成了装备物流系统的结构，由于诸多因素（或子系统）及其相应的功能、运动形式在不同的研究剖面表现出不同的性质。因此，装备物流系统结构具有层次性。按结构的层次性，装备物流系统可以划分为若干个层次。装备物流系统结构如图2-1所示。

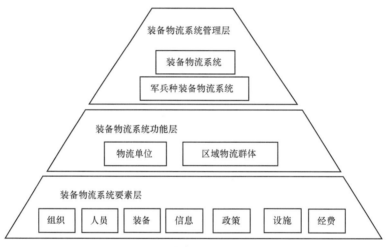

图2-1 装备物流系统结构

（一）装备物流系统要素层

装备物流系统主要由人员、装备、资源等基本要素构成，这些基本要素之间通过相互联系、相互协作，以目标为牵引，以信息为支撑，实现一些基本的装备物流功能。装备物流系统要素层是整个装备物流系统结构的基础。物流人员、组织机构、军事装备、物流装备、物流设施、信息资源、经费资源和政策法规等要素互相结合，凝聚成具有不同功能的各种装备物流实体单位，如仓库、运输分队、配送中心等。

（二）装备物流系统功能层

在装备物流系统要素层之上，往往会根据一些能力或区域，形成一些装备物流实体单位，这些实体单位相互之间也根据装备物流系统的流向和机制，在管理层装备机关的组织指挥下，密切协调运作，发生物流、信息流的关系，聚合产生区域物流能力或专业保障能力，并向任务或部队直接提供现实的保障能力。这一层次在现实状态下主要表现为装备物流各职能系统。

(三)装备物流系统管理层

按照能级理论,装备物流系统管理层通常是按照一般的专业及体制进行集成。例如,可以在各层次专业装备物流系统的基础上进行规模集成,形成纵向的各层次专业系统、横向的各层次综合系统及其运动结构;也可以按照现行编制体制,装备物流系统的研究范围延伸到陆军装备物流、海军装备物流、空军装备物流、火箭军装备物流,以各军种装备物流子系统为研究对象,系统研究装备的筹措、储存、运输、信息系统建设等物流相关问题,构成了第四层次结构。第四层次结构是在第三层次基础上的再组合,形成了一个覆盖全军装备物流领域的大系统。

二、装备物流系统功能

一般物流系统功能都具备输入、处理、输出、环境、反馈等功能,为了能够更好地体现装备物流系统的运行,主要结合装备管理保障的内涵,可以将装备物流系统的基本功能区分为订购筹措、储存管理、运输配送、包装保养、装卸搬运、流通加工、报废回收、信息处理等。

1. 订购筹措

装备订购是装备物流活动的基本内容,也是部队获得装备的主要手段,即按照国防要求和计划,以合理的价格,获取适应实战、性能先进、质量优良、配套齐全的装备及相关服务的物流活动。通常,军队提出对装备的要求,军工企业进行研制生产,由军队以合同的形式向军工企业预先约定,驻厂军事代表负责签订合同、实施监督、审核经费等,以保证军队能够及时得到符合军队意图的武器装备。装备订购活动直接关系到国防工业的发展,它是国家经济命脉的重要组成部分,对维护国家主权、发展国家经济有着举足轻重的战略作用。

筹措是装备物流活动的起点,指装备物流管理机构按现代物流的理论、体系和方法,通过各种形式和渠道,有组织、有计划、有选择地进行申请、采购、订货等一系列筹集装备物资的活动,是装备物流全过程中的一个重要环节。装备筹措的要求就是以国家政策法规为指导,结合现代物流的先进理论,经济合理、适时可靠地获得数量、质量符合使用、维修所需的装备。

2. 储存管理

储存管理功能包括了对进入物流系统的装备进行储存、管理、保管、保养、维护等一系列活动,分为仓储管理和库存控制两个具体功能。仓储管理是指对在库装备数量和品质进行的管理,以防止装备数量出现短缺和质量发生变化,提高劳动生产率,减少在仓储作业过程中的保管、装卸、包装费用以及装备损耗,加快装备在仓储过程中的作业时间;库存控制是指对于装备物流过程中库存的数量、时间、地区分布等进行的计划、协调和控制。为防止供货短缺、供货延误、需求波动,装备必须有一定数量的储备。在仓储的过程中,首先要满足部队消耗对库存的需要,同时要尽可能地降低库存的成本和储存作业的成本,加快储存作业速度。

仓储的作用主要表现在两个方面:一是完好地保证装备的使用价值和价值;二是为将装备配送给部队,在物流中心进行必要的加工活动而进行的保存。因此,仓储的职能主要包括装备储存、堆码排列、质量管理、技术延寿等内容。物品储存,是仓储服务的基本职能,它要求在特定的场所，将物品收存并进行妥善保管，确保被存储的物品不受损坏。堆码排列，是入库活动的关键环节，箱装装备以堆码方式进行存放，轮式装备以排列方式进行管理。质量管理是仓储部门在交接时必须保持装备在收储时的质量，这是仓储管理者的一项基本义务，为了保证装备的质量不发生变化，仓储部门必须采用先进的技术、采取合理的保管措施，妥善和勤勉地保管仓储物品。技术延寿是仓库还可以通过承担加工或参与少量的维护、保养、修理、检测等活动，来降低装备质量衰变的速度，延长装备可靠储存寿命。

3. 运输配送

运输功能是物流的主要功能之一。运输的作用就是以低成本的费用使流体实现空间上的转移，装备物流系统通过载体来实现流体的转移，即通过载体来实现运输功能。装备运输的要求是将装备在恰当的时间，将恰当数量、恰当质量的恰当装备及物资，以恰当的费用运送到恰当的地点。合理的装备运输是在保证装备适合需求的前提下，经最少的环节、最少的时间，走最短的路程，以最低的费用，及时安全地把装备从供应地运到需求地。运输的形式主要有铁路运输、公路运输、水路运输、航空运输和联合运输等。对运输问题进行研究的内容主要有：运输方式及其运输工具的选择，运输线路的确定，以及为了实现运输安全、迅速、准时、价廉的目的所施行的各种技术措施和合理化问题的研究等。运输影响着物流的其他构成要素，如运输方式的选择决定着装备的包装要求；使用不同类型的运输工具决定其配套使用的装卸搬运设备以及接收和发运站台的设计；库存储存量的大小直接受运输状况的影响，发达的运输系统能比较适量、快速和可靠地补充库存，以降低必要的储存水平。运输费用在物流费用中占有很大比例。在物流过程中，直接耗费的费用主要有运输费、保管费、包装费、装卸搬运费和物流过程中的损耗等，其中运输费用所占的比例最大。因此，在物流的各环节中，如何搞好运输工作，开展合理运输，不仅关系到物流时间占用多少，还会影响到物流费用的高低，不断降低物流运输费用，对于提高装备物流的军事效益、经济效益和社会效益都起着重要作用。运输合理化是物流系统合理化的关键。物流合理化是指系统以尽可能低的成本创造更多的空间效用、时间效用和形式效用。运输是各功能的基础与核心，直接影响着物流子系统，只有运输合理化，才能使物流结构更加合理，总体功能更优。

配送是物流的一种特殊的、综合的活动形式，它几乎包括了物流的所有职能，是物流的一个缩影或在某一范围内物流全部活动的体现。装备配送是以配货、送货的形式将装备从装备物流配送中心或装备物流据点送到部队用户的活动，体现了装备物流的最终效应——直接为部队用户服务，满足部队用户的各种需要。我军目前虽然还没能实现大规模的装备物流配送，但是配送将是未来的发展方向，是提高装备保障效能的重要途径。装备配送一般包括以下几种功能要素：一是备货。备货是装备配送的准备工作或基础工作，备货工作包括筹集装备、器材及相关备附件，装备接收、管理及有关的质量检查、结算、交接等。装备配送的优势之一，就是可以集中部队的需求进行一定规模的备货，在装备物流中，通常是按特殊类型部队的储备标准进行备货。二是分拣及配货。这是配送不同于其他物流形式的功能要素，也是配送成败的一项重要支持性工作。装备分拣及配货，通常指按照上级要求和部队需求，对装备、器材及其备附件进行调整、准备、装配等活动。三是配送运输。配送运输属于运输中的末端运输、支线运输，与一般运输形态的主要区别在于配送运输是较短距离、较小规模、额度较高的运输形式，一般使用汽车作为运输工具。配好的货运输到用户还不算配送工作的完结，还要圆满地实现运到之货的移交，并方便有效地处理相关手续并完成结算，同时考虑卸货地点、卸货方式等。

4. 包装保养

装备包装是指在装备物流过程中为了便于运输、储存、装卸、搬运、发货、收货等进行的换装、分装、再包装等。小件装备或箱装装备在物流过程中，往往需要进行包装、二次包装、恢复包装或集合包装。对包装活动的管理，要全面考虑包装对装备的保护和防护作用、提高装运率的作用以及包装拆装的便利性、废包装的回收和处理等各方面因素。同时，还要根据装备物流过程中对成本的控制，合理选用包装的材料、尺寸以及包装方式等。为使物流过程中的货物完好地运送到用户手中，并满足用户和服务对象的要求，需要对装备进行不同方式、不同程度的包装。包装的功能体现在保护性、便利性等几个方面。保护功能是包装最基本的功能，即使装备不受各种外力的损坏。一件装备，要经多次流通，才能走进部队、仓库或其他运用场所，最终到作战人员手中，这期间，需要经过装卸、运输、库存等环节。在储运过程中，很多外因，如撞击、污浊、光线、气体、细菌等因素，都会威胁到装备的安全。便利功能指装备的包装是否便于使用、携带、存放等。好的装备包装，应该以人为本，站在部队管理者和使用者的角度考虑，增加装备使用、运用及管理的方便性。

装备保养是根据装备的材质、理化特征采取的防护措施，是保持装备原有使用价值的一门专业技术。保养是保证仓储装备质量完好的技术措施，对于保持装备原有的价值，可靠、有效地保障部队平、战时的装备供应，具有重要的军事和经济效益。例如，对已经启封的装备进行恢复包装或简易包装的工作，对长期储存的装备进行防锈、防潮、防霉包装及处理，对火炮等轮式装备进行炮口贴封、增加防冻液、释放弹簧机构等保养工作。

5. 装卸搬运

装卸搬运功能是指在同一地域范围进行的，以改变物品的存放状态和空间位置为主要内容和目的的活动。因此，装备的装卸搬运是随运输和保管而产生的必要的装备物流活动，是对运输、保管、包装、流通加工等物流活动进行衔接的中间环节，以及在保管等活动中为进行检验、维护、保养所进行的装卸活动，如箱式装备的装上卸下、移送、拣选、分类等，对轮式装备的移动、移运、调整等。对装备物流的装卸搬运，要注意运用恰当的装卸方式，合理配置使用装卸工具，做到省时、省力、节能，降低保障装备的损耗，提高装备物流活动的衔接速度。装卸搬运直接决定着装备物流的效率和效益。据统计显示，在装备物流过程中，装卸搬运所花费时间约占整个物流时间的 2/5，装卸搬运的费用也占到整个物流费用的 1/5 以上。装卸搬运是装备的不同运动（包括相对静止）阶段之间相互转换的桥梁，正是因为有了装卸搬运活动才能把装备运动的各个阶段连接成连续的"流"，使装备物流的概念名副其实。

装备物流的装卸搬运功能主要体现在以下几方面：一是装卸搬运是伴随装备物流过程各环节所发生的活动，又是衔接物流各阶段、各环节之间相互转换的桥梁。因此，装卸搬运的合理化，对缩短物流周期、降低物流费用、加快物流速度等都起着重要的作用。二是装卸搬运是保障装备物流和装备建设得以顺利进行的条件。它的工作质量会对装备配备、储备、供应、补充、换装、退役、报废等环节产生很大影响，可能使整个装备系统运行过程不能正常进行，或者使装备物流流通过程不畅。因此，装卸搬运对装备物流过程其他各环节所提供的服务具有劳务性质，具有提供"保障"和"服务"的功能。三是装卸搬运是装备物流过程中的一个重要环节，它制约着物流过程其他各项活动，是提高物流速度的关键。由于装卸搬运是伴随着物流过程其他环节的一项活动，往往没有引起足够的重视。可是，一旦忽视装卸搬运，整个调配保障体系或装备建设领域轻则发生混乱，重则造成停顿。由此可见，改善装卸搬运作业，提高装卸搬运合理化程度，提高物流服务质量，发挥物流系统整体功能等，都具有十分明显的作用和重要的现实意义。

6. 流通加工

流通加工功能是装备从生产领域向消耗领域流动的过程中，为了促进装备流转、质量维护和提高装备物流系统运转效率，根据需要施加包装、分割、计量、分拣、刷标志、拴标签、组装等简单作业的总称。流通加工是对装备进行维修加工或再加工处理，使装备发生物理或化学变化的功能，是生产过程在保障过程的延续。这种在保障过程中对装备进一步的辅助性加工，在结构、功能不作大改变的情况下可以完善其使用价值，可弥补生产过程中加工程度的不足或是延长装备的储备周期、使用寿命，更有效地满足部队用户的需求，更好地衔接生产和需求环节，使物流过程更加合理化。

装备物流系统的流通加工工作主要有以下几个方面：一是为提高物流效率，对形态、尺寸、质量等比较特殊的装备进行分解、切割、组装、分装等加工，如小尺寸的装备维修器材，体积小、种类多、型号多，可以按类型、按功能、按装备平台、按战备标准等，进行再包装和集合包装，可以方便装卸搬运、储存、运输和配送，从而提高物流效率。二是为了提高保障能力，对装备储运的包装单元，对储运包装的标志信息进行再加工，如增加二维码、射频标签信息化手段，对破损的装备包装进行修理、加固或更换等。三是按照特殊部队及特种保障的需求，对配送的装备进行分拣、集合、打包，提高特种装备保障能力、特殊保障装备物流配送能力。

7. 报废回收

装备报废与回收是基于装备保障自身的需求，基于现代物流理论在装备保障发展的新领域，在平时和战时将不合格的或者失去原有军事使用价值的装备资源，对其进行维修、回收、分类、检测、拆分再加工处理，然后根据需求将维修和回收后的有用资源重新分配到工厂或部队，并将废弃物做无害化处理的全过程。研究装备在使用后的报废回收利用是装备全寿命周期的重要组成部分，是对装备资源完整、有效和高效的利用，是逆向装备物流的主要研究对象。逆向装备物流可分为装备回收物流和装备进行回收、再加工处理，实现装备再利用的过程。废弃装备物流是指失去了原有军事使用价值的装备从装备供应链向社会的流动过程。加强对退役、报废装备的有效处理，不仅可以及时为作战部队提供所需的装备，减轻后方装备的供应压力，而且能够节约原材料，提高军费的使用效率。

装备物流系统的报废回收主要包括以下几个方面：一是毁形回收。装备有其特殊的装备军事属性，虽然装备的军事战技术性降低，已经不能达到规定的标准要求，但是如不加处理返回社会物流生产领域，会存在一定的安全隐患，如枪械、火炮、匕首、刺刀等，都需要按照规定直接对其进行毁形后，再进行回收，以作他用。二是再利用处理。在装备物流过程中，以及装备使用后，装备的一些备件、附件及装备本身，都是有一定利用价值的，有的直接可以重复利用，有的经过简单处理也可重复利用，因此按照现行装备管理有关规定，需要按要求回收、统计、逐级上交，这也就产生了一定的逆向装备物流。三是无害化处理。装备中一些含能的材料、元件、部件，未经使用超过寿命后，报废处理通常采取无害化处理，主要是通过改变其物理、化学属性，降低其军事属性，使其满足社会一般工业生产领域的要求，从而改为他用。例如，有些炸药通过一定工业技术，使其变为一般炸药可以用于工业爆破；有些炸药通过化学改性，可以作为化肥；有些炸药通过处理，可以作为其他工业原材料等。

8. 信息处理

如果把一个企业的物流活动看作一个系统，那么这个系统中就包括两个子系统：一个是作业子系统，包括上述运输、保管、包装、流通加工、配送等具体的作业功能；另一个则是信息子系统。信息子系统是作业子系统的神经系统。企业物流活动状况要及时收集，商流和物流之间要经常互通信息，各种物流职能要相互衔接，这些都要靠物流信息职能来完成。物流信息职能是由于物流管理活动的需要而产生的，其功能是保证作业子系统的各种职能协调一致地发挥作用，创造协调效用。装备在流转中，必须及时迅速地处理物流各环节以及有关的订购生产、装备训练、装备修理、战斗态势等各方面产生的信息，保证装备物流系统运转畅通实时。

信息处理的目标主要包括：一是实现装备物流信息存储的数字化。按照装备物流信息管理规范，将装备物流管理工作所需的各种纸面管理数据转换为数字化数据（文件），或直接生成各种数字化的数据与文件，用数字化数据进行存储、传递与交换。二是实现装备物流信息处理的自动化。在电子数据环境下，利用信息管理系统，完成装备物流的计划、调度、评价与控制等业务的综合管理，实现装备物流业务信息处理的自动化。利用先进的数据接口技术，实现装备物流信息的快速采集。三是实现装备物流信息交换的网络化。利用网络技术进行信息的传输、存取和联机服务，使各级装备物流业务管理部门可以快速、及时、准确地掌握装备物流情况，科学进行管理决策。四是实现装备物流信息管理与使用的集成化。将装备物流业务管理的各种数据集成为一体，建立分布式的装备物流管理综合数据库，做到机关与分队数据互联互通、信息资源共享。五是实现装备物流信息控制的可视化。装备物流信息可视化是指充分利用现代通信、计算机、网络、卫星定位和可视化等技术，实现装备物流资源、保障需求和保障过程的全方位可视化管理，对装备物流实施近实时的有效决策和控制。六是实现装备物流管理辅助决策的智能化。采用现代管理理论和方法，利用决策支持系统（DSS）的方法和技术，建立装备物流管理辅助决策支持系统，为装备物流管理科学决策提供支持。

第三节　装备物流系统的组织过程与模式分析

装备物流系统是典型的流通物流，以仓储为主要物流活动、配送为中心任务的综合性物流过程。当前装备物流以军队系统内部组织机构为主体，以军队系统运行体制、机制为依托进行装备物流的组织和运行；未来按照信息化战争和一体化联合保障的形势、任务和要求，重点会发展军民融合的第三方物流。

一、组织过程

装备保障的基本物流过程是装备按照一定的时序、顺序和任务要求在空间所发生位移的过程，是装备保障组织管理与系统运行的前提和基础。通常按照大体的时间顺序、逻辑顺序，从军工企业生产过程开始，到后方仓库中转或储存，最后以队属仓库发放部队使用或进行报废处理为终止的全寿命过程，基本过程如图2-2所示。涉及的装备保障机构主要有军工企业、后方仓库、队属仓库、化（试）验机构、修理工厂、处废中心。

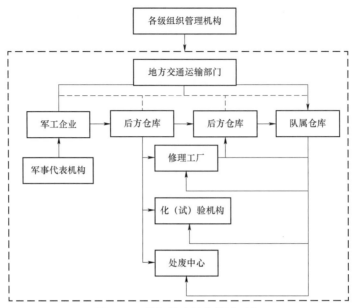

图 2-2 装备保障基本物流过程

承担装备生产的军工企业主要涉及材料生产企业、元件生产企业和总装企业，以及承担个别生产研制任务的科研院所。主要过程根据装备采购计划，进行材料的采购、储备、加工和生产，元件生产企业负责火工品、零部件、机电元件及包装等元件的设计、生产、加工，最后由总装企业进行装备的总装、检验、交付，完成装备物流的第一个环节，然后发送到仓库储存或部队使用。军事代表体系在组织装备生产的过程中，及时将相关信息进行汇总、留存和上报，为装备保障决策和装备技术保障提供相关支持。

装备仓库是连接装备生产与装备使用之间的中间环节，和平时期装备大部分寿命过程是在装备仓库中度过的，战时装备仓库也成为装备供应、周转的基本单位。装备在仓库储存的基本过程一般分为接收入库、储存保管和出库发运 3 个阶段。接收入库阶段，装备经过装卸搬运、质量验收和短途运输等过程，从生产工厂、其他仓库、部队等进入后方仓库；储存保管阶段，装备宏观上在库内处于相对静态存放，同时定期进行维护保养、库房调整和质量检测等；出库发运阶段，经过出库装载、短途运输、站台装运等过程，最终运达指定位置或单位并交接完毕才算终止。各个仓库都定期或在任务过程进行装备保障信息的采集、汇总、上报。

队属仓库从军工企业或后方仓库接收装备，保障部队进行战备、训练和使用，是和平时期装备保障的主要末端之一。战时，队属仓库承担一线战术部队装备保障任务，是装备物流的终端；同时还要承担战场装备回收、缴获品上交及有关分类、检测、维护等勤务活动。

修理工厂主要是对有故障的装备、具有修复价值的待修品装备进行换件修理，恢复其战技性能的过程。修理工厂的装备主要是在后方仓库储存多年，或在部队使用出现故障，或是经过质量监测发现有质量问题的，经过修理以后的装备能够重新进入装备物流过程。

化（试）验机构主要包括各战区的化验站、试验站、试验基地、监控中心等，承担装备的技术检查、技术保障、化验试验、质量分析、质量控制、事故调查等任务。装备化（试）

验机构的对象是处于寿命周期内后方仓库和队属仓库储存的装备，由于一些装备，例如弹药是一次性使用的装备，因此化（试）验机构也是装备物流过程的末端之一。装备化（试）验机构负责全军装备质量信息的汇总、处理，并将意见上报总部辅助有关装备保障活动的决策。

处废中心是装备保障的末端，包括总部直属工厂和战区销毁站，主要承担和平时期销毁处理技术等级处于废品的装备或部分危险品弹药及事故弹药，战时及训练演习中战场装备的清理、销毁任务。

二、组织模式

装备物流系统是为作战服务的。现代装备保障已成为决定战争胜负的一个至关重要的关键因素，成为打赢信息化条件下现代战争的重要物资基础。我们必须牢固树立装备物流系统是保障战争"打得赢"的思想，切实做到保障有力，保证整个系统的实时感知与响应。

（一）平时装备物流组织

1. 组织原则

平时装备物流的组织应坚持"平战结合，以战为主；上下衔接，需求导向；逐步完善，整体优化；信息主导，结构扁平"的基本原则。

装备物流系统是一个动态、开放的复杂系统。从模式设想、设计、流程重组到最终完成保障任务，从实施感知部队装备需求再到送货，一旦发现有不合理的环节就必须及时消除，不断改进和完善。平时装备物流组织必须坚持把提高部队战斗力作为装备系统建设的出发点和落脚点。要始终围绕作战需求和战备训练，抓好装备物流系统的建设，始终用打赢的标准衡量和检验装备物流系统的成效；把装备物流系统组织模式建设的目光放在保障部队遂行战备训练任务和不断提高装备综合保障能力上。要紧紧围绕新时代军事斗争装备准备和非战争军事行动装备保障需要，统筹兼顾，加强协调，突出重点方向和重点部队，科学配置装备物流资源，努力提高装备物流保障能力。上下衔接是指上下级装备物流管理机构之间是不可分割、相互联系的。构建装备物流保障模式，要求各级装备物流管理机构之间构成指挥关系，或构成指导与协调关系。要从部队用户的立场，重点把握部队对装备保障和装备物流的需求，来确定装备物流系统组织模式，交货、运输、中转、分拣、配送等都按计划按时完成，以保证物流系统前后合理衔接，整体优化方案能得以实现。信息传递贯穿于整个物流过程，也遍布于整个装备物流系统组织机构中。信息资源的快捷、有效传递是现代作战尤其是高技术信息化战争最明显的特点之一。因此，装备物流系统组织模式设计必须坚持信息主导这一基本原则，突出信息化管理平台建设，统一技术体系和接口标准，促进条形码、射频识别、故障检测、安全监控等先进的信息采集和管控技术的推广普及，切实提高装备物流系统的自动化、智能化水平，构筑可靠完备的装备信息化管理体系。组织结构扁平化是现代组织发展趋势之一。简化保障层次是未来信息化战争的要求，是提高保障效率和节约费用的最佳选择。

2. 平时装备物流组织模式

目前，现行的装备物流组织结构是金字塔形的，这种组织结构不能对瞬息万变的装备需求做出及时、有效的反应。另外，装备的采购、运输、储存、配送等各个环节是一个整体，而金字塔形的装备物流组织结构以职能划分部门，割裂了部门间与职能间的相互联系，不能以整个组织的目标为导向，容易模糊组织的目标。为避免装备物流保障中的资源浪费和组织混乱，如何设计适应大规模联合作战要求的、高效的装备物流组织结构已成为世界各国军队共同关注的问题。平时装备物流组织模式如图2-3所示。组织模式层次划分：

（1）战略管理层。该层对应任务规划部门，主要是由各军兵种的装备物流需求联络军官和装备物流管理机构高级军官共同组成。其任务是为装备物流系统的运转提供指导和支持，进行战略规划和总体决策。

（2）任务实现层。该层对应任务实现团队，主要是由装备物流管理机构各个部门的运转人员构成的流程团队。通过对装备物流任务的合理规划，为流程团队制定最佳的任务分配方案。针对任务分配方案中每一个任务集，根据"一对一"的服务模式，由一个任务实现团队去完成。该团队的任务是对从接受任务集到该任务集结束的整个流程负责。

（3）职能支持层。该层对应职能支撑部门，主要是由不同的职能部门组成，如人力资源管理、财务管理、各种信息技术支撑平台等。其任务是为战略管理层和任务实现层提供必要的保障，包括整个系统的信息资源的维护和共享，是实现整个系统保障过程信息化、可视化的重要环节。

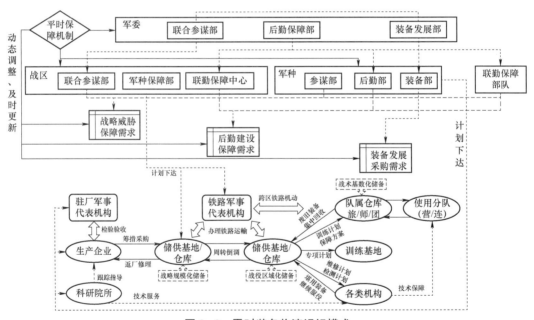

图2-3 平时装备物流组织模式

（二）应急装备物流组织

应急装备物流的组织仍然是基于平时装备物流组织的框架上，重点解决临时和应急背景下，装备快速保障的应急需求。因此，其基本构成及组织模式与平时装备物流大体一致，是平时装备物流模式在应急保障条件下一种末端自适应调整模式，如图2-4所示。应急装备物流组织在平时装备物流模式下，应重点关注以下要素的自适应应急调整转变。

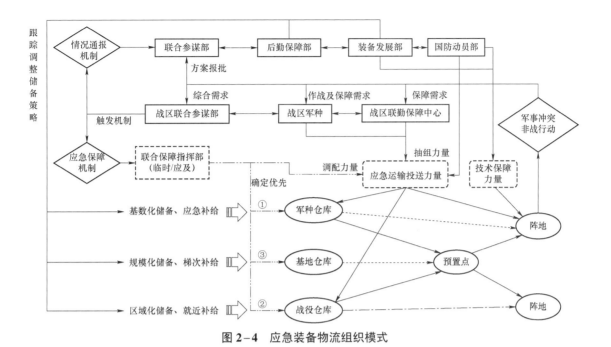

图 2-4 应急装备物流组织模式

1. 装备包装

应急物流保障要求装备必须及时、可靠、安全地送达。目前我军装备及器材的包装虽然发展较快，但与信息化条件下现代战争装备器材供应保障要求相比，还存在许多差距，尤其是在装备的储存、运输及使用环节，包装对装备物流体系的影响已经严重制约了应急供应保障的发展。

2. 运输工具和方式

装备运输一般采用陆路、水路和航空运输的方式，其中陆路运输主要有汽车运输、铁路运输、人力或畜力运输。汽车运输主要是针对库内和短途运输，火车运输主要是长途运输，特殊形式和条件下也可选择空运、水运及畜力运输。目前，我军长途运输通常采用火车运输、船舶运输，有时也采用汽车运输，特殊情况下采取空运方式；短途运输以汽车运输为主，在山地、丛林条件下可采取人力或畜力运输弹药。现代战争中，空中运输的特点是运输速度快、效率高，一般不受地形条件限制等特点，直升机运输和空投方式使得在许多复杂和紧急条件下进行弹药保障得以顺利实现，适于紧急情况下输送装备，同样也是现代战争装备供应保障战略、战役实施应急装备运输的主要手段。目前空中运输主要采用各种军用或商用的运输机，小规模的运输可用直升机。水路运输相对于其他形式的运输主要表现为运输量大、费用低、航线不易被破坏，尤其是海上采用集装箱大型货轮运输，在陆内水域运输通常采用普通货船或利用船舶通过航道水域输送装备的运输方式，是海岛运输和江河水网地区弹药供应的主要手段。

3. 保障装备

保障装备主要是指装备使用与维修所需的保障装备与设备，包括测试、维修、试验、计量与校准的装备设备、搬运装备、拆装装备及工具等。目前，我军保障装备配备及使用的情况：一是物流设施和设备的技术水平相对落后，保障效率低下，尤其是我军仓库现有的搬运机械野战保障能力弱、完好率低，且维修经费和维修人员明显不足，即使少数重点仓库配备了较先进的保障装备，但数量较少，难以形成一定的保障规模；二是装卸设备与运输设备不配套，保障装备与储存设施不配套，如现已装备的野战叉车车速低，难以实现快速机动和伴随保障；三是装备器材集装单元化水平低，突出表现为集装器具的标准化程度较低，且无其他相应先进配套物流技术运用，直接影响野战条件下的物资高效益保障作业。

4. 物流管理系统

装备物流不但是物的流通，更重要的是伴随实物流动，相应装备的信息、技术参数、规定制度等也在发生不断变化，而且现代战争条件下，装备保障突出表现为难度大、要求高、吞吐量大。因此，必须建立健全应急装备物流管理系统，辅助管理与决策装备物流及保障。装备物流体系涉及面广、系统复杂，不但要全面提高装备物流管理水平，而且应将研究的重点放在系统分析装备物流体系功能与效益、制约装备物流的影响因素与相互关系、装备应急保障方案等几个方面，彻底解决装备保障生存防卫难和装备保障物流矛盾突出的问题。基于应急供应保障，目前充分建立集装化包装体系，改善包装集装化程度，提高物流时效，降低供应保障环节与成本；同时，全面分析装卸运输设备与储存设施的保障性能，增强保障防护能力和战场生存能力，加大保障物流硬件建设力度；建立和完善物流及应急供应保障系统，辅助决策与管理装备，提高储备质量，调整储备结构，优化物流资源。

（三）战时装备物流组织

战时装备物流是战时装备保障的重要组成部分。现代战争消耗装备种类多，物流规模巨大，装备输送距离远，手段多，速度快。如何将战时所需的装备经过筹措、运输、包装或生产、储存、供应等环节，最终送达部队被消耗使用，实现其空间的转移，正是战时装备物流系统所要研究和解决的问题。战时装备物流组织模式如图2-5所示。

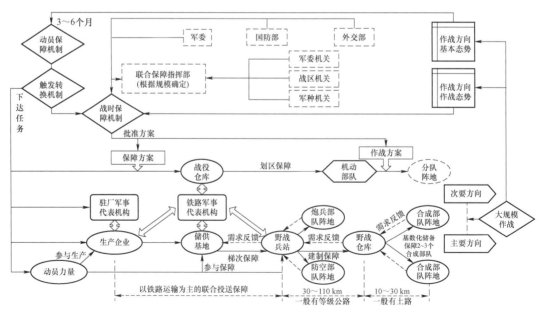

图 2-5　战时装备物流组织模式

1. 战时装备物流系统的组织原则

（1）着眼目标，灵活配送。由于战时装备消耗巨大，不可能在各级预置储存大量的装备。要解决"储存数量小，品种消耗散布大，运输距离长，运输次数多"的矛盾，必须实现装备物流系统快速及时、优质服务的目标，必须突破传统装备物流业务的约束，采用灵活配送的机制，实现多专业的一体化物流服务。这样既能节约资源，又能提高装备物流效能。

（2）信息融合，统一指挥。战时各种情况交织复杂，瞬息万变。这就要求战时装备物流系统必须统一决策，能够根据战争态势及时调整物流保障方案，装备物流管理机构必须统一组织指挥。实现统一组织指挥的前提是信息融合，即通过有效的信息化手段，实现不同专业装备物流信息的集成，实时整合各种信息，以便于决策部门掌握详细而全面的信息。在集成的信息基础上，实现物流活动的统一指挥。

（3）统一规划，建立储备。储备量应根据各战区在未来战争中可能承担的作战任务和国家经济能力，由总部装备物流管理机构统一规划制定。按照国家的物资管理体制，凡国家军工企业统一组织生产的装备，由总部装备物流管理机构统一筹措，通用装备由各战区装备物流管理机构和部队自行筹措。在存量控制的情况下，预置储备的重点应是主战装备的补充器材和作战装备专用的物资。

（4）区分主次，及时供应。各战区保障的重点应是主要装备和重点装备，特别是"撒手锏"装备和消耗大的装备，切实做到主战优先、关键优先，以保证战争需要的战斗力水平。同时，要按装备的毁损概率和消耗概率，在预有准备的基础上及时保障辅助装备和相关设备，以保证遂行战斗任务必需的整体攻击力水平。

（5）军地结合，广开源路。充分利用社会主义市场经济的优势和国家经济建设的成果，可在战争前期，由军地物流一体化管理机构落实通用器材物资的生产和管理，在战时优先使用、及时补充。应绝对避免预置储备的装备在战争前期即投入使用或可以不使用时投入使用。

（6）妥善管理，保证安全。战时装备物流中心的科学管理是实现保障有力的基础和前提。要高度重视装备物流中心自身的安全防范工作；注意加强内部管理，装备分区存放、分类管理；加强装备前送过程中的防卫，并尽量在夜间或能见度不良的条件下进行；加强技术防护，避免装备受到生物、化学及放射性物质的攻击，需要时应及时组织洗消。

2. 战时装备物流系统的运转策略

为适应外部环境和内部环境的变化，战时装备物流系统必须确立科学合理的运行策略，全面分析、掌握系统运行的特点，突出战时装备保障能力的提高和整体效率的发挥，并根据战场环境的不断变化实时调整运作策略。

（1）建立统一的指挥体系和决策机构。建立统一的战时装备物流指挥体系和战时装备物流最高决策领导机构，搞好顶层设计，便于确定总体战略和实施方案。将军内外装备动员、采购、加工、运输和储存等部门协调起来，统辖军、地和陆、海、空运输力量，与战时设立的物流中心形成完整的指挥体系，对战时装备实施统一计划、统一指挥、统一组织、统一供应，确保战时装备物流顺畅有力。

（2）走向协同的一体化保障。战时装备物流系统的运行必须着重实现以下3个方位的协同：一是系统资源的整合，即将拥有的资源统一分配、调度和使用，实现资源的集成，发挥资源整体优势;二是运行规则的协同,即协调系统各要素之间的合作,确保从上至下整个系统行动的协调;三是要素目标的协同,即只有要素目标的协同,才能最大限度地发挥装备物流系统的整体效用。

(3)基于预期的战略储备。合理的储备是保证供应的前提和基础。由于战场环境条件的多变,影响因素的复杂性、随机性、模糊性和时变性,成为制约精确预测战场装备储备的瓶颈。因此,如何对影响因素进行定性分析和量化处理成为实现精确预测的关键,必须采用以智能、信息技术为主,实现主动的战场装备储备点控制,使变异影响降至最低。

(4)面向突变事件的灵敏控制。信息化战争的瞬息万变,要求战时装备物流系统具有较高的灵敏度和可控度,以保证供应的及时、准确和安全。根据不同的军事战略,针对环境因素、约束条件的不断变化,运用人工神经网络、模糊控制、优化理论,对装备供应时机、数量、方式进行随动控制,提高装备物流系统的应变力和可控性,保证系统运行结果的准确、及时和安全。

(5)基于信息化的智能决策。即以现代智能技术为工具,以计算机为运作平台,实现供应保障智能决策。智能决策具有明显的时代特征,是现代战争由"物力保障"向"智力保障"转变的必然要求,也是由人工物流、机械物流、自动化物流向信息时代的集成物流和智能物流转变的体现。只有建立基于智能决策的战时装备物流系统,才能保证装备储备与供应子系统运转的持续性、反应的灵敏性和输出的准确性。

(6)装备物流全程可视化。及时准确地掌握部队所需的装备品种、数量、时间、位置,以及正在补给的物资的品种、数量、补给对象、到达时间,使各方面人员能全面、准确、及时地掌握整个装备物流保障的态势,使装备物流管理机构能有效地实现精准、快速、高效的物流保障,使作战指挥人员能够根据装备物流保障能力正确下定作战决心,使作战部队能根据所得的装备支援正确展开作战行动。

三、新型组织模式

(一)约束装备物流

现代局部战争和多样化军事任务要求装备物流保障讲求效益,在科学运筹和合理组织的基础上,实现武器、弹药、器材备件等按需配给,各物流节点成本最低。约束理论作为一种先进的管理思想,不仅可以应用到生产管理领域,也可以应用到供应链管理领域。

在装备物流系统中,采购是装备物流的源头,直接影响和决定了后续活动的质量;仓储和运输分别从时间和空间的维度实现装备物流的功能作用;配送是装备物流的末端,通过完成送达终端用户来达成服务保障职能;物流信息成为各个子系统之间沟通的关键,在物流活动中起着中枢神经系统的作用,依托物流信息系统,装备物流的前后端被连成一体。

装备物流系统的真正约束(瓶颈)是控制装备物流系统的关键,因为这些瓶颈制约着装备物流系统的运转能力,控制着装备物流各项业务同步展开的节奏。事实上,武器装备、器材等的交付期不是采购周期或运输配送周期决定的,而是取决于部队的需求。只有各个物流业务环节都在部队需求的时间完成了相应的任务,武器装备、器材等的最终交付时间才能与部队实际要求相符。如果能知道一定时间内特定地点所需武器装备、器材等的品种、数量及其组合，就可以根据武器装备、器材等库存及分布情况计算出可调拨和需要采购的武器装备、器材等。然后，按物流的业务路线，计算出采购、储存等各环节的所需业务能力，将所需业务能力与实际能力比较，负荷最高的环节就是瓶颈。找出瓶颈之后就可以通过编制详细的作业计划，在保证对其作业能力充分合理利用的前提下，开展物流业务。

装备物流计划的制订，应该使受瓶颈约束的物流达到最优。因为瓶颈约束控制着系统中武器装备、器材等流动的节拍和保障效率。为了充分利用瓶颈的能力，使之不受其他部分波动的影响，一般要设置"缓冲"，以防止可能出现的随机波动造成的瓶颈等待任务的情况。在装备物流系统中，可以依托地方物流资源作为装备物流的重要缓冲，为装备物流系统的高效运行提供支撑。

在及时满足部队需求的前提下，为了实现最大效益，必须合理安排武器装备、器材等通过各个业务环节的详细的作业计划，这需要物流信息系统。也就是在装备物流系统内部的协调实施中，装备的采购、库存、运输与配送由一个详细的作业计划来同步。通过系统的控制，使得瓶颈前的非瓶颈业务均衡运作，可以减少库存，而同时不使瓶颈停工待料，达到系统整体效能的最优。

约束理论方法在对整个物流系统全局管理中发挥着独特的作用：一是反应能力增强，减少不必要的投入、降低成本。帮助领导者的管理从职能导向转移到以节点为导向，及时、有效地抓住主要流程或环节以更好地进行宏观调控，增强物流系统的反应能力。二是工作有序化和透明化。约束理论关注系统各活动环节的具体运转情况及其内在联系，并在必要时建立起新的关系网络，这有利于各部门环节的有序化、透明化和高效化。

（二）逆向装备物流

装备物流中返修、回收、退役、报废装备物资的管理属于逆向装备物流的范畴。平时，加强逆向装备物流的管理水平，可以节约保障经费，提高保障效能；战时，可以及时为作战部队提供所需的装备物资，减轻后方物资供应压力，提高战时装备保障能力。

所谓逆向装备物流，是指武器装备及其器材物资在供应保障过程中的不合格品返厂修理、待修品再制造回收、包装品返回、退役报废装备器材的回收处理、保障过程中废弃物的处理利用等向装备供应链上游或回归社会的装备器材物资的"逆向"流动过程。从这个意义来说，逆向装备物流是装备物资保障整个生命周期的重要环节，是装备物流的重要组成部分。

逆向装备物流必须遵循绿色设计理念，从装备的概念设计到生产制造，从装备运用到保障，从退役到废弃处置，以至于装备全寿命周期过程都必须贯彻"3R"原则，即Reduce（减量化）、Reuse（再使用）、Recycle（再循环原则）。

首先，应进行装备的绿色设计，选择环保材料，进行环保生产；其次，应进行再使用、再循环的绿色回收利用，发挥装备器材最大的使用价值，在回收利用中产生最少的负面影响。通过严格规划和科学管理的逆向装备物流环节，能较好地实现绿色物流的宗旨，有利于装备物流的健康发展。装备物流从整体上看，是以消耗人力、物力、财力来保障装备作战的，因此其全寿命周期的经济性体现了消耗军费创造军事效益。只有逆向装备物流部分能创造经济价值。因此，应加强对逆向装备物流的经济性管理，提高装备物流的整体效益。逆向装备物流的经济性主要体现在：装备器材在直接循环利用等环节体现了减小器材物资消耗，降低装备器材经费的投入；减小供应物流需求，缩短供应保障周期，节约物流各环节开支；废弃物流可从社会回收大量资金；逆向装备物流从总体上减小了对社会总的资源需求，从全社会宏观的角度上体现了资源的经济性。

逆向装备物流作为一项重要的装备工作内容，逐渐显现出它的科学性、军事性和经济性。认清逆向装备物流的本质特征，科学统筹逆向装备物流工作，加强装备物资的再生利用和回收等逆向装备物流的过程计划和管理，能有效节约装备保障资源，显著提高装备保障效益。

逆向装备物流系统是装备物流系统的一个组成部分。它是指在一定的时间和空间范围内，为实现装备保障领域的逆向物流管理活动目标而设计的由各相互作用、相互依赖的物流要素所构成的具有特定功能的有机整体。其物流要素主要包括回收装备物资及其检测设备、拆解设备、装卸搬运机械、运输工具、仓储设施、相关人员和信息等。逆向装备物流系统的功能，主要是通过装备物资的检测、回收、储存、运输、搬运等物流环节的合理衔接，高效率地实现装备物资回收的空间和时间转移，提高装备物流的整体军事效益和经济效益。

（三）柔性装备物流

柔性就其本意来说，是与刚性相对应的。柔性代表可变，刚性代表不可变，物流系统如此，其他很多系统如制造业系统也是如此。未来装备物流系统为应对现代战争的突发性、不确定性，也应由刚性向柔性转变，从而抵消刚性的装备物流随季节环境、军事战略调整、部队训练机动等因素带来的影响。例如，装备物流系统在现代化战争背景下呈现的几个变化特征：一是产品的多样性；二是业务的不均衡性；三是增长的不确定性；四是地点的不确定性。这些特性对于物流系统提出了新的要求，而柔性化可以使这一要求得以满足。

在装备物流领域，柔性化体现在多个方面。其中，最关键的方面在于更灵活的配置、更快捷的部署，以适应快速变化的装备保障需求。单元化、标准化与模块化等技术，则仅仅是从系统和设备本身的适应性去诠释柔性化的具体内容和内在需求，而非从业务层面去审视系统对于柔性化的需求，尤其是系统的可迁移性、可快速扩充性，以及对环境变化的广泛的适应性等。

成本和效率是衡量一个物流系统优劣的两个关键。对于装备物流系统而言，构成成本的因素很多，如装备物流基础建设和设备成本，人力资源成本可能是所有成本中上升最快也最受人关注的部分。至于保障质量和保障水平对于成本的影响，对装备物流系统保障实体来说，并不将其归类到成本之中，其实越高的保障质量肯定意味着越高的成本。而对效率的理解，可能更多地会放在具体业务上，如系统的作业效率等，从而忽略了时间成本和机会成本。所谓的时间成本和机会成本，所涉及的方面也有很多，如物流中心建设的周期。

柔性化本身没有明显的劣势，只是在各个应用阶段，由于应用水平和相关技术的局限，会表现出一些比较劣势而已。例如，未来大量投入的无人化保障装备与自动化输送系统的比较，会存在性价比问题。一方面，在不影响使用的前提下，无人化保障装备会导致投资增加，这是其劣势所在。在大部分情况下，柔性化设计会有更大的投入，这是完全可能的。另一方面，在突出实用性方面，柔性化又往往显得更加"节约"。柔性化的表现往往是多层次和多方面的。

第四节　装备物流系统影响因素与流程分析

装备物流是一项目的性、技术性、经济性和对抗性都很强的社会活动，科技发展水平、经济实力、保障人员素质和保障管理水平等都从最基础的层面决定着装备物流系统的能力状况，现代及未来的信息化军队更是如此。另外，不同国家军队之间装备保障能力方面的差异，实质上是综合国力和军事实力的差异。国家及军队层面的国防战略、经济水平、科技能力、保障环境构成了装备保障的物质技术基础，其内部的保障理论、编制体制、人员素质和管理水平等成为提高装备物流成效的关键。

一、装备物流系统影响因素

（一）总体影响

装备物流自身是一个复杂的系统，其运行、演化更是涉及国家、军队等不同层面的多个方面影响因素，并且受外界因素的影响有些是长期的，有些是短期的，装备物流系统对装备保障、军队建设和国家战略的影响是始终存在的。

首先，国家及军队的一些涉及宏观层面的因素，诸如政治、科技、经济、体制及文化等方面，决定了装备物流系统的规模水平、运行水平、层次结构，牵引着装备物流系统的建设目标、发展趋势和投入程度。装备物流系统服从和服务于国家发展和军队建设，国家的政治局势稳定、经济发展良好、科技水平较高、文化理念先进，通常装备物流系统整体层次较高，发展较快，运行较好；反之，则会受到政治局势、科技水平、经济实力等因素的影响，要么发展不均衡，要么运行不平稳，在装备物流过程中也会出现各种各样的问题。装备物流是为保障部队和服务装备而开展的系列活动，这些活动总体上服从于国家和军队的形势、政策，服务于政治目标和发展需求，受现阶段国家和军队的总体发展战略牵引，当国家形势紧张和局部危机突显时，军队建设步伐加快，装备建设和装备物流就必然会自发地进行调整和适应，以满足国家和军队的需要；当国内外形势安全稳定，国家以经济建设为主时，装备物流系统又回到正常水平。

其次，社会及军队的中观、微观层面的因素，诸如地区环境、装备性能、编制体制、保障能力、人才素质等方面，影响了装备物流系统的投入、投向，决定了一段时间内装备物流调整的重点、难点。装备物流虽然整体上是一个系统，但在不同的环境条件下，其表象、运行都会存在一定差异。例如，北方地区或内陆地区储存环境相对凉爽干燥，南方地区或沿海地区储存环境相对炎热潮湿，由此导致装备储存设施、管理模式、防护要求就有了一定的差异；北方或内陆地区通风时期相对较长，密闭时期相对较短，而南方及沿海地区温湿环境相对恶劣，导致通风时期短而密闭时期长。不同时期不同环境，装备物流系统建设和发展的重难点是不一样的，而导致这一现象的原因就是环境发生了变化。

最后，装备物流也会对系统外部产生影响。装备物流系统存在于军事系统之中，必然也会对装备保障建设、军队发展建设，甚至是国家的发展建设产生一定的影响。没有保障力就没有战斗力，保障力是战斗力的重要组成部分，保障力和战斗力对军队的建设发展至关重要，是军队完成各种军事任务的重要基础和有力支撑，直接关系到军事斗争装备准备质量的高低，尤其是对于运用新技术、新原理和新材料的新型装备，其保障能力建设不但是装备保障和军队关注的重点，其保障能力的优劣更是影响了军队的建设与发展。未来战争，装备战损率高、消耗量大，装备物流系统占用的资源庞大，无论是平时建设，还是战时资源的动员和运用都涉及国家和地方的各种方面。因此，各种资源如何有效发挥作用，如何科学恰当配置，都会受到装备物流系统内部因素的影响。

（二）外部影响

从系统的角度分析，外部影响因素主要有发展战略、国防科技、经济实力、军事变革及保障环境等几个方面。

1. 发展战略

战略形势是影响国家安全和军事斗争全局的各种因素、各种条件相互作用所呈现出的总体状况，包括国际国内政治、经济、军事、科技等方面的全局情况，以及在此基础上形成的基本态势。战略形势对装备物流系统产生宏观影响。战略形势越稳定，国际关系越缓和，国内发展越快速，外界威胁越弱小，装备物流系统的输入、输出就越小，系统运行的压力就越小；反之，战略形势紧张，军事斗争准备加速，装备物流系统压力增大。

军事战略是筹划和指导战争全局的方略，即根据对国际形势和敌对双方政治、军事、经济、科学技术、地理等诸因素的分析判断，科学预测战争的发生与发展，揭示战争的特点和规律，制定战略方针、战略原则和战略计划，筹划战争准备，指导战争实施所遵循的原则和方法，作为国家战略的重要组成部分，与军队建设直接相关，是国家根本性的军事政策，是军事活动的主要依据，是支持和配合国家进行政治、经济、外交斗争的有效工具。军事战略所要维护的国家军事安全利益，所要达到的军事安全目标，从根本上决定了在相应时期内，这个国家面临什么样的威胁，应该采取什么样的手段，建设一支什么样的军事力量，来对付可能出现的军事威胁。而要对付可能的军事威胁，维护国家的军事安全利益，就必须有一定的物质手段作为保障。

2. 国防科技

军队装备保障活动发展的漫长岁月里，装备物流保障装备、设备、设施、器材等装备保障资源，作为科学技术物化的成果集中代表了一个时代、一个国家的科技应用水平。完全可以说，主要是科学技术推动了军事装备保障活动的发展。从根本上说，科学技术是人类认识和改造自然、社会的成果，也是认识和改造自然、社会的重要武器。军事装备作为人类的一种特殊社会活动的手段和工具，也是科学技术物化的直接结果。离开了科学技术，军事装备就不可能出现。没有科学技术的发展，也就不可能有军事装备的发展和变革。科学技术不仅是军事装备产生和发展的基本前提，也是推动军事装备发展变革的重要力量。

3. 经济实力

武器装备的发展历史和历次战争的消耗统计数据表明，经济对于军事装备、装备保障的产生和发展有着决定性影响。经济实力从根本上决定着军事装备及装备保障发展的潜力，经济水平决定着军事装备及装备保障发展水平，经济规模决定着军事装备及装备保障发展的规模，经济发展速度制约着军事装备及装备保障的发展速度，这是不以人的主观意志为转移的客观规律。例如，弹药等一次性使用的消耗型装备，战争的巨额消耗使得弹药储备的数量规模是庞大的，尤其是随着信息技术的运用，新型弹药作战效能大幅增加的同时，弹药的采购价格越来越高，同时弹药无论作为通用装备还是专用装备，都涉及所有的军兵种，因此弹药保障建设的投入包括设施、设备、器材、标准等弹药保障直接相关的保障资源以及包装、物流、运输、防护等方面的间接弹药保障资源。因此，经济实力不仅是装备物流的基础，更是装备物流长久建设发展的前提和基础，没有一定的国防投入或国防投入不足，就不能很好地完成装备保障任务，进而影响军队任务的完成。

4. 军事变革

20世纪一场新的科技革命的迅速展开和深入发展，在对当代社会经济领域产生深刻影响的同时，也对军事领域特别是军事装备发展产生了革命性的影响。高技术的迅猛发展和广泛应用，为军事装备的又一次跨时代发展变革奠定了新的基础，提供了强劲的动力。20世纪80年代末90年代初，又发生了人类有史以来的第六次军事革命。这次军事革命以信息技术、新材料能源技术、生物技术、海洋技术和空间技术等高新技术群为基础，产生了精确制导技术、遥感与探测技术、卫星通信与预警技术、全球定位导航技术、隐身技术、夜视技术、光电技术等，从而极大地推动了武器装备的更新换代，提高了军队的指挥控制能力、快速机动能力、精确打击能力和综合保障能力。军事变革涉及了军队编制体制、作战思想理念、武器装备发展、装备保障模式等军事的各个方面，但影响最大的是武器装备和装备保障。

军事变革对装备物流的影响主要体现于装备保障思想与模式上。以美军为例，在第二次世界大战后发生的多次战争中，不断总结经验和教训，调整、完善弹药保障的思想、体制、法规和力量，至20世纪80年代，形成了在机械化时代背景下相对成熟的弹药保障理念，即降低弹药保障费用、优化弹药保障资源、提高弹药保障效益。20世纪80年代后，伴随军事变革，美军提出一系列保障的新概念，并经过多次战争实践，已经基本实现从机械化作战背景条件下的弹药保障到由"靠前配置型向定点投送型、数量规模型向质量效益型、被动补给型向主动配送性"的转变，即转变为具有代表性的信息化弹药保障。

5. 保障环境

装备物流活动无时无刻不处于一定的保障环境之中。各种对装备物流系统产生直接影响的外部环境都会对保障人员、保障装备、保障设施产生影响。这些影响，既可能是正面的，促进通用装备保障任务完成，也可能是负面的，制约装备保障任务完成。按照其特征和规律可以区分为平时环境和战时环境，也可以区分为军事环境和自然环境。

军事环境，是由军事活动所造成的特殊境况，装备物流主体运用各种资源开展和实施装备物流相关活动，要在军事环境中进行，就必然会受到军事环境的作用和影响。军事环境的主要特点，是充满着军事斗争及由此引起的各种辅助活动。在战争条件下，敌对双方为了达到"消灭敌人，保存自己"的目的，必然把激烈的军事斗争作为主要手段。这种剧烈的军事斗争，一方面造成了自然环境、社会环境和后勤保障活动的极大破坏；另一方面，敌对双方为了满足各自的需要，又不得不对所必需的自然环境、社会环境和后勤保障活动予以千方百计的防护。在信息化战场条件下，军队武器装备的技术日益复杂，作战行动与作战指挥涉及的因素日趋增多，对装备物流系统各方面都产生极大的影响。

自然环境，一般是指与装备物流活动相接触的自然环境，既是一个空间范围，也是一个由多种自然条件组成的物质实体，如地形、气候、水文、地质、植被等条件。自然环境，是装备物流活动存在、发展和变化的自然基础，是装备物流活动经常而又必须具备的条件。然而，自然环境既可能是"朋友"，也可能是"敌人"。自然环境对装备物流活动的影响是客观的，它不以人们的主观意志而转移。人们虽然可以改造和利用自然环境，但只要有一定的自然环境，就会无情地对装备物流活动产生作用，而且人们改造和利用自然环境也只能顺应着自然环境发展、变化的客观规律进行。从目前我国的地理分布情况来看，装备物流大多处于北温带内陆地区，平时保障环境相差不多，但同时也要认识到，由于我国幅员辽阔，高温、高湿、高原、极寒、干旱、盐雾等自然环境也存在，自然环境的差异性会给装备物流在一定程度上构成影响。近年来，全球气候变化剧烈，各种极端天气异常，即便在平时装备物流的过程中，也会影响装备物流活动的开展。

（三）内部影响

装备物流系统除受外部环境因素影响外，还受自身系统内部各要素的影响和作用，主要有保障模式、保障体制、法规标准、专业力量和保障手段等方面。

1. 保障模式

理论是行动的指南。在装备物流实践中，保障理论尤其是关于保障模式方法方面的理论，是关于装备物流活动内在规律的认识、总结和探索，它对于装备物流系统运行、演化和发展起着十分重要的指导作用。保障理论的创新和发展，往往强制性地引起保障方式和保障组织的变化，推动军事理论的发展和变化；与此同时，军事理论的发展又会对装备保障建设发展产生巨大影响，不仅会对保障发展和运用提供强有力的指导，而且会对保障发展提出新的需求，从而极大地推动装备物流的发展。以美军为例，1995年美陆军率先提出速率管理（Velocity Management）理论，旨在后勤系统中以速度和准确性取代数量，美空军同样采用精干后勤（Lean Logistics）减少后勤保障过程中无价值的附加任务；1997年美海军陆战队提出精确后勤（Precision Logistics）降低库存、缩小保障摊子，提高后勤保障反应时间；2000年美国国防部发布的《2020年联合构想》中聚焦后勤（Focused Logistics）成为灵活性、精确性和快速反应的具体体现；2004年美军转型司令部又发布了《感知与响应后勤》（Sense and Respond Logistics）概念文件，提出以网络为中心的动态自适应后勤。这些保障概念及理论研究，都是美军在作战与保障过程中，以信息化战争为牵引，围绕《装备保障路线图》中明确的"一体化""全面可见""快速精确反应"3个总目标，以后勤和装备保障实践为基础，以技术优势为保证，不断总结、创新和发展，真正让保障做到"适时、适地、适量"。

2. 保障体制

从总体上看，装备保障体制是装备物流系统进行内部建设和实施装备物流实践活动的基本约束，是构成装备物流系统的结构框架，一切装备物流活动都必须在相应的体制框架内运行。保障体制主要包括：保障领导指挥机关，负有保障任务的部队、分队，企业化工厂，预备役保障力量等的结构、职能、编成及其相互关系。例如，弹药保障的指挥体制、调配体制、维修体制和动员体制等。弹药保障体制是否科学、合理，对实现弹药保障科学发展，加速弹药保障能力的提升，具有根本意义。实践反复证明，陈旧落后的装备保障体制，束缚着装备保障能力的有效发挥，制约着装备保障水平的提高；科学合理的管理体制，是确保装备保障活动科学运行、提高装备保障效益的组织基础。我军现行弹药保障系统是典型的树状系统，呈现多层级、程式化、线性化的工作模式，体系庞大、整体运行效率较低，无法从根本上满足信息化战争弹药保障的需要。为此，面对未来信息化战争背景下，装备保障体制改革创新中，应强调以信息技术为主导，合理配置保障资源，优化组合保障要素，实现保障力量编成的综合化、模块化与一体化，确保装备保障效能的最大化。

3. 法规标准

法规标准是装备物流系统运行的制度保证。健全和完善运行机制，是实现装备物流系统平稳、快速、健康发展的重要环节。当保障体制在某一特定时期或特定环境条件下不能调整时，完善保障机制就成为首先需要考虑的举措。例如，完善法规制度，加强保障法规建设，制定保障工作制度、管理细则、操作规程、作业标准和工作程序，形成上下衔接、专业配套、科学严谨，适应装备物流系统运行需要的法规、制度和标准体系，为装备物流系统运筹优化提供法规、制度、标准保障；建立科学的保障经费管理使用制度，对装备物流运行经费的计划、预算、拨付和领报等进行科学有效的管理；统筹安排装备的科研费、采购费和维修费的比例；统一组织协调各部门、各军兵种装备物流系统中的筹措、储备、运输、供应、维修等环节，逐步建立起跨部门跨军兵种的装备物流联系和协调机制，就能很好地弥补体制的不足，保证装备物流活动的有效开展。

4. 专业力量

装备物流系统的效率和效益在很大程度上取决于保障人员的整体素质，在装备物流系统各要素中，保障人员是一个最活跃、最关键的因素。当前许多国家都非常重视提高保障人员的素质，如美国的《2010年联合构想》、英国的《2015年数字化军队》以及俄罗斯的《2005年军事建设构想》中都把保障人员素质的提高摆到重要位置，尤其是突出了保障人员的信息素质。基于按信息系统体系作战装备保障要求，我军装备保障人员的整体素质和规模与装备保障的整体建设尚存在不适应的地方，集中体现在"问题不足、结构失衡"等问题上。近些年我军针对装备保障队伍建设存在的问题进行了重点发展，取得了较好的效果，但要从根本上解决装备保障队伍建设问题，尚需要进一步深化和创新保障人员培养举措，并形成保障人员培养与使用的良性运行机制。

专业素质主要包括专业知识、专业技能和专业经验3个方面。完成装备物流工作，不仅需要精通保障指挥、管理与使用的人员，更需要有一大批精通本职专业，具有出色完成保障任务的能力，并具有一定创新能力的"专业通"队伍。军队往往根据个人专业技能的不同来分配保障人员的工种。就装备维护而言，还存在着仓库储存、检测、废旧处理，以及战时信息化作战装备的数据加注、上舰、上机等工作。据有关资料介绍，1986年美军空军有40万人，其中仅装备维修人员就分有106个专业、13万人，约占空军员额的1/3。美国一套"爱国者"导弹武器系统操作人员虽只有几个人，但技术保障人员却达十几人，而且其中半数以上是"白领"专家。可见，装备保障人员的专业技能是做好保障工作的关键。除了专业知识和专业技能之外，专业经验的积累也必不可少。

5. 保障手段

保障手段是装备物流系统的重要物质基础，是管理者实施有效管理活动的必要条件，主要是指保障设施、保障装备、保障设备和工具等。历史经验表明，技术手段创新发展对装备物流能力和水平的提高至关重要。

以数字化、智能化、综合集成化为基本特征的现代装备维修保障管理手段，充分运用嵌入式传感器等测量装置，实时测量装备技术参数，掌握装备技术状态，能够根据装备的技术状态实时确定是否组织维修，从而可以改变对现代武器装备进行定时大修、定期大修等修理制度,大大推动现代装备维修保障水平的进步,使装备维修保障由机械化半机械化向信息化发展,使保障管理向知识化、科学化发展。由此可见,缺少管理技术手段的发展与创新,管理水平的进一步提升就会受到很大限制。现代信息技术条件下,只有重视采用先进的管理技术手段,创新装备管理模式和方法,才能更好地提高装备保障管理水平。

二、装备物流任务流程

装备保障物流是输入各种人力、物力资源,消耗一定时间,为了部队装备需求而开展的一系列有规律的、连续的物流业务活动的集合。这些物流活动之间通过相互作用、相互联系完成一系列装备保障任务。根据一般装备保障的实际情况,其基本流程主要包括调配保障任务流程和技术保障任务流程。

(一)调配保障

装备调配保障任务流程包括生产、筹措、储存、供应和补充、发放。整体而言,装备调配保障任务流程如图 2-6 所示,主要分为 4 个阶段:第一阶段是完成生产和筹措;第二阶段是将筹措的装备入库储备,进行储存管理,并做好出库准备;第三阶段是完成在规定的时间内对作战和训练所需的装备配备分配,并根据战争行动和部队的消耗情况持续不间断地补给;第四阶段是部队使用运用装备。

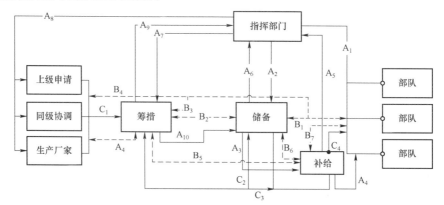

A_1,A_2,…A_{10} 表示装备物流中的信息流
B_1,B_2,…B_7 表示装备物流中的控制和约束关系
C_1,C_2,…C_4 表示装备物流中的物流

图 2-6 装备调配保障任务流程

(二)技术保障

技术保障任务流程包括生产验收、质量检测、修理和故障处理、废旧处置。技术保障任务流程贯穿于装备保障任务中,相对于调配保障来说,流程主线不是十分清晰,主要围绕武器装备质量水平开展,如图 2-7 所示。技术保障任务,主要涉及军种和战区两类。战区技术保障主要有质量检测、销毁处理及针对仓库、部队开展的技术服务和技术保障;军种技术保障主要针对全军武器装备的质量信息监管、修理、质量决策等。围绕各具体任务流程,开展相应技术保障活动,相互交换质量及保障信息,不断提升质量水平和技术保障的能力。

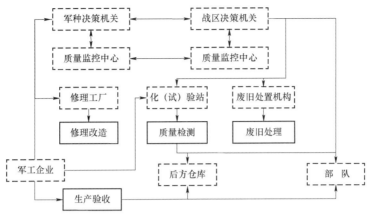

图 2-7　装备技术保障任务流程

三、装备物流系统主要环节组织决策流程

装备保障过程是主体围绕保障的目标与需求组织开展一系列物流活动和保障活动的过程，其过程结果、保障效益和演化发展，时刻离不开活动组织者的决策与控制。广义地讲，装备物流决策涉及装备保障各个方面建设及所有业务活动；狭义地讲，装备物流决策主要指装备物流组织活动及过程的决策。

（一）装备筹措

装备筹措是装备保障一项重要的业务工作，是为了保障军队武器装备供应而进行的计划筹集工作。整个筹措过程是装备有关部门按筹措分工，对所需装备通过各种形式和渠道有组织、有计划、有选择地请领、采购、订货和生产、修复等的一系列业务活动。

装备筹措是从军队用户提出的装备需求开始，到供应商将装备送到部队或储备部门、办完有关手续为止，其任务流程及决策程序。装备优化的筹措组织决策过程如图 2-8 所示。

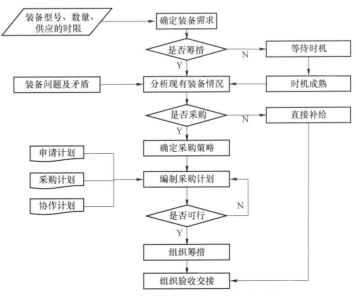

图 2-8　装备筹措优化的组织决策过程

（二）装备战备储备

为了保障战争或其他军事活动的需要而建立的一定种类和数量的储备，其根本目的是弥补装备供需在时间上、空间上和数量上的不一致，以满足装备物资不间断地供应。宏观上分析，装备战备储备涉及全军所有装备的品种、数量、质量和分布情况，因此战备储备在战略战役层面的决策主要是对全军武器装备在品种、数量、质量和分布情况的调整和控制决策，这一过程不但与国家的战略方针和军队装备建设密切相关，还与不同阶段不同地区相关装备保障能力有关，是一个十分复杂的多因素决策过程。在战术层面，装备战备储备决策相对简单，优化的基本决策过程如图2-9所示。

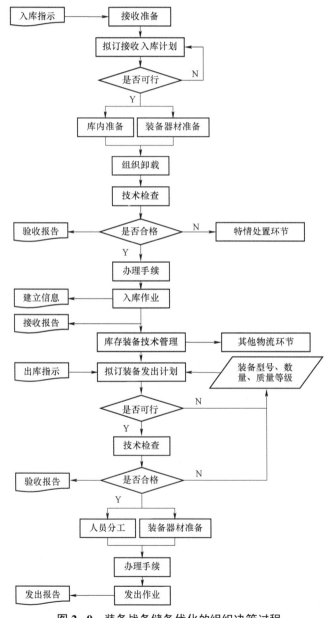

图2-9 装备战备储备优化的组织决策过程

(三）装备供应

装备供应是装备保障与装备物流活动的末端，根据上级指示，选择满足品种、数量、质量需求的武器装备，对部队进行适时、适地、适量的保障。适时就是补给的时间既不能过早又不能过晚，争取在部（分）队需要装备时把装备送到，在时间上做到恰到好处。过早容易影响部（分）队的机动和增大装备的损失，过晚不能有效发挥装备的作用，容易贻误战机。准确就是要求补给的装备品种、数量和元件配套，以及补给的单位、时间和地点不能有差错。适量就是在数量上既不过多又不过少，一般以既能满足作战需要，又不影响部（分）队和仓库的机动为原则。

战略、战役层次的供应保障决策部门，根据作战意图和需求，结合部队实际和保障能力，按照特定保障原则对作战部队和单位进行供应保障，一般包括需求预算、消耗控制、保障程度、供应方式等几个方面决策内容。战术层次供应，一般根据储备标准、作战需要、消耗和损失等具体情况而进行装备补充。装备供应优化的组织决策过程如图 2-10 所示。

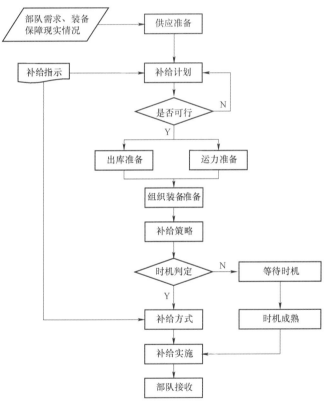

图 2-10 装备供应优化的组织决策过程

（四）装备技术保障

装备技术保障主要是围绕装备的质量状况开展的，通过一系列的技术手段与活动，借助先进的仪器设备，判定装备的缺陷并进行质量等级的评定；根据其质量等级、储存时间以及维修性、维修价值等情况，进行技术保障活动的组织决策。装备技术保障优化的组织决策过程如图 2-11 所示。

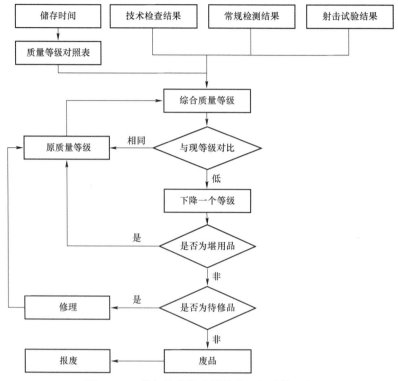

图 2-11　装备技术保障优化的组织决策过程

思考与练习

1. 简述装备物流系统的概念。
2. 装备物流系统的主要特征有哪些？
3. 简述装备物流系统的主要功能。
4. 简要分析装备物流系统的组织过程与组织模式。
5. 论述装备物流系统的影响因素。

第三章
装备物流系统规划与设计

装备物流系统规划与设计，即按照功能分配合理、运行机制兼容、能够协同运作、保障水平提高的原则，对装备物流的运输通道、枢纽站场、物流中心、后方仓库、装备器材供应站等系统要素的布局、规模、功能等进行统一规划与设计。

第一节 装备物流系统规划与设计的目标和内容

从图论的角度分析，物流系统是由点与线以及它们之间的相互连接所构成的物流网络，是物流活动的载体。因此，物流系统要素也是以网络方式存在，以实现物流系统快速反应、高效运行和耗费最优等要求。在进行物流系统设计时，必须明确物流系统网络的规划与设计目标及内容，才能最大限度发挥物流系统的效能，提高效费比。

一、装备物流系统规划与设计的目标

装备物流系统规划与设计的目标是通过合理地设置装备物流系统，使其尽可能接近服务与保障对象，同时考虑保障装备物资的生产采购、中转储存、保障需求等相互关系以及网络具备的高安全性和抗打击能力，建立起从产地到服务地的高可靠性、高效率性、高效益性相结合的装备物流网络系统。装备物流系统规划与设计的主要目标如下：

1. *系统整合*

装备物流系统通过整体规划，重新部署组织资源，缩减不必要的程序，增进功能与组织的品质，使得组织能有效地应对复杂环境，打破原有的层级体制，实现工作流程与跨功能的沟通，以更精干灵活的组织形态来处理日益庞杂的装备物流业务。

2. *提高保障水平*

装备物流系统的保障水平应体现在提供充分的系统容量、反应速度快、服务成本低、安全性高、抗打击能力强、精确性好、可扩展性强等方面。装备物流系统网络中，原来的点和点、要素与要素之间的松散关系变成网络成员之间的紧密联系，每个要素都能按自己的专业分工充分发挥作用，每个要素的功能都得以放大，整个装备物流网络的功能大大强于各个孤立要素功能的总和，从而整体上提高装备的保障水平。

3. *降低总成本*

总成本最小化就是寻求最低固定成本及变动成本的组合。装备物流系统网络规划设计

时，在按照需求确定一定保障水平的情况下，再以经济观点来规划各要素的布局规模、资源配置、功能配套等，并且处于网络中的节点要素原来互相冲突的关系现在变成协同的关系，运转时大大减少了要素之间的损耗和交易成本，从而使总成本降低。

4. 抵御风险

装备物流系统中原来相对孤立的要素和子系统组合成网络之后，形成了结构紧密、运转灵活的装备保障供应链。供应链是一种集成了各个节点核心能力和竞争优势的功能网链，其抗风险、抗打击能力要强得多。因此，好的网络更为安全可靠。

二、装备物流系统规划与设计的内容

1. 组织指挥网

装备物流系统涉及多个军地组织和军工企业，要实现装备物流系统的高效管理，必须建立一个由多个组织实体构成，并由军队主导的外形扁平、横向连通、纵横一体的"网状"组织指挥网络，还要将众多服务对象纳入装备物流系统中，主要负责制定各种政策和规范，明确各组织节点的基本职能、分工权限、相互关系，建立各部分之间的领导、监督、协调机制，制定战略目标、中长期规划，对总体需求进行调查、分析和预测，对基础设施建设、人才队伍建设、技术服务等进行一体化管理，为网络建设其他方面提供组织保证。

2. 业务运作网

装备物流系统的业务运作一般是在不同的地方并行作业，因此业务运作网络是动态流动的。构建业务运作网，要基于专业化和协作化的运行机制，并在根本利益一致的条件下引入适当竞争，从整个供应链角度，考虑生产采购、库存持有、设施配套、运输成本之间平衡及总成本最低和各个环节的衔接方式，对仓储、运输等具体物流业务运作的业务流程、业务规范、业务标准等业务运作要素进行计划、执行、实施和控制。

3. 设施设备网

设施设备是装备物流系统运转的主要硬件基础，物流运作在一定区域内掌握或调动，使用不同的仓库、码头、堆场、物流中心、配送中心、车站、运输车队等仓储、运输资源，不可能由一家所有，装备物流系统的设施设备网应该是军民融合的。军队物流运作组织在保留对业务的管理和控制权等前提下，可以考虑采取自己投资兴建、联合投资兴建、租赁，或将业务外包等方式来获取这些资源，并对这些资源的调配、使用、跟踪、控制、维护等进行管理。

4. 物流信息网

装备物流信息网，主要负责装备物流信息的定义、收集、分类、分析、传递、存储和应用的网络。它能提供装备物流所需设施设备、人员、流程、制度等的计划、组织、跟踪、协调和控制等功能，通过与社会资源的共享和交流，提高国家经济实力向装备物流保障能力的转化。通过与需求部队的共享交流，提高对需求的预见性，提高快速反应和精确保障能力，实现装备保障链的全程可视。装备物流信息网的建设，应根据装备物流管理需求，按照全军统一技术体制，集成已有成果，开发和完善各配套系统。

三、装备物流系统网点规划布局

装备物流系统网络可以具有不同的结构，从原材料供应到将产品送到军队装备物流末端中，可以划分为军内和军外两个过程，其中的物流运动具有明显的不同，这里主要是考虑军内这一段物流。从后面一段物流来分析，物流网络可以分为两种基本形式，一种是直送形式，另一种是经过物流中心或配送中心的形式，可以说整个网络都是这两种形式的组合。

1. 直送形式

直送形式是指由供应商将物资直接送到部队最终用户。这种方式的特点是直接面对最终用户，环节少，效率可能比较高，没有在中间建立配送中心或中转设施的成本支出，配送成本可能比较低。该方式一般要求用户的数量不多，如果数量太多，超过了供应商的配送和仓储能力，就有可能造成效率反而下降、配送成本高，影响配送周期和服务水平；但用户数量也不能太少，配送量要达到配送车队和仓库的经济规模，且分布在离工厂不远的地方，在配送车队的经济运距范围内。此外，要求供应商必须有强大的配送车队，或利用第三方配送车队，必须有足够的仓储能力，可以利用第三方仓库。

最简单的直送形式是一个供应商对多个用户，即"一对多"模式。如果有多个供应商，将多个"一对多"网络集中在一个网络中，就变成了"多对多"这种复杂的网络。对用户来讲，"多对多"模式中一个用户要面对多个供应商，在接货、验收等环节容易牵扯较多精力，而且若供应商送货量较大，还需要有足够的储存场地，送货量太小，接货次数更多，这是一个矛盾。显然，在大规模复杂网络的情况下，直送不是一种有效率和有效益的方式，因为它的物流组织仍然处于放任、自然、分散和原始的状态。

对于相对简单的"多对多"直送形式下，也可按照时间、装备种类及空间隔离转变成更细更小的"一对一"或"一对多"的直送形式，可以在一定程度上缓解矛盾。但当"多对多"直送形式日益复杂时，矛盾就变得不可调解。

2. 配送中心形式

装备物流不是由单一物流渠道构成，而是由从多个供应商到多个部队用户构成的复杂网络结构，对"多对多"网络的运转效果改善措施是增加一个中间环节——配送中心，可以将"多对多"的网络变成两个"一对多"的网络，或者是"一对多"+"多对一"。尤其是在承担大规模物资保障任务的物流渠道中，配送中心、物流中心更是不可缺少的网络设施，在这里，多一个环节比少一个环节更有效。供应商和用户都只需和一个对象打交道——配送中心，有更多的精力投入主业，而配送中心可以集中需求，产生规模效应，减少库存水平和风险，而且能提供更优质的服务。

装备物流系统基于物流（配送）中心的网络设计，是在一些科学方法的指导下，如运筹学中的网络理论等，对物流网络资源配置、配送中心和物流中心的数量、规模、地址方面的规划与设计等进行决策，以形成建立以需求为牵引，以实物供应为主线，以采购为源头，以配送为重点，以服务为中心的战略、战役和战术三级衔接的装备物流网络体系。

第二节　装备物流中心规划与设计

装备物流中心是装备物流系统网络中担负装备物流任务的机构和场所，是装备物流系统的重要基础设施，不仅承担多种物流功能，而且越来越多地执行指挥调度、信息处理等神经中枢的职能。随着社会发展、科技进步，装备物流中心将逐步由传统的仓库向信息化、自动化、智能化的综合型保障基地转变,是整个装备物流网络的核心。对装备物流中心合理地规划与设计是整个装备物流系统规划的关键所在。

一、装备物流中心规划与设计的内容

装备物流中心规划与设计,主要是考虑所担负的保障任务,保障对象、供应商分布情况,配送物品的品种、数量、频率、交通条件、服务水平、成本资金条件等因素,对装备物流中心的选址、功能与规模、布局、物流搬运系统、建筑、公用工程和信息系统等内容进行设计。

1. 选址

选址问题一般是结合整个装备物流系统网络规划通盘考虑,新建或在已有基础上进行改造,可参照第三节有关内容。

2. 功能和规模设计

主要是根据装备物流中心在整个物流系统中担负的保障任务和保障对象的可能需求进行设计。装备物流中心一般需要具备运输功能、储存功能、装卸搬运功能、包装功能、流通加工功能、物流信息处理功能等基本功能。此外,由传统的物流保障设施向现代物流设施转变,还应具备一些物流的延伸功能,如保障供应链管理,装备采购、结算功能,需求预测功能,装备物流教育与培训功能等。

3. 设施布局设计

根据功能和对装备物流中心中的物流、人流、信息流进行分析,对设施、设备、运输通道、场地等做出有机组合与合理配置,达到内部布局最优化。

4. 物料搬运系统设计

物料搬运系统设计就是对物料搬运路线、运量、搬运方法和设备等做出合理安排。

5. 信息系统设计

在装备物流中心的运转中,信息流一直伴随着各项物流活动及其他管理活动,信息系统的功能已不再只是作业信息的处理层次,而是进一步向绩效管理和决策支持的层次发展。当作业区域及业务流程建立完成后,即可着手进行信息系统的架构及主要功能系统的规划。装备物流中心信息管理系统的功能架构基本上应包括采购进货管理系统、销货出货管理系统、库存储位管理系统、财务会计系统、运营绩效管理系统、决策支持系统等。

6. 建筑及公用工程设计

建筑设计是根据功能和规模要求,按照安全、经济、适用、美观的原则,进行建筑和结构设计。公用工程设计主要是对热力、电力、照明、给排水、采暖、通风等公用设施进行系统、协调设计,为整个系统高效运营提供可靠保障。

二、装备物流中心设施布局设计

物流系统各组成部分之间的相互位置关系和布局,直接决定了系统的运营效率。装备物流中心的设施布局设计应遵循以下原则:满足装备物流保障要求,运转流程合理,适应营区内外运输要求,线路短捷顺直;合理用地,适当预留发展用地,充分注意防火、防爆、防振与防噪声;利用气候等自然条件,减小损耗和污染。此外,还应考虑地形、地貌、地质条件,考虑设施的防护能力,考虑建筑施工的便利条件等。

系统布置设计是一种逻辑性强、条理清楚的布局设计方法，一般经过以下步骤。

1. 准备原始资料

布局设计开始时，需要明确保障任务及物资、流量、业务流程、辅助服务部门及时间安排等原始资料，同时也要对作业单位的划分情况进行分析，通过分解与合并，得到最佳的作业单位划分状况，作为布局设计的基础。

2. 物流分析与作业单位相互关系分析

对于以物流活动为主的装备物流中心，分析各作业单位之间的物流关系是布局设计中最重要的方面。物流分析的结果可以用物流强度等级及物流相关表来表示。另外，对一些物流量小的管理或辅助服务部门，也需对其非物流联系的相互关系进行分析，分析结果可用类似的关系密级和相互关系来表示，然后用简单加权的方法产生各作业单位的综合相互关系表。

3. 绘制作业单位位置相关图

根据物流相关表与作业单位相互关系表，考虑每对作业单位间相互关系等级的高或低，决定两作业单位相对位置的远或近，得出各作业单位之间的相对位置关系，物流量大且关系密切的部门，尽量靠近布置。这时并未考虑各作业单位的具体占地面积，从而得到的仅仅是表示作业单位相对位置的位置相关图。

4. 作业单位占地面积计算

根据作业单位的用途、设备、人员、通道及辅助装置等因素，计算出各作业单位占地面积，同时应与可用面积相适应。

5. 绘制作业单位面积相关图

把各作业单位占地面积按比例附加到作业单位位置相关图上，就形成了作业单位面积相关图。

6. 修正

作业单位面积相关图只是一个原始布置图，还需要根据其他因素进行调整与修正。此时需要考虑的修正因素包括物料搬运方式、操作方式、储存周期等，同时还需要考虑实际限制条件如成本、安全防卫和人员倾向等问题。考虑了各种修正因素与实际限制条件以后，对面积进行调整，得出数个有价值的方案。

7. 方案评价与择优

针对得到的数个方案，需要进行技术、费用及其他因素评价，对各方案进行比较评价，选出或修正设计方案，得到布局设计方案图。

三、装备物流设施选址

在进行装备物流设施选址决策时，应对各种影响因素进行考察，收集整理相关数据，建立选址模型进行选择和评价。

1. 装备物流设施选址影响因素

（1）需求情况。装备物流设施选址首先要考虑的就是装备物流需求方向及水平，为了提高保障水平及降低保障成本（时间和费用），装备物流设施应接近上述需求集中的地区。

（2）供应条件。装备物流设施应靠近军事装备供应商分布密集的地方，以降低安全库存水平，提高供应频度，减少缺货风险。

（3）战场环境。在战争中，装备物流设施将是敌方重点打击和破坏的目标，因此在选址时，应根据战场环境及其发展动态，考虑将其设置在一个相对安全、隐蔽的区域。

（4）自然环境。应选择气象条件、地质条件、水文条件、地形条件等符合军事装备保管和装备物流作业开展要求的地点进行装备物流设施的建设。

（5）运输条件。装备物流设施的位置应紧邻重要的运输线路，尽量选择在高速公路、国道、铁路、港口等多种交通枢纽所在地，以方便多种运输方式的衔接和配送作业的开展。

（6）已有物流设施情况。在选址建设新的装备物流设施时，还应从系统的角度出发，充分考虑与装备物流网络上已有设施的关系，如相互间的作业流程、作业线路、作业成本、作业时间等，尽量提高作业效率，减少作业成本。

（7）其他条件。还应考虑人力资源、环境保护、土地资源、资金条件、周边环境等因素。

2. 装备物流设施选址方法

装备物流设施的选址采用定性定量相结合的方法实施，按照图 3-1 所示的步骤进行。整个步骤分为 3 个阶段，即准备阶段、地区选择阶段和具体地点选择阶段。

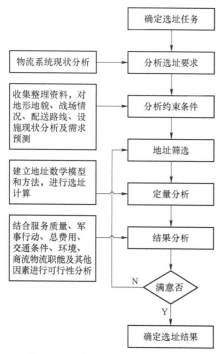

图 3-1 装备物流设施选址步骤

（1）准备阶段。主要工作是对选址目标提出要求，并提出选址所要达到的军事、技术、经济目标。这些要求主要包括物流物资、物流规模运输条件、所需资源等，以及相应于各种要求的各类军事、技术、经济指标，如需要的运输量、供电量、用水量等。

（2）地区选择阶段。主要为调查研究与资料收集，如走访部队和地方有关部门征询选址意见，在可供选择的地区内调查军事、社会、经济、资源、气象、运输、环境等条件，对候选地区作分析比较，提出对地区选择的初步意见。

（3）具体地点选择阶段。主要对地区内若干候选地址进行深入调查和勘测，查阅当地有关气象、地质、水文等地方部门调查和研究历史统计资料，收集当地有关军事、经济、社会、交通等数据。根据物流设施的建设目标和要求，建立选址方案模型，进行定量计算和分析，确定各候选地址的优先顺序，最后结合服务质量、军事行动、总费用、交通条件、环境、物流职能及其他因素对几个优化的可选地址进行可行性分析，提出现实可行的优选地址，供有关领导及部门权衡考虑，最后批准决定装备物流设施的位置。

第三节 装备物流设施选址模型

装备物流设施选址是否合理直接影响到物流系统的效率，仅仅通过定性分析，无法得到准确具体的选址方案，必须进行定量分析，而装备物流设施选址的定量分析涉及诸多因素，必须在确定的原则下通过建立选址模型进行分析对比，从而确定选址方案。

一、单设施选址模型

(一) 连续选址模型

连续选址模型用于在一个已定区域内设置一个物流设施的选址问题,使物流设施到各服务用户的运输费用最少,常采用重心法建立模型求解。如由一个配送中心向多个仓库或部队发货,运输费用等于货物运输量与运输距离以及运输费率的乘积,此时适宜采用重心法。

假设有 n 个仓库,其各自的坐标分别为 $(x_i, y_i)(i=1,2,\cdots,n)$,现需要设置一个配送中心,其坐标为 (x_0, y_0)。配送中心到仓库 i 的运输费率为 h_i,从配送中心向仓库 i 的货物运输量为 v_i,从配送中心向仓库 i 的运输距离为 d_i,则配送中心到各仓库的总运费为

$$T = \sum_{i=1}^{n} h_i v_i d_i = \sum_{i=1}^{n} h_i v_i [(x_0 - x_i)^2 + (y_0 - y_i)^2]^{1/2} \tag{3-1}$$

其中,

$$d_i = [(x_0 - x_i)^2 + (y_0 - y_i)^2]^{1/2} \tag{3-2}$$

选址的目标是使总运费最小,将式(3-1)分别求 x_0、y_0 的偏导数,并令其等于0:

$$\frac{\partial T}{\partial x_0} = \sum_{i=1}^{n} h_i v_i (x_0 - x_i) / d_i = 0 \tag{3-3}$$

$$\frac{\partial T}{\partial y_0} = \sum_{i=1}^{n} h_i v_i (y_0 - y_i) / d_i = 0 \tag{3-4}$$

由式(3-3)和式(3-4)求得最适合的设施地址 x_0^*、y_0^* 为

$$x_0^* = \frac{\sum_{i=1}^{n} h_i v_i x_i / d_i}{\sum_{i=1}^{n} h_i v_i / d_i} \tag{3-5}$$

$$y_0^* = \frac{\sum_{i=1}^{n} h_i v_i y_i / d_i}{\sum_{i=1}^{n} h_i v_i / d_i} \tag{3-6}$$

式(3-5)和式(3-6)中的右端 d_i 包含 x_0、y_0,导致等式两端都含有未知数 x_0^*、y_0^*,通常采用迭代法进行求解,其步骤如下:

(1) 给出物流设施的初始地址 (x_0^0, y_0^0),一般的做法是将各用户之间的几何重心作为初始地址 (x_0^0, y_0^0),如式(3-7)和式(3-8)所示。

$$x_0^* = \frac{\sum_{i=1}^{n} h_i v_i x_i}{\sum_{i=1}^{n} h_i v_i} \tag{3-7}$$

$$y_0^* = \frac{\sum_{i=1}^{n} h_i v_i y_i}{\sum_{i=1}^{n} h_i v_i} \qquad (3-8)$$

（2）利用式（3-1）计算出与 (x_0^0, y_0^0) 相对应的总运费 T^0。

（3）把 (x_0^0, y_0^0) 代入式（3-2）、式（3-5）和式（3-6），计算出物流设施的改善地址 (x_0^1, y_0^1)。

（4）利用式（3-1），计算出与 (x_0^1, y_0^1) 相对应的总运费 T^1。

（5）将 T^1 与 T^0 进行比较，若 $T^1 \geqslant T^0$，则说明 (x_0^0, y_0^0) 就是最优解。如果 $T^1 < T^0$，则返回步骤（3），将 (x_0^1, y_0^1) 代入式（3-2）、式（3-5）和式（3-6），计算出物流设施的再改善地址 (x_0^2, y_0^2)。如此反复迭代，直到 $T^{k+1} \geqslant T^k$，求出最优解 (x_0^k, y_0^k) 为止。此时的 (x_0^k, y_0^k) 即物流设施的最佳地址 (x_0^*, y_0^*)，T^k 即最小总运费 T^*。

（二）离散选址模型

在实际工作中，物流设施的可选地址常常是有限的几个点，同时在进行选址时还需考虑在不同地址建设与运营物流设施的费用是不同的，此时可通过构建离散选址模型进行优化选择。

设 $D_k(k=1,2,\cdots,p)$ 为物流中心的备选点，所需建设费用为 F_k，$A_i(i=1,2,\cdots,m)$ 为物资供应点，由其提供送配送中心的物资量为 a_i，$B_j(j=1,2,\cdots,n)$ 为物资需求点，由配送中心组织向其配送的物资量为 b_j。v_{ik} 为供应点 A_i 到配送中心 D_k 的运输量，h_{ik} 为相应的单位物资运输成本；v_{kj} 为配送中心 D_k 到需求点 B_j 的运输量，h_{kj} 为相应的单位物资运输成本；x_{ikj} 为从 A_i 经 D_k 送至 B_j 的物资量，W_k 为配送中心 D_k 的单位物资通过量的经营费用。

综合考虑建设、运营以及运输费用后，建立数学模型如下：

$$\min T = \sum_{k=1}^{p} \left\{ \sum_{i=1}^{m} \sum_{j=1}^{p} [(h_{ik} + h_{kj}) x_{ikj} + x_{ikj} W_k] + F_k \right\} I_k \qquad (3-9)$$

$$\text{s.t.} \begin{cases} v_{ik} \leqslant a_i \\ v_{kj} \leqslant b_j \\ \sum_{i=1}^{m} v_{ik} = \sum_{k=1}^{n} v_{kj} \\ \sum_{k=1}^{p} I_k = 1 \\ I_k = \begin{cases} 1, & D_k \text{ 被选为配送中心} \\ 0, & D_k \text{ 未被选为配送中心} \end{cases} \\ v_{ik}, v_{kj} \geqslant 0 \\ v_{ik} = \sum_{j=1}^{n} x_{ikj} \\ v_{kj} = \sum_{i=1}^{m} x_{ikj} \end{cases} \qquad (3-10)$$

约束条件 $v_{ik} \leqslant a_i$ 为供应资源约束；$v_{kj} \leqslant b_j$ 为需求约束；$\sum_{k=1}^{p} I_k = 1$ 表示只选一个配送中心。

上述模型属于非线性混合 0-1 整数规划，但是由于仅是单配送中心选址，因此求解过程很简单，采取比较法即可求出最优位置。

二、多设施选址模型

在装备物流网络设计和装备物流供应链管理中，有时必须同时确定多个物流设施的位置，这就是多设施选址问题。为此，需要构造多设施选址模型，进行选址的优化决策。通常，可以将多设施选址问题转化为单一设施选址问题进行求解，如某一物资保障区域，需要设置多个配送中心完成部队物资的配送分发任务，此时可将整个保障区域分解为若干个区划，每个区划内的部队由该区划内的配送中心负责配送，对于每个区划建立单一设施选址模型如重心法、混合 0-1 规划法模型等进行求解，求得每个区划内的优化配送中心，从而最终获得整个保障区域的配送中心选址方案。

上述多物流设施的选址方法存在很大的可改进空间，如区划数量的合理确定、区划范围的合理确定等都能带来选址结果的改善，下面介绍几种多设施选址的方法。

（一）选择合适的设施位置的方法

当配送中心的仓库容量有限制，而用户的地址和需求量以及设置多个配送中心的数目均已确定的情况下，可采用该方法，从配送中心的备选地点中选出总费用尽可能小的由多个配送中心（假设有 m 个）组成的配送系统。该算法的基本步骤是：首先假定配送中心的备选地址已经确定，由此假定在保证总的运输费用最小的前提下，求出各暂定配送中心的供应范围。然后在所求出的各供应范围内分别移动配送中心的地点，以使各供应范围的总费用下降。如果移动每个配送中心的地点都不能使本区域总费用下降，则计算结束；否则，按可使费用下降的新地点，再求各暂定配送中心的供应范围，重复以上过程，直到费用不再下降为止。

其基本步骤如下：

（1）初选配送中心地点。根据配送中心的配送能力和用户需求分布情况定性分析确定 m 个配送中心地点作为初始方案。这一步骤非常重要，将直接影响整个计算的收敛速度和收敛结果。

（2）建立运输模型，求解确定各暂定的配送中心供应范围。设暂定的配送中心有 m 个，为 $s_1, s_2, \cdots, s_m$，用户有 n 个；从配送中心 s_i 到用户地的单位运输费用为 $h_{s_i,j}$，设 $x_{s_i,j}$ 为配送中心 s_i 到用户 j 的运输量，用户 j 的需求量为 d_j，配送中心 s_i 的容量为 M_{s_i}，以运输总费用最低为目标，构成以下运输模型：

$$\begin{cases} \min Z = \sum_{i=1}^{m} \sum_{j=1}^{n} h_{s_i,j} x_{s_i,j} \\ \text{s.t.} \begin{cases} \sum_{i=1}^{m} x_{s_i,j} \geqslant d_j, \ j=1,2,\cdots,n \\ \sum_{j=1}^{n} x_{s_i,j} \leqslant M_{s_i}, \ i=1,2,\cdots,m \\ x_{s_i,j} \geqslant 0, i=1,2,\cdots,m; j=1,2,\cdots,n \end{cases} \end{cases} \quad (3-11)$$

求解上述运输模型，可求得各暂定配送中心的供应地点，其结果可表述为如下的用户集合 $C_i = \{j : x_{s_i,j}^* \neq 0\}, i = 1, 2, \cdots, m$，某个用户可能从多个配送中心取得配送物资，因此用户 j 可同时配属于不同的 C_i。

（3）寻求改进方案。在以上获得的各配送范围内，移动配送中心到其他备选地点，寻求可能的改进方案。在原定配送中心 s_i 的配送范围内，以 t_l 为新的配送中心（$t_l \in C_i$，配送中心设置费为 F_{t_l}），各用户的配送量不变，则 C_i 内的总费用变为

$$Z_{t_l} = \sum_{j \in C_i} h_{t_l,j} x_{t_l,j} + F_{t_l}, \quad t_l \in C_i; \quad x_{t_l,j} = x_{s_i,j}^* \tag{3-12}$$

由

$$Z_{t_l'} = \min\{Z_{t_l}\}, \quad t_l \in C_i \tag{3-13}$$

得出新的配选中心为 $s_i' = t_l'$。对于所有 m 个区域重复上述过程，得新的配送中心集合 $\{s_i'\}, i = 1, 2, \cdots, m$。

（4）更新、迭代。比较新旧配送中心集合 $\{s_i'\}$、$\{s_i\}$，$(i = 1, 2, \cdots, m)$，若相同，计算停止，输出解；若不同，用 $\{s_i'\}$ 代替 $\{s_i\}$，$(i = 1, 2, \cdots, m)$，返回步骤（2），继续迭代。

（二）与地址确定的配送模型相结合的遗传算法（TGA）

遗传算法是一种以自然选择和遗传理论为基础，将生物进化过程中适者生存规则与同一群染色体的随机信息交换机制相结合的搜索算法。遗传算法解决优化问题的方法是：首先用二进制、十进制或其他字符对解向量进行编码形成基因码链，称为一个染色体或个体，它代表或对应于问题的一个可行解。初始时，通过随机方式产生多个个体组成初始种群，然后对初始种群进行变异、交叉重组、自然选择的遗传操作，以产生新的种群，新种群的平均适应度（表示与全局最优解的一种近似程度）及其中最优个体的适应度皆比前一代有所提高。这样，通过有限代的迭代，最后得到适应度最大的新个体即问题的全局（或近似）优化解。

1. 地址确定的配送模型

假定装备物流网络中有 n 个用户，已确定其中 m 个装备配送中心 $s_1, s_2, \cdots, s_m$，现欲求各自配送范围，以使总配送费用最小，则有规划模型如下：

$$\begin{cases} \min Z = \sum_{i=1}^{m}\left(\sum_{j=1}^{n} h_{s_i,j} x_{s_i,j} + F_{s_i,j}\right) \\ \text{s.t.} \begin{cases} \sum_{i=1}^{m} x_{s_i,j} \geq d_j, j = 1, 2, \cdots, n \\ \sum_{j=1}^{n} x_{s_i,j} \leq M_{s_i}, i = 1, 2, \cdots, m \\ x_{s_i,j} \geq 0, i = 1, 2, \cdots, m; \ j = 1, 2, \cdots, n \end{cases} \end{cases} \tag{3-14}$$

式中，$h_{s_i,j}$ 为从装备配送中心 s_i 到用户 j 地的单位运输费用；$x_{s_i,j}$ 为 s_i 到用户 j 的配送量；$F_{s_i,j}$ 为设置装备配送中心 s_i 的固定费用及管理费用等；M_{s_i} 为装备配送中心 s_i 的容量；d_j 为用户 j 的需求量；Z 为配送总费用。

在 m 个装备配送中心确定的前提下，$\sum_{i=1}^{m} F_{s_i}$ 为常数，上述问题可转化为用传统的运输模型求解，结果即整个选址问题的一个可行解或局部优化解。方程组（3-14）中第 2 和第 3

两个不等式说明网络的总供给有可能不等于总需求，因此可设置一虚拟的第 $n+1$ 个用户（同时也是虚拟装备配送中心 s_{m+1}），使其需要量及相关费用满足以下条件：

需要量

$$d_{n+1} = \sum_{i=1}^{m} M_{s_i} \qquad (3-15)$$

容量

$$M_{s_{m+1}} = \sum_{j=1}^{n+1} d_j \qquad (3-16)$$

运费

$$h_{s_{m+1} j} = 设置费 F_{s_{m+1}} \qquad (3-17)$$

从而使原规划模型中的约束条件变为等式，这样既利于运输模型求解，又不影响总费用目标函数。

2. 遗传算法 TGA 的选址实现

对于 n 个用户的装备物流网络，要从其所在的 n 个地址中选出 m 个用来设立装备配送中心，则可用下列遗传算法实现：

（1）对解向量进行编码，产生初始种群。用 n 位十进制位串 G 表示一种选择方案（选址解）。$G = n_1, n_2, \cdots, n_n$，其中第 i 位的 n_i 取 $1 \sim n$ 的值（$i = 1, 2, \cdots, n$），代表一个用户的地址序号，$n_i \neq n_j$（$i \neq j$）。G 中 $n_1 \sim n_m$ 代表被选中作为 m 个装备配送中心的用户的地址序号 $s_1 \sim s_m$。随机产生一组染色体 G_i（$i = 1, 2, \cdots, L$），G_i 各不相同，形成第一代解集种群。

（2）性能估计，判断停止进化条件。对染色体 G_i 应用上述地址确定的配送模型，求得对应的最小配送费用 Z_i，令 G_i 的适应度为 $f_i = 1/Z_i$，它是个体 G_i 在生存竞争中生存能力的表现。判断迭代的代数是否达到要求代数 N，若是，停止进化，选性能最好（即适应度最大）的染色体 G_i^* 作为选址结果。反之，继续执行步骤（3）。

（3）自然选择。若种群容量为 L，将其适应度 f_i（$i = 1, 2, \cdots, L$）由大到小排列，排在最前的 L_y（$1 < L_y < L$）个个体性能最好，将它们各产生一个后代，再用染色体 G_i 按概率取 $f_i / \sum f_j$（$i = 1, 2, \cdots, L$），用轮转法产生（$L - L_y$）个后代，以保持后代种群容量 L 不变，种群代数增 1。

（4）染色体突变。为了避免在 GA 搜索中出现不成熟的收敛现象，即尽管其尚未达全局最优解，但 GA 产生的后代和其父代却没有什么不同或区别很小。因此，进行突变操作：判断连续数代最优染色体是否有进化，若有，不进行突变，继续步骤（5）；否则，从顺序排列的染色体中随机取出第 L_1 到 L_2 的染色体（$1 < L_1 < L_2 \leq L$），用步骤（1）的方法产生新的染色体代替。

（5）染色体交叉重组。在每代种群中以均匀分布随机选择 N_c 个个体进行交叉重组，文献表明，交换率 $N_c / N = 0.6 \sim 0.8$ 时，进化性能较好，可取 $N_c / N = 0.7$。交叉规则采用 PMX 法，交叉后，再采用"优胜劣汰"的策略，比较两个新染色体及其父代的适应度，选择其中最好的两个进入新种群。

（6）染色体变异。在每代种群中，取概率为 0.02 的种群中的染色体进行变异，变异策略是随机交换染色体内两个基因的值。

（7）返回步骤（2），循环直到满足结束条件（即达到迭代代数），输出选址模型的优化解。

（三）与 CFLP 法结合的遗传算法（CGA）

与 CFLP 法结合的遗传算法（CGA）通过染色体编码及遗传操作（交叉、变异等）等为 CFLP 法提供初始装备配送中心集群，再运用 CFLP 中的步骤（2）～（4）求得对应装备配送中心解集，经过多代进化获得最优解（或近似最优解）。算法如下：

（1）染色体构造。设 $G = n_1, n_2, \cdots, n_n$ 表示 CGA 的染色体结构，其中第 i 位的值 n_i 取 $1 \sim n$ 的值（$i = 1, 2, \cdots, L$），代表一个用户的地址序号，$n_i \neq n_j$（$i \neq j$）。G 中 $n_1 \sim n_m$ 代表 CFLP 法的 m 个初始装备配送中心的地址序号 $s_1 \sim s_m$。

（2）适应度确定。对于染色体 G_i，用对应的 $n_1 \sim n_m$ 作为初始装备配送中心代入 CFLP 法进行求解，得相应最小费用 Z_i，则 G_i 的适应度定为 $f_i = 1/Z_i$。

（3）遗传操作。自然选择、变异、突变、交叉重组等同 TGA 类似。

（4）输出优化解。当 CGA 迭代代数达到要求时，停止计算，将适应度放大的 G_i^* 所对应的 CFLP 法的解作为选址结果的优化解输出。

三、动态选址模型

（一）动态选址方法的提出

随着军事活动的不断变化，如战争条件下战场的不断推进和后撤，和平环境下供求关系的波动与部队换防等，导致装备物资保障活动的规模、种类、方向和侧重点等发生变化，这就要求在装备物流活动中承担重任的装备物流设施进行适时调整，保证各种条件下的装备物流服务水平，同时尽可能地使费用最小，这里的费用包括建设费用、经营费用、运输费用、配送费用以及安全费用（如遭敌破坏时维修和恢复的费用）等。

重心法模型、混合-整数线性规划以及前面介绍的启发式方法（如 CFLP、遗传算法）等的共同特征是考虑装备物流系统各个环节的费用，在一定的物流服务水平下，根据不同的算法和模型求出物流费用最低的最优解或满意解，以获得选址方案。但从本质上看，这些模型都是静态的，根据模糊结果确定的选址方案在较长的期间内并不会发生改变。由于部队需求和费用成本会随时间变化，因此根据现阶段数据得出的解在未来并不一定是最优的。如果考虑战局及其经济的变化，需要考虑在一个规划期内随时间变化的最优选址方案。显然，仅仅依靠这些静态的选址模型是不够的。

当部队在一个较长的规划期内确定自己的物流设施选址布局时，为了保证各时间阶段的选址是最优的，需要确定一个随时间变化的选址布局，这就是动态选址。这种选址方法与只在固定期内寻找最佳的数量、规模、位置的静态选址是不同的。可以把动态选址看作随时间变化的多阶段决策问题，每一阶段的选址决策不但决定本阶段的效果，也影响到数个后续阶段的效果。这里着重讨论利用动态规划法求解规划期内随时间变化的最优选址布局方案。

（二）装备物流中心动态选址

装备物流中心从一种布局形式转换到另一种布局需要支付一定的转移费用，即转移成本。一般而言，由于建造的初期投资费用大，选址方案一经确定，在较长的期间内一般不会改变原有的选址布局。但是当采用新的选址方案所带来的成本节约大于转移成本时，就应该考虑更换新的选址。当采用民用物流中心时，由于只按租用的服务支付租金，没有固定投资，在转移到新的选址时相对容易，转移成本也比自营物流中心时的转移成本低。因此，可以根据规划期内部队需求和费用水平的变化预测，在静态选址模型结果的基础上，利用动态规划法求解最优选址方案的时间变化轨迹。动态规划法求解的基本思想是：将一个比较复杂的问题分解为一系列同一类型的较易求解的子问题，先按照整体最优的思想逆序求出各个阶段的最优决策，然后再按顺序求出整个问题的最优解。

四、综合选址模型

在实际的装备物流设施选址中，常会遇到一些复杂问题，构成这些问题的条件复杂，变量较多，影响因素也较广，应用一般的选址模型不能充分体现问题的实质。此时，就需要根据问题特点，应用多种方法，灵活构建模型，并根据可解性原则，对模型进行适当调整和简化，最终应用系统工程的各种技术求得满意解。

此类模型数量较多，并有很大的针对性和特殊性，这里简单介绍典型应急物流综合选址模型，仅供参考。

1. 问题的提出

平时，军队按地理位置划分成不同的军事区划（战区），装备物流设施一般按区划内的部队驻守情况和相应物流保障范围进行设置，如中心仓库、储供基地等均是为保证该区域装备保障而设立的。但是，在出现自然灾害、恐怖袭击、战争爆发等突发事件时，必然要出现部队的紧急调动和输送，此时仍然依托和平时期的物流模式和设施进行按部就班的保障显然不能达到应急的目的。为此，需要考察选址、建立一些应急物流设施，满足突发事件下的装备物流需要。

应急物流设施往往以"时间最短"作为系统的首要优化目标，具有满足时间紧迫性这一特点，在满足时间紧迫性的前提下，考虑成本最小，以实现应急物流系统的优化。

应急物流设施地址的选择所涉及因素极为复杂，如军事因素、经济因素、技术因素、社会因素、安全因素等。这些影响因素可以分成定性因素和定量因素，因此应急物流设施的选址可综合运用定性和定量分析相结合的方法，这里介绍一个综合应用层次分析法和目标规划方法的应急物流设施选址模型。

2. 模型构建分析

（1）决策变量分析。该应急物流设施选址决策模型包括两组决策变量。第一组：假设$N=\{1, 2, \cdots, n\}$为可能的应急物流设施地址集（可从平时承担一般装备物流保障任务的物流设施中遴选），对于每个具体的地址，在规划中只能有两种可能，即确定在该地址建或不建应急物流设施。具体对地址i的决策变量X_i来说，我们取"0"表示在地址i处建立应急物流设施，取"1"表示不在地址i处建立应急物流设施，则第一组所有的决策变量可以表达为$X_i=0$或$X_i=1$，$i=1, 2, \cdots, n$。第二组：假设$M=\{1, 2, \cdots, m\}$表示按照该地区地理位置划分的应急区域集，对于某个具体的应急区域，决策变量Y_{ij}表示区域j由第i个设施实施应急物流的数量，则第二组所有的决策变量可以表达为$Y_{ij}(i\in N, j\in N)$。

（2）约束条件分析。建立综合 AHP 方法和目标规划方法的应急物流设施选址优化决策模型，根据应急物流的特点，确定常用 9 个目标约束，并将 AHP 方法获得的权重作为一个目标约束。

① AHP 方法的权重约束。用 AHP 方法进行多目标决策时，按照方案层对目标层的组合权重大小排序（假设通过 AHP 方法得到的方案权值为 w_i（$i=1, 2, \cdots, n$））进行方案的选优，因此将其作为目标规划模型的一个目标，其期望值为 1，如下：

$$\sum_{i=1}^{n} w_i X_i + d_n^- - d_n^+ = 1 \qquad (3-18)$$

式中，d_n^+，d_n^- 分别表示权重约束条件下的正负偏差变量。

② 固定费用目标约束。

$$\sum_{i=1}^{n} c_i X_i + d_c^- - d_c^+ = C \qquad (3-19)$$

式中，d_c^+，d_c^- 分别表示固定费用约束条件的正负偏差变量；c_i 表示在地点 i 建立应急物流设施的固定费用；C 表示预算的总固定费用。

③ 年总运行费用目标约束。

$$\sum_{i=1}^{n} o_i X_i + d_o^- - d_o^+ = O \qquad (3-20)$$

式中，d_o^+，d_o^- 分别表示年总运行费用约束条件的正负偏差变量；o_i 表示在地点 i 建立应急物流设施后每年该应急物流设施的运行费用；O 表示该地区预算的应急物流设施年运行总费用。

④ 应急运输工具从应急物流设施点到应急地点的最大距离目标约束。

$$\sum_{i=1}^{n}\sum_{j=1}^{m} Y_{ij} d_{ij}^{\max} + d_{d_{\max}}^- - d_{d_{\max}}^+ = 0 \qquad (3-21)$$

式中，$d_{d_{\max}}^+$，$d_{d_{\max}}^-$ 分别表示平均距离时间约束条件的正负偏差变量；Y_{ij} 表示区域 j 由设施 i 实施应急物流的数目。

⑤ 应急运输工具从应急物流设施点到应急地点的平均距离目标约束。

$$\sum_{i=1}^{n}\sum_{j=1}^{m} Y_{ij} d_{ij}^{av} + d_{d_{av}}^- - d_{d_{av}}^+ = 0 \qquad (3-22)$$

式中，$d_{d_{av}}^+$，$d_{d_{av}}^-$ 分别表示平均距离时间约束条件的正负偏差变量；Y_{ij} 表示在该区域 j 所发生的事件由第 i 应急物流设施进行应急的数目。

⑥ 应急运输工具从应急物流设施点到应急地点的最大通行时间目标约束。

$$\sum_{i=1}^{n}\sum_{j=1}^{m} Y_{ij} t_{ij}^{\max} + d_{t_{\max}}^- - d_{t_{\max}}^+ = 0 \qquad (3-23)$$

式中，$d_{t_{\max}}^+$，$d_{t_{\max}}^-$ 分别表示最大通行时间约束条件的正负偏差变量；Y_{ij} 表示在该区域 j 所发生的事件由应急物流设施 i 进行应急的数目。

⑦ 应急运输工具从应急物流设施到应急地点的平均通行时间目标约束。

$$\sum_{i=1}^{n}\sum_{j=1}^{m} Y_{ij} t_{ij}^{av} + d_{t_{av}}^- - d_{t_{av}}^+ = 0 \qquad (3-24)$$

式中，$d_{t_{av}}^+$，$d_{t_{av}}^-$ 分别表示平均通行时间约束条件的正负偏差变量；Y_{ij} 表示在该区域 j 所发生的事件由应急物流设施 i 进行应急的数目。

⑧ 应急物流设施数目目标约束。根据该地区已建物流设施情况及其装备物流发展规划，应配套相应数目应急物流设施。

$$\sum_{i=1}^{n} X_i + d_F^- - d_F^+ = F \tag{3-25}$$

式中，F 表示需要建立的应急物流设施目标数；d_F^+、d_F^- 分别表示应急物流设施数目目标约束条件下的正负偏差变量。

⑨ 不同区域发生应急事件数目目标约束。在不同区域，发生应急事件的比例是不同的，有的区域高，有的区域低。对于某个区域 j，根据以往该区域发生应急事件的数目来预测规划时该区域所发生数目 A_j。

$$\sum_{i=1}^{n} Y_{ij} + d_j^{a-} - d_j^{a+} = A_j, j=1,2,\cdots,m \tag{3-26}$$

式中，d_j^{a+}，d_j^{a-} 分别表示区域 j 发生应急事件数目约束条件下的正负偏差变量。

（3）目标函数确定。经过以上分析，根据各约束方程中主要指标的性质，构建出最优应急物流设施选址的综合 AHP 和目标规划的目标函数为

$$\begin{aligned} \min Z = & P_1 d_c^+ + P_2 d_o^+ + P_3 \left(d_{t_{av}}^- + d_{t_{av}}^+ \right) + P_4 \left(d_{\max}^- + d_{\max}^+ \right) + P_5 \left(d_{d_{av}}^- + d_{d_{av}}^+ \right) + \\ & P_6 \left(d_{d_{\max}}^- + d_{d_{\max}}^+ \right) + P_7 \left(d_F^- + d_F^+ \right) + P_8 d_n^- + P_9 \sum_{i=1}^{m} d_j^{a-} \end{aligned} \tag{3-27}$$

思考与练习

1. 装备物流系统规划与设计的目的是什么？
2. 装备物流系统规划的主要内容有哪些？
3. 装备物流中心规划需要考虑哪些因素？
4. 装备物流中心规划的主要内容是什么？
5. 试述利用系统布置设计法进行装备物流中心规划与设计的主要过程。

第四章
装备包装与集装设计

装备包装与集装是为了保护装备在运输、储存和使用过程中不受损坏以及便于装卸搬运而采用的容器、材料及辅助物等的统称。装备包装与集装是装备物流过程中的重要环节，是保障装备物流活动顺畅进行的前提条件，是装备供应链的重要组成部分。现代战争中，装备包装与集装设计工程技术贯穿于装备物流的全过程，成为装备物资与军事力量之间连接的桥梁和纽带。

第一节 装备包装与集装概述

一、装备包装

（一）装备包装的概念

包装是在流通过程中为保护产品，方便运输，促进销售，按一定技术方法而采用的容器、材料及辅助物等的总体名称，也指为了达到上述目的而采用容器、材料和辅助物的过程中施加一定技术、方法的操作活动。

装备包装是为了保护装备在运输、储存和使用过程中不受损坏以及为了识别和便于使用装备而采用的容器、材料及辅助物等的总称，也指为了达到上述目的而采用容器、材料和辅助物并施加一定技术、方法的操作活动。从生产角度讲，是生产的最后一道工序，是装备生产不可缺少的组成部分。从技术勤务角度讲，装备出厂后要经过装卸、运输、储存、部队携行及使用等过程，在这一系列过程中，装备要经受各种外界环境条件的考验，要遇到各种外力的作用，要使装备不受潮，不受热，不发生变质、损坏、失效，便于装备管理和使用，装备包装是采取的重要技术措施。它一方面起到保护装备的作用，防止装备机械损伤及锈蚀、变质、失效，另一方面也为装备装卸、运输、储存、携行和使用提供了方便。从装备生产到储存及使用，装备包装是必不可少的组成部分。因此，装备包装也是装备科研、试制、定型的组成部分之一。装备包装作为装备质量的"承载体"、装备保障的"承受体"、装备信息的"连接体"，与装备的设计、定型和生产等筹措过程同时完成，历经储存、运输、分发、保管等装备流通保障全过程，直至实现装备的作战功能及设计功能。

（二）装备包装的基本功能

装备包装主要有以下几方面的功能：防护功能、便利功能和军事功能。

1. 防护功能

防护功能是装备包装的基本功能。装备在军事行动的各个环节中得到有效的防护，可以有效避免自然环境、诱发环境等造成的各种损坏和影响。主要包括：一是防止由振动、冲击、碰撞、跌落等造成的物理外力损坏；二是防止由氧化、化学气（液）体造成的化学腐蚀；三是防止由磁场、辐射等造成的场应力损坏；四是防止由不可预见外部条件造成的其他损坏。通常情况下，防护功能要防止装备的机械损伤和变质、变形、污染、氧化、丢失等，在某些场合还要防热、防冻、防辐射和微生物侵害等。

2. 便利功能

装备包装具有便于储存、运输、装卸、使用、回收的功能。主要体现在以下几个方面：

（1）便于储运。通过合理地设计外包装容器结构以及恰当选择包装件的尺寸和质量等，可以达到方便实施机械化装卸和运输作业，最大可能地节省运输工具空间的目的。特别是对于一些可分解的大件物品（尺寸和质量偏大）、具有不规则形状的物品和尺寸过小的物品，其功能尤为明显。储存时充分考虑便于装备的堆垛、码放等因素设计相应的包装，有特殊要求的装备还要在外包装件上设置状态指示仪，以便于装备的定期检查和动态随机检测。

（2）便于装卸。对不同的装备进行单元化包装，方便装卸搬运和出入库。

（3）便于使用。合适的包装，应使用户在开启、使用、储存时感到方便，在包装的表面还要标以文字或图示，向使用人员说明注意事项及使用方法。

（4）便于回收。大部分装备的包装具有重复使用的功能，便于回收再利用，同时利于环境保护，节约资源。

3. 军事功能

装备包装的军事功能也称保障功能，是指装备包装在军事行动及其保障工作中应具备的功能。主要有：通过包装示例，以特别形状的包装（如筒形包装、树形包装、建筑物形包装等）和特殊色彩（如迷彩色、草绿色、沙地色、海蓝色等）的包装，达到隐蔽自己、保全装备、迷惑敌人的目的，起到防侦察功能；通过条形码和各种标识技术，形成便于装备标识和可视化调拨的功能；通过合理的材料选用和结构设计，形成便于开启、回收和废弃处理的功能。

（三）装备包装的主要作用

1. 包装是提高装备可靠性的重要手段

装备质量是装备可靠性的基础，但包装对装备的可靠性也有重要影响。为此，许多国家的军队都把装备质量与环境因素综合在一起考虑，并称之为质量环境。在整个质量环境工程系统中，包装有着特殊的、不可或缺的作用，成为在复杂环境条件下，通过材料工程和包装工程技术，提高装备可靠性的重要手段。

包装在提高装备可靠性方面，可以通过 3 个途径来实现。首先，通过材料特性和容器结构缓冲来降低外力因素对内装物造成的可靠性降低。其次，通过密闭性材料和各种防护包装技术阻隔外界条件对内装物造成的可靠性降低。最后，通过包装实验实时检测邻近内装物的可靠性状态，以便及时采取保证可靠性的措施。

2. 包装是提高保障效能的重要因素

保障效能通常是指保障的效率和能力，具体地讲，就是保障的及时性、准确性、适量性等。现代化的保障方式和手段，是提高未来战争保障效能的先决条件，但这一切必须依靠保障来实现。即使使用再先进的保障工具和手段，处理并运送大量散乱的装备器材到达指定地域，都是一件不可思议的事情。

包装在提高保障效能方面，可以通过 4 个方面实现。首先是包装对散乱的装备特别是形状特殊或尺寸过小的装备进行规整，使保障中的搬运、装卸等操作得以顺利完成，从而提高保障效率。其次是利用包装标志、标签、条形码等标识手段，变形状特征识别为文字、数字表述识别，使保障工作更加直观，易于操作。再次是利用包装容器与运输工具、装卸工具尺寸模数配比，可最大限度地节省空间和利用运力；最后是利用同类装备的集装化以及多种装备的组合化包装，可以更好地实现综合快速保障。

3. 包装是提高整体经济效益的重要途径

包装工作整体经济效益的优劣评价，主要依据费效比原理，也就是用最小的投入带来最大的整体经济效益。在这方面包装的作用是显而易见的，适度地增加包装投入，将产生较好的整体经济效益。包装在提高整体经济效益方面，可以通过以下几个途径来实现：

（1）包装可以通过降低装备的损坏率来提高效益。包装的投入一般只占装备成本的 3%～8%，一旦内包装发生严重的损坏或丢失，其费效比将成为无穷大，甚至造成无法弥补的损失。

（2）包装可以通过降低储存条件，从而节省仓储费用来提高效益。包装防护设计的小气候条件，相当于改善了仓储条件，可大量节省用于改建库房、购置保养、控温、控湿设备的费用。

（3）包装可以通过提高储存期限，延长订购周期来提高效益。良好的包装一般可使装备储存的周期平均延长 2～3 年，投入虽有所增加，但订购周期随之延长，效益仍会有较大提高。

（4）包装可以通过提高保养年限，节约保养费用来提高效益。

（5）包装可以通过对消耗数量的分析，合理确定内包装的数量，减少启封使用过程中的不必要浪费。

4. 包装是提高装备管理水平的重要措施

良好的装备包装不仅能很好地保护装备，便于搬运、装卸和储存，而且可以有效地推动和促进装备管理水平的提高。主要体现在：首先，对于每件装备的管理，必须落实到具有一定数量的单元上，而包装就是这一单元的载体。其次，对装备管理的各项措施和手段，如统计、清点、分发等，通常要通过包装来实现。

（四）装备包装的现状与发展

1. 装备包装现状

长期以来，我国装备包装主要是采用木质包装箱和防锈油封存的包装方法。这种包装方法一般能保证兵器的使用性能，但防护性能较差，尤其是在南方沿海地区的潮湿环境中，金属部分锈蚀严重，造成战时使用困难。我军现行的装备包装标准主要是按 GJB 1767—1993《枪炮备件和工具包装通用规范》的有关要求执行。我国装备包装经历了照搬国外模式和探索改革两个阶段之后，依靠自身的科技力量，借鉴国外先进经验，形成了具有我国特色的装备包装。但在包装的思想、模式、技术、标准化等方面与发达国家存在一定的差距，有待进一步研究和改革。

2. 装备包装发展趋势

（1）注重包装新技术、新材料的开发与应用。现代战争已经从陆、海、空三维战争向四维、五维战争方向发展，为了满足现代战争条件下物资防护的需要，美军不断开发和利用新技术、新材料，将其应用于装备包装中。在今后一段时期内，美军将会在智能型包装、防殉爆包装、超高功能包装、防静电包装、抗电磁包装、防红外包装、防辐射包装、纳米技术和纳米材料等方面进一步发展。

（2）信息技术将在军用包装中得到广泛应用。在美军的军事后勤革命中，以配送为基础的后勤保障，要求后勤人员及时掌握战场信息。若能驾驭信息，就可缩短后勤反应时间，使后勤保障从被动地做出反应转变为有预见地使用资源。新时代的信息系统将给后勤人员提供共同的、确切的战场画面，使后勤人员具有战术信息优势。随着信息技术的高速发展，信息与后勤技术的结合是不可避免的趋势。

（3）综合防护包装将是今后发展的重点。随着雷达、红外、激光、毫米波等现代探测和制导技术的飞速发展，以及中子弹、微波弹等在军事上的逐渐应用，使现代战争更具高技术化，战场环境日趋恶化，只对军用物资进行单一包装已经很难达到有效保护内装物资的目的。高新技术在武器装备上的不断应用，使现代高技术武器装备集光、机、电于一体，从而对其包装提出了更高要求，对其防护也不仅仅停留于传统的防潮、防湿等，还要考虑到电磁、辐射等新的环境因素对武器装备的破坏。因此，今后军用物资尤其是高技术武器装备的包装必然继续向多功能防护方向发展。

（4）注重功能材料的开发与应用。红外探测技术、电磁波探测技术的迅速发展，给武器系统以及其他军用物资装备造成了致命威胁。隐身功能材料的开发与应用在武器系统的隐身技术和军用包装中具有重要地位，隐身技术是当今世界重点军事技术之一，因此国内外极为重视，并且开展了大量的研究工作。目前，国外采用的多波段隐身材料大多是两层叠加在一起，一层是热屏蔽层，另一层是雷达波屏蔽层，也有多层材料复合而成的。

二、装备集装

（一）装备集装单元概念

用不同的方法和器具，把有包装或无包装的物资，整齐地组合成为一个扩大了的、便于装卸搬运、便于运输储存并在全部物流过程中保持其一定状态的物资单元，称为集装单元。

集装单元化就是以集装单元这种技术手段来组织物资的装卸、搬运、运输、储存等物流活动的作业方式。集装单元化是物流现代化的标志，其实质就是要形成集装单元化系统，即由物资单元、集装器具、物资搬运设备和输送设备等组成的高效、快速地进行物流功能运转的系统。

集装单元化技术是物流系统中的一项先进技术，它是适合于大批量、长距离输送和机械化大生产，便于采用自动化管理的一种现代科学技术。利用集装单元化技术，可以使物资的储运单元与人力或机械等装卸搬运手段的标准能力相一致,从而使装卸搬运作业的资源消耗降低,便于实现机械化作业,从而提高作业效率,降低物流费用。

(二)集装单元化的特点

集装单元化是物流技术进步和物流系统结构创新的过程,在一体化物流过程中具有重要的地位。军用物资实行集装单元化包装具有以下优点:

(1) 促进了包装规格的通用化、标准化、系列化,实现军用物资规范化管理。集装单元要求物资有一定的规格尺寸,每种物资外包装尺寸必须适合于在集装箱或托盘等集装单元上装放,避免造成集装单元的空位。对于单件搬运的杂货,要按一定的尺寸组成同一规格的货组,以保证杂散件物资运输、装卸的合理化,从而促进包装的通用化、标准化和系列化。

(2) 便于实现装卸、运输的机械化和自动化。集装单元把零散军用物资集合成大的包装单元,便于在装备物流过程的各环节采用机械化操作,如使用叉式起重车和叉车等,不仅提高了装卸效率,而且大大节省了劳动力,降低了劳动强度。据估计,装车时间平均缩短30%~50%,劳动力可减少1/2左右,大大缩短了携行外出执行任务的准备时间。

(3) 机动性能较强的包装方式,实现了军事力量直接保障。利用集装箱输运物资,可满足物资应急支援保障准确、及时的要求。集装箱储存物资,既可以按单位储存,也可按人份储存,一旦前方需要物资支援,按集装箱上标明的单位、人份发放即可,这样不仅加快了物资投送速度,同时补给也及时准确。建立起军用物资的"标准包",实现军用物资包装数量标准化,给军用物资"计件"式机动分发保障创造条件,加快军用物资直接补给到战斗使用者手中的进程,实现军事力量的直接保障。

(4) 减少军用物资储运过程中的损失。集装器具特别是集装箱一般是密闭容器,具有防水的特点,不怕风吹日晒和雨淋,可以露天存放,大大节省了仓库基建投资费用;集装密封性能好,具有一定的防火、防雨、防生化武器和核污染的功能,对军用物资有较强的防护作用,还可以箱代库,既便于展开和撤收转移,又可防敌炮火袭击,增强了野战条件下仓库的机动性与安全性;防剧烈运动的冲击,防振动冲击、落下冲击、堆积压坏,防温度影响、微生物虫害、光线高频波、气体影响、防盗。

(5) 节省包装费用,减少污染。集装单元化可节约包装材料和费用,降低物流成本,同时减轻或完全避免污秽物资对运输工具和作业场所的污染,改善了环境状态。

但是,物资的集装单元化也给装备物流管理带来一些问题,主要表现为:第一,由于物资运输的流向不平衡,出现集装单元器具的回空;第二,需要相应的装卸搬运机械和运输设备与之配套,从而增加了设备的投资,对某些不具备装卸条件的地方,又限制了集装单元化的推广;第三,增加装卸搬运中的附加质量(集装单元器具的自重)和体积,有时反而会影响车辆和库房的装载和储存能力,从而增加储运费用。上述这些问题与其优点相比,属于次要问题。只要从实际情况出发,采取一些积极的措施,这些问题不难解决。

(三)集装单元化的原则

为了充分发挥物资集装单元化的优越性,以降低装备物流费用,提高军事效益,在实现军用物资集装单元化时,必须遵循下列基本原则:

(1) 通用化。即集装化要与物流全过程的设备与工艺相适应;不同形式的集装化方法之间、相同集装化方法的不同规格的集装之间相协调,以便在物流全过程中畅通无阻。因此,集装单元化的原则应贯彻在物流的全过程，集装单元器具要流通到物流的各个部门，它必须适应于各个环节的工艺和设备，才能在各个环节之间通用。例如，大型集装箱，从规格到结构部件，不仅适用于海运，也同样适用于汽车和铁路运输，否则很难实现多式联运。

（2）标准化。即从集装化术语的使用，集装工具的尺寸、规格、强度、外形和质量，集装工具材质、性能、实验方法，装卸搬运加固规则一直到编号、标志、操作规范和管理办法等，都必须标准化，以便军队内部、军地之间的流通和交换。标准化是实现集装器具通用化所必需的。

标准化是通用化的前提，也是集装单元化的关键。不同形式的集装化之间，其标准应互相适应、互相配合。例如，物资包装的标准必须与托盘的标准协调，才能提高托盘的满载率，而托盘的标准又必须与集装箱、汽车车厢和库房的柱网相适应。

（3）系统化。集装单元化技术的内容甚广，不单纯指集装工具，而是包括集装工具在内的成套物流设施、设备、工艺和管理的总和，是一个动态系统。因此，集装单元化技术中的每一个问题都必须置于物流系统中来考虑，否则就难以付诸实现或难以获得成效。例如，为了实现门到门的集装箱运输，不仅需要配套的起重、运输工具，还需考虑桥的通过能力。在一个仓库内实现物资的集装单元化时，也必须统筹考虑，防止顾其一点、不及其余。

第二节　装备包装设计

高技术条件下的现代战争具有大纵深、全天候、全方位以及陆、海、空、电、磁五维一体的作战特点，对装备打击、破坏的手段日趋多样，使装备战场生存环境日益恶劣。现代战争条件下，单一防护手段已经不能满足对装备的防护功能。包装不仅能降低装备对储运环境条件的要求，而且能适应野外和战争条件下的运输和储存，较好地适应现代战争对装备野战储存条件的要求，同时也有利于部队机动，便于建立高度机械化的战场快速保障系统，从而获得明显的经济效益和军事效益，为赢得战争胜利创造了条件。

一、防水包装设计

装备包装及集装的防水问题至关重要。我国地域辽阔，气候类型多样，其中位于湿热和亚湿热的南方地区雨水多，年降水量都在 1 000 mm 以上，而装备包装件在储运过程中露天存放、敞篷运输的情况并不少见。当地面排水不畅时，包装件会受到地面积水的浸泡；在野战投送、渡海登岛时，包装件可能会浸在水中一段时间。因此，装备防水包装设计至关重要。

（一）防水包装原理

1. 定义

防水包装是指为防止因水进入包装件影响内装物质量而采取一定防护措施的包装。例如，在包装容器外部涂刷防水材料或用防水材料衬垫包装容器内侧等。防水包装属于外包装，与内包装或其他防护包装的包装措施、方法没有直接联系。但是，在外包装没采取防水措施时，有时也利用内包装兼作防水包装。

设计防护包装时，各种具有防护功能的内包装，如防潮包装、防锈包装、防霉包装、防振包装等，可与防水包装综合考虑，但不能相互替代。防护包装的一般结构是，外包装采用防雨包装，内包装采用防潮或是防锈、防霉等结构，通常在中间包装中采用防振结构。虽然雨水和水蒸气的化学结构相同、物理性质相近，但是它们对包装件的侵袭方式和现象是各有特点的，因此防水和防潮是两种功能，其结构也不相同。防水仅能防止外界雨水、地面积水、雪、霜、露渗入包装内，对潮湿空气的阻碍作用很有限，除非采用气密性容器作为防水包装。一般防水包装对包装内残存的潮气以及内装物蒸发出来的潮气更没有考虑，这就需要采用防潮包装来解决。

防潮包装或防锈包装所用的阻隔材料，有时与防水包装相近甚至部分相同，但是包装的工艺措施是完全不同的，所以防水包装不能替代防潮包装。反之，防潮包装虽然能防止雨水的侵入，但是它不能防止储运过程中较强的机械力的作用，当遇到机械损伤后，将降低其防潮性能，失去防潮作用。因此，对防潮包装有防水要求时，其外包装宜采用防水包装。

2. 基本原理

包装在运输、装卸、储存过程中，为防止外界雨水、淡水、海水、飞沫等渗入包装内影响内装物质量而采用防水材料作为阻隔层，并用防水黏结剂或衬垫密封等措施以阻止水渗入包装内部，这就是防水包装的基本原理。

防水包装通常是指外包装。防水包装可以从内包装和外包装上去考虑，但内包装一般不宜直接用作防水，因为内包装主要考虑的是防潮、防锈或防霉，不是从防水目的出发的，况且为防水目的而应用防潮、防锈、防霉等工艺措施也是一种浪费。此外，用内包装作防水措施，客观上无直观的视觉印象，外包装不防水，给人以包装欠佳的感觉。

（二）防水包装材料类型

防水包装的材料分为外壳框架壁板材料、内衬防水材料、防水黏结剂等。

1. 包装的外壁框架板材

防水包装的外壁框架板材可以用金属、木材、瓦楞纸板三大类。要求是应当具有一定的机械强度，应能承受被包装产品的质量以及装卸搬运、储存中遇到的各种机械应力而不损坏，特别是在受潮后仍应具有一定的机械强度，刚性不会明显降低。符合要求的材料有：

（1）金属板：制作金属箱的板材，可以是铁质的，也可以是铝或铝合金。

（2）木材：各种能用来制作运输包装的木材，如落叶松、马尾松、紫云杉、榆木、白松及与其物理力学性能相近的其他树种，只要材质符合有关标准中对制箱材质的要求，均可以用来制作防水包装的容器。此外，用针叶树做成的胶合板、阔叶树做成的胶合板和硬质纤维板也可用来制作防水包装容器。

用作防水包装的木材、胶合板、纤维板，可以预先做防水处理，也可以不经过防水处理，应视内装物的特点和防水包装等级而定。

（3）瓦楞纸板：应采用牛皮箱板纸，表面应经过防水处理，一般采用双面瓦楞纸板箱。也可以采用经过试验证明性能可靠的其他材料来制作外包装，如硬质塑料箱、钙塑箱、钢木结构组合箱、纸木结构组合箱、玻璃钢箱以及竹胶合板箱等。

2. 内衬材料

外壁框架板材多数是为了确保防水包装强度，对于防水性能，除金属箱、塑料箱、瓦楞纸箱外，木板箱等本身并不具备防止雨水渗透的功能，必须在箱板内侧衬以其他的防水包装材料，内衬材料主要有以下几类：

（1）纸类：各种防水包装用纸，如石油沥青油毡、石油沥青纸、防潮级柏油纸、蜡剂浸渍纸、石蜡纸等。

（2）塑料类：各种塑料薄膜，压延、吹塑、注塑等工艺生产的薄膜均可以应用，常用的塑料薄膜有低密度聚乙烯、聚氯乙烯、聚苯乙烯、聚氨酯、聚乙烯醇、聚偏二氯乙烯等。此外，还有塑料瓦楞纸、泡沫塑料板等。

（3）金属类：主要是铝箔。

（4）复合材料：如铝塑复合膜、塑纸复合、塑塑复合、塑布复合等复合材料。

3. 密封材料

主要有压敏胶带、防水黏胶带、防水黏结剂、密封用橡胶等。压敏胶带用于纸箱封箱，密封橡胶可用于金属箱、罐的密封。它们应具有良好的粘结性和耐水性，遇水后粘结性不应显著下降，结合部位不应产生自然分离现象。

4. 防水涂料

用作纸箱、胶合板箱等表面防水处理的防水涂料，有石蜡、清漆等。

5. 外覆盖材料

覆盖在包装容器外的材料，除应具有一定的强度和耐水性能外，还应具有耐老化、耐高低温和日晒等性能。

（三）防水包装方法

1. 防水包装的一般要求

对防浸水的防水包装容器，在装填产品后应封缄严密。特别是Ⅰ级、Ⅱ级防水包装，外包装宜用金属材料或硬质塑料制作，若能保证接合处不渗水，可考虑胶合板箱接缝的满板箱，但其内壁应有封合良好的防水里衬。对于防浸水Ⅲ级及防喷淋的防水包装，应用木箱作外包装时，应视内装物的性质、精密程度选用封闭箱或花格箱，内壁衬以防水阻隔材料。

箱内壁铺衬的防水材料，应使之平整完好地紧贴于容器内壁，不得有破碎或残缺。每侧壁面应尽量选用整张的防水材料，特别是箱顶盖。若用塑料薄膜，在接缝处应焊合，四周可以进行拼接。拼接方式可以采用焊合、粘接或搭接，搭接方式应便于雨水外流，并用压板压紧钉牢。搭接宽度不小于 60 mm。顶盖应以中幅遮盖侧幅，四周应以上幅遮盖下幅。对尺寸较大的框架滑木箱顶板上的防水材料，应在中间加压板，或是顶盖采用双层木板结构，将防水材料（石油沥青油毡或石油沥青油纸）夹于其间，以防顶板积水渗入后里衬下陷积水。为提高防水效果，也可敷设双层防水材料，如一层石油沥青油毡和一层或两层塑料薄膜，当顶盖采用双层防水材料时，外层防水材料应伸出箱边 100 mm 以上并加压板固定。

对仅要求防雨保护的较大型包装箱，一般开设通风孔，避免在产品上发生凝露。通风孔应采用拦水结构，以防外界飘雨进入箱内。

对于敷设油毡等防水材料需要钉钉时，一般应使用密封垫。对于内装物在装箱时需要螺栓穿过防水材料，将底脚固定在外包装箱箱底枕木上时，应在穿孔处采用衬垫密封材料。

对于防水包装纸箱，应在纸箱表面做渗水处理，如涂蜡或涂防水清漆等。

纸箱或钙塑箱的摇盖或天地盖等接缝处，应采用防水胶带密封。

另外，对内装物应予以固定或卡紧，防止在运输过程中由于颠震和装卸冲击导致内装物移位而损坏防水包装。

2. 防水包装的特殊密封工艺

（1）金属容器的密封：对防水要求高的包装应采用刚性容器，在设计刚性防水密封容器时，应满足液密性高、便于加工成型、便于封口和启封、便于内装物固定等要求。采用橡胶密封圈密封时，容器的密封面应清洁、光滑、无毛刺。防水包装金属容器的密封，可以用螺栓式或杠杆式结构，在其间衬以密封垫圈，加以紧固，对邵式硬度 50~70 的橡胶密封圈，压缩变形量为 20%~30%，即可保证密封可靠。

（2）蜡封防水密封结构：对于小型产品、零部件或附件用纸或纸箱包装，再经蜡封处理，可使内装物在长期储运中不渗水，可浸水 24h 无渗漏水现象。同时，在温度 40 ℃、相对湿度 95%的湿热气候条件和 -40 ℃ 的低温下，不受潮、不长霉、不开裂。但蜡封包装的强度较差，在搬运中不能受外力损伤，故应配以木箱或花格木箱等来提高其机械强度。

二、防潮包装设计

空气中的水蒸汽随季节、气候、湿度等各种条件的不同而变化，且在一定压力和温度下水蒸汽还可凝结为水。为了防止装备从空气中吸湿受潮，避免装备质量受损或潮解变质，可靠的方法是采用防潮包装。所谓防潮包装，就是采用具有一定隔绝水蒸汽能力的防潮材料，对装备进行包装，隔绝外界湿度变化对装备的影响，使包装内的相对湿度满足装备的要求，达到保护装备质量的目的。

（一）防潮包装材料透湿性

防潮包装的目的就是隔绝大气中的水分对被包装军用物资的影响，因此包装材料透湿性是选择的最基本要素。

一般气体都有从高浓度区域扩散的性质，空气中的湿度也有从高湿度区向低湿度区进行扩散流动的性质，要隔断这种流动在包装容器内外进行，保持包装内所要求的相对湿度，必须采用相应透湿率的防潮材料。包装材料的透湿率是指在单位面积上单位时间内所透过的水蒸汽的质量，其单位用 $g/(m^2 \cdot h)$ 表示。

包装材料的透湿性能取决于选用材料的种类、加工方法和材料厚度。判断包装材料透湿性能的主要指标是透湿率，这是防潮包装材料的重要参数，也是选用防潮包装材料，设计防潮工艺的主要依据。但包装材料透湿率值受测定方法和实验条件的影响很大，当改变测定条件时，其透湿率值也随之改变。各国都制定了透湿率测定标准，如日本在 JIS-Z-0208 中采用的条件是表面积为 $1 m^2$ 的包装材料，在其一面保持温度 40 ℃，相对湿度 90%，相对的另一面用无水氯化钙进行空气干燥，然后用仪器测定 24 小时内透过的水蒸汽，测定值就是在温度 40 ℃，相对湿度差为 90%~0 条件下，单位面积的湿气透过速度，即该包装材料的透湿率。

（二）防潮包装基本方式

防潮包装的基本方法是采用密封包装。根据装备的性质与实际物流条件，可适当地选择不同的包装方式。

1. 绝对密封包装

绝对密封包装是指采用透湿度为零的刚性容器包装，如将枪弹装入金属容器内。此时应注意检查容器壁面及焊接缝处有无缺焊、砂眼、破裂等，易造成漏气的隐患。如果采用玻璃、陶瓷容器或壁很厚的容器，应注意封口的密闭，实践中多采用可靠的一次封口或附加二次密封方法。

2. 真空包装

这是将包装装备容器内残留的空气抽出，使其处于符合要求的负压状态，从而可以避免容器内残留空气中的湿气影响装备的质量。同时，还可以利用真空造成负压来减小装备占用的储存空间。

3. 充气包装

这是将包装容器内部的空气抽出，再充以惰性气体，可以防止湿气及氧气对包装物产生不良影响，充入的气体应进行过滤干燥。充气包装除了防潮、防氧外，还可以克服真空包装中包装容器被装备棱角和突出部分戳穿的缺点。

4. 贴体包装

用抽真空的方法使塑料薄膜紧贴在装备上，并将容器封口，这样可大大降低包装内部的空气量，从而减少空气对包装装备的影响。

5. 热收缩包装

用热收缩塑料薄膜包装装备后，热薄膜可裹紧装备，并使包装内的空气压力稍高于外部空气，从而减缓外部空气向包装内部的渗透，由此阻隔潮湿空气的渗透。

6. 油封包装

装备涂以油脂或进行油浸后，金属部件不与空气直接接触，可有效地减缓湿气的侵害，前期装备的防潮包装多采用这种形式。

7. 使用干燥剂的包装

在包装装备的容器内放入干燥剂，可吸收原有的以及透入的湿气从而保护军用物资。

（三）防潮包装方法

一般的防潮包装方法有两类：一类是为了防止被包装的含水装备失去水分，保证装备的性能稳定，采用具有一定透湿率的防潮包装材料进行包装，即防止包装物内水分失去的防潮包装；另一类是为了防止被包装装备增加水分，保护装备质量的包装，在包装容器内装入一定数量的干燥剂，吸收包装内和从包装外渗入的水分，减缓包装内湿度上升的速度，以延长防潮包装的有效期。

1. 防止包装装备失水的防潮包装方法

这类防潮包装的设计，要根据被包装装备的性质、防潮要求、形状和使用特点来合理地选用防潮包装材料，设计包装容器和包装方法，并对防潮性进行必要的测算。

2. 防止被包装装备增加水分的防潮包装方法

防止被包装装备如弹药等增加水分的防潮包装方法是在包装内存放适量的干燥剂。这类防潮包装必须采用透湿度小的防潮包装材料，因为包装内在放干燥剂后增大了包装内外的湿度差，如果所使用的包装材料透湿度大，则会使包装外的水分更快地进入包装内，使包装内有限的干燥剂很快失去作用，造成被包装装备受潮变质。

3. 防潮包装设计中应注意的问题

在进行防潮包装设计时，应特别注意以下几个方面的问题：

（1）恰当确定包装容器内及包装作业环境的湿度。在实际作业中，包装容器内的湿度除与包装材料透湿率有关外，还取决于包装作业环境的空气湿度。在环境相对湿度一定的条件下，当温度升高时，空气中的水蒸汽较快蒸发；当温度下降时，空气中的水蒸汽含量易达到饱和状态，使相对湿度增高，直到产生凝露。因此，若在较高温度下将装备封入包装容器内，相对湿度适合于保护装备的要求，但当储运温度低于前者时，包装容器内的相对湿度有可能超过允许值。

（2）合理地选定包装材料。根据装备的性质、价值、形状、体积、质量以及储运条件、流通周期等适当地确定防潮包装的等级与包装材料的品种，是防潮包装设计的关键。当选用透湿度不为零的包装材料时，则需进行防潮计算。

三、防锈包装设计

大气锈蚀是大气中的氧、水蒸汽及其他有害气体等作用于金属表面引起的电化学作用的结果。如果使金属表面与引起大气锈蚀的各种因素隔绝（即将金属表面保护起来），就可以达到防止金属大气锈蚀的目的。防锈包装就是根据这一原理将金属涂封、包裹，以防止锈蚀的。所谓防锈包装，是指为防止温度、湿度、氧气、二氧化碳、二氧化硫、盐分、尘埃等导致的金属或合金类内装物变质而采取的防护措施和方法。

（一）防锈包装种类

1. 防锈油脂封存包装

将防锈油脂涂敷于金属制品表面，然后用石蜡或塑料袋封装，俗称防锈油脂封存包装。此方法材料易得、使用方便、价格较低，且防锈期可满足一般需要，是应用最早、使用最广泛的防锈方法。常用于钢铁、铜铝及其合金镀件、氧化及磷化件以及多种金属组件的防锈，且产品涂油能起到一定的防止划伤和减振作用。

2. 气相缓蚀剂

气相缓蚀剂亦称挥发性缓蚀剂。它在常温下具有一定的蒸气压，在密封包装内能自动挥发到金属制品表面，对金属起到防止锈蚀的作用。气相防锈包装使用很方便，效果好、防锈期长，能用于表面不平、结构复杂及忌油产品的防锈，已得到越来越广泛的应用。

3. 可剥离性塑料封存包装

可剥离性塑料是以塑料为基本成分，加入矿物油、防锈剂、增塑剂、稳定剂以及防霉剂和溶剂配制而成的防锈材料。它涂于金属表面可硬化成固体膜，具有良好的防止大气锈蚀作用，同时膜层柔韧有弹性，也有一定的机械缓冲作用。由于固体膜被一层油膜与金属间隔开，启封时膜层很容易从金属表面剥下，故称为可剥离性塑料封存包装。它于20世纪40年代开始在军工产品的防锈包装上使用，现已广泛应用于工具、汽车、飞机、造船业等金属制品的防锈包装上。

4. 封套防锈封存包装

将金属制品密封于包装或一定空间内，使其处于低湿或无氧状态，以防止金属件大气锈蚀的方法称为环境封存防锈。这类方法有充氮包装、干燥空气封存包装、茧式包装、脱氧剂封存包装等。

(二) 防锈包装方法

包装方法是防锈包装技术的最后阶段。从防锈角度看，包装的目的是防止外部冲击造成防锈皮膜的损伤，防止防锈剂的流失而污染其他物品。防锈包装的效果应从单个包装、内包装和外包装来统一考虑。一般来说，防锈包装与其他包装不同的主要是单个包装，其内包装与外包装大体上与其他制品同样处理就可以了。就包装而言，防锈包装的单个包装主要是进行防锈处理。在选择一个合理的防锈包装方法时，防锈期限是一项重要因素。表 4-1 根据防锈期限不同，列出了防锈包装等级。

表 4-1 防锈包装等级

级别	防锈期限	防锈包装要求	
		清洗、干燥	防锈包装方法（代号）
A	3~5 年	制品表面完全无油污、汗迹及水痕	M-2-3，M-2-4，M-3，M-4，M-6，M-8，M-9（单独或组合使用上述方法均可）
B	2~3 年	制品表面完全无油污、汗迹及水痕	M-2-3，M-2-4，M-3，M-4，M-3-2，M-7，M-8
C	1~2 年	制品表面无污染物及油污	M-1，M-2，M-3
D	0.5~1 年	制品表面无污物，允许留少量油迹	M-1，M-2-1，M-2-2，M-3

在具体进行防锈包装时，需要特别注意包装材料的选择，如选用包装纸、隔离材料、容器、缓冲材料、衬垫材料、粘胶带和捆绳等。选择时应注意以下几点：应该干燥无吸湿性；应没有异物附着；应不含酸性成分或可溶性盐类。这对于直接接触金属表面的里层包装材料和缓冲材料来说尤为重要。例如，经常作为里层包装材料的牛皮纸、旧报纸、黄板纸和作为缓冲材料的稻草、刨花、碎纸和毛毡，对防锈包装来讲是不宜使用的。防锈包装用于单个包装（内部包装）的主要材料应是玻璃纸、羊皮纸、粘胶纸、蜡纸、皱纹防水纸、聚乙烯加工纸、聚偏二氯乙烯加工纸、金属箔胶贴纸等，作为缓冲材料应使用聚乙烯屑、碎玻璃纸、防水性石蜡胶和泡沫塑料等。

(三) 集装封存技术

随着装备储存使用环境条件日益复杂多变，以仓库形式来储存装备已经不能适应现代战争装备保障的要求，军用包装采用软封套包装封存具有能在库房以外的空地灵活储存装备的突出优点，因而在世界各国的应用不断增加。近年来，国外发展了许多品种的软包装封套，从单一材料封套发展到复合材料封套，从防水、防潮和密封等防护基本功能发展到具有"三防"能力和防红外线摄像等特殊功能（即隐身包装）。美国 Eiwiropak 公司使用深蓝色的塑/塑复合材料封套封装 M6041 主战坦克和 M11341 装甲输送车；俄罗斯使用聚乙烯封套封装坦克和步兵战车；德国和英国等 39 个国家采用 Dielad 封套系统封装坦克、火炮、飞机、舰艇和弹药等装备，德国用该封套系统封存两辆 48 坦克；德国 Mnters 公司还用自己的封套系统封装"长剑"防空导弹履带发射车、"警犬"导弹和飞机；英国用 Texikoon 封套系统封存战车和飞机；意大利采用 Pirelli 公司生产的涂橡胶织物封套系统封存主战坦克。通常，按封存的特点可将其大致分为气相防锈封存、除氧封存、充气封存、集合封存等。

1. 气相防锈封存

气相防锈封存是封存包装中应用十分广泛的一种方法，简单地理解，它是在密封的包装空间放置气相缓蚀剂，利用其在常温常压下能缓慢挥发的性质，充满包装内部空间甚至军械装备的缝隙，在金属表面水解或电离分解出保护基团，隔离水汽与其他气体，有效地抑制军械装备金属部件腐蚀。国外在 20 世纪中叶就开始对军械装备进行气相防锈封存，效果良好。我军也于 20 世纪 50 年代末开始逐步试验研究，后对我军现役部分轻武器进行试验，取得了满意的效果。利用气相防锈封存装备，具有以下 4 个特点：

（1）适应性好，缓蚀气氛可较好地适用各种军械装备，尤其是复杂的武器装备。

（2）防锈性优，防锈期长，封存时间可达 10 年以上，效果较好。

（3）可操作性强，工艺简单易掌握，包装操作及使用方便，包装强度低。

（4）经济性良好，采用气相防锈封存与油封相比成本可降低一半以上。但气相防锈封存采用气相缓蚀剂具有一定毒性，且为达到良好的效果封存工艺要求严格。

2. 除氧封存

除氧封存是在密封空间内采用除氧剂，使封存空间内氧浓度含量减小的封存包装，故也称为吸氧封存。装备采用除氧封存，主要是针对构成装备的各种材质，直接/间接都会受到氧气作用或影响，为了减小破坏程度和概率，在包装容器内加入适量的除氧剂，如硫酸钠盐（1 g 亚硫酸钠消耗 0.4 g 氧）、活性铁粉（1 g 铁可消耗 43 g 氧）。除氧封存目前在民用包装上已开始广泛应用，主要适用于精密光学和精密仪器等，其工艺简单，易于掌握，不需要昂贵的设备。

3. 充气封存

氧气是装备各种破坏的主要因素，但 CO_2、N_2 和惰性气体等不会对材料产生副作用，充气封存就是在封存容器内充入其他干燥气体，使封存容器内氧气及水蒸汽浓度大大减小，改变微环境气体成分，起到综合防护作用。充气封存不仅能较好地防止金属腐蚀，还能减缓非金属的老化，防止长霉，且封存期较长，一般在 10 年以上，但包装设备比较昂贵，成本较高，工艺复杂。

4. 集合封存

现代战争中，作战物资消耗巨大，为提高装备防护效果、装备保障效率，以及物资包装的通用性，减少包装费用与成本，集合封存是战场装备封存的一种主要形式。集合封存是将多个或多种军械装备储存在一个密闭的封存空间内，辅以多种防护方法，使封存空间保持良好的气氛环境，从而避免装备受到潮湿环境及其他有害气体侵蚀破坏。集合封存多采用封套的形式，且适应性极广，早在 20 世纪中后期，外军已采用集合封存的方法包装武器装备，并取得良好的效果。由于集合封存自重轻、体积小、作业时间短、可重复使用等，因此特别适用于武器装备的就地封存。

无论是哪一种封存形式，一般来说，为了更好地达到防护与封存的目的效果，提高包装防护时间，减缓恶劣环境条件给装备造成的不良影响，通过实践检验证明，封存包装技术在包装过程中应该实施密封，并且材料应具有较好的阻隔性。

四、防振包装设计

装备从生产出来到开始使用，要经过一系列的储存、堆码、运输、装卸、使用过程，置于一定的环境之中。在任何环境中，都会有力作用于装备上，并使装备发生机械性损坏。防振包装是指为了减轻内装物受到的冲击、振动，保护其免受损失所采取的一定防护措施的包装，它在各种包装方法中占有重要的地位。

（一）防振包装材料

所谓防振包装材料，即缓冲包装材料，是指包装物品在流通过程中，因受外力的作用而遭受到冲击和振动时，能吸收外力产生的能量，以防止被包装物受损坏而使用的保护材料。

在大量使用泡沫塑料做缓冲包装材料之前，人们主要将稻麦草、稻壳、刨花、纸屑、木丝和藤丝等用于包装容器内空隙填充，起限位隔离和缓冲作用。但这些材料容易吸湿而发霉、生虫，且由于零散使用，造成包装操作困难、缓冲性能难以预测。为此，人们就开发了一系列的防振包装材料。

1. 泡沫塑料

泡沫塑料是以高分子树脂如 PE、PS、PVC 等为原料，经过发泡处理而制成的一种具有无数蜂窝状结构的缓冲材料。泡沫塑料的性能除取决于本身材质外，还取决于发泡程度和泡沫性质。泡沫性质又取决于气泡结构，气泡结构可分为两种状态：一种是每个薄壁气泡相互隔离而形成独立气泡泡沫；另一种是气泡之间相互连通，成为连续的气泡泡沫。当泡体受到外力冲击作用时，这些开孔或闭孔气泡中的气体通过压缩和滞留使外力的能量被耗散，泡孔起到吸收外来冲击载荷的作用。泡沫塑料具有质轻、易于加工成型、缓冲性能好、隔热、隔声、弹性好、耐化学腐蚀性等优点，因此是目前应用最普遍的缓冲包装材料。

泡沫塑料根据软硬程度不同，可分为软质泡沫塑料、半硬质泡沫塑料和硬质泡沫塑料3种形式。软质泡沫塑料具有柔软、弹性好的特性，以聚氯乙烯为主。硬质泡沫塑料具有一定的刚性，以聚苯乙烯为主。通常应用的泡沫塑料有聚乙烯、聚苯乙烯、聚氯乙烯、聚氨酯、环氧树脂、酚醛树脂、硅树脂、醋酸纤维素和脲树脂。包装中最常用的是聚氨酯、聚乙烯和聚苯乙烯泡沫塑料。

目前市场上大量使用的是聚苯乙烯（PS）泡沫塑料。这种泡沫塑料对于大批量的产品包装具有很大优势，但对于一些不能成批量的产品却不合适，如几件、几十件的产品，人们就不可能做几套昂贵的模具作为聚苯泡沫塑料成型件。

聚氨酯（PU）泡沫塑料耐热性能好，在耐化学性方面几乎不受油类（尤其是矿物油）的侵蚀，有良好的缓冲性能及阻隔性能，可用作隔热和隔声材料。目前，用量还不是很大，主要用于衬垫、量具盒、精密仪器仪表等非批量产品。PU 泡沫塑料可采用现场发泡包装方法，工艺简单、操作方便，不需要任何模具，以包装物和被包装物为模即可瞬时成型。对任何不规则的产品，特别是异形易碎物品均能按其形状、空间充填，使物品牢固地固定在包装箱内。由于其可将被包装物包裹起来，物品同包装物接触面积大，在碰撞时，单位面积所受的力很小，物品不易受损。

聚乙烯（PE）泡沫塑料是近几年发展起来的新品种，是一种物美价廉的缓冲包装材料，其化学特性几乎保持原树脂的特性，而且分子交联使性能进一步提高。其缓冲性能好、隔热性好、耐化学腐蚀、吸水性小、质轻、成本低、加工性好，可用于精密仪器、玻璃及陶瓷制品等的缓冲包装材料，制成缓冲袋、缓冲箱等包装容器，还可以制成冷冻食品的保冷袋及热食品的保温容器。低发泡的聚乙烯还可以通过切削等二次加工，制成护角、护棱等定型缓冲材料。

尽管泡沫塑料具有质量轻、易加工、保护性能好、适应性广、价廉物美等优势，但是也存在着体积大、废弃物不能自然风化、焚烧处理会产生有害气体等缺点。在环境污染严重、自然界资源匮乏的情况下，泡沫塑料对环境的危害引起人们的极大重视。虽然随着科技的发展已经研制出可降解的塑料，但是这种塑料价格昂贵，处理的条件要求严格，且不能百分之百地降解，因此这种可降解塑料的大范围推广应用受到限制。也可以说，泡沫塑料将逐渐被其他环保缓冲材料所替代。

2. 纸质缓冲包装材料

在空隙类结构物质中，纸质材料富有一定的弹性，既能起缓冲作用，又能分隔内装产品，使之牢固、稳定。纸类材料具有加工方便、价格便宜、可再生、处理简单等优点，特别是可以制成具有缓冲性能的容器，应用相当广泛。纸质缓冲包装材料的使用已有一段历史。但是，由于泡沫塑料在价格和性能上的优势，纸质缓冲包装材料的发展受到限制。近年来，严重的环境污染问题促使人们把目光转移到环保型缓冲包装材料的发展上，纸质缓冲包装材料就是其中之一。目前市场上使用较多的纸质缓冲包装材料有瓦楞纸板和蜂窝纸板。

1）瓦楞纸板

瓦楞纸板是用牛皮卡纸（箱板纸）作里和面，中间用瓦楞原纸（波纹纸）作夹芯粘结而成。改变夹芯、里纸的层数及瓦楞的形状、尺寸，可得到不同种类的瓦楞纸板。瓦楞纸板具有环保性能好、使用温度范围广、成本低、取材便利、生产工艺成熟、加工性能好等优点，因此广泛用于电子类、水果类等产品的缓冲包装材料，并可以制成各种形状的垫片、垫圈、隔板、衬板、护角、护棱等。但也存在一些缺点，如表面较硬，在包装某些商品时不能直接接触内装物的表面，内装物与缓冲纸板之间出现相对移动从而损坏内装物表面；耐潮湿性能差；复原性小等。国内学者提出了一种新型缓冲包装结构——瓦楞纸板与塑料薄膜相结合的形式，它不仅克服了瓦楞纸板表面较硬这个缺点，而且对各种形状的产品都可采用相同的包装形式，省去了加工特殊形状缓冲衬垫这道工序的费用和时间。针对复原性小这个缺点，也有人提出将瓦楞纸板做成互相平行、垂直和交错的多层结构，使其形状如蜂窝，这样就能大大提高其缓冲性能。

2）蜂窝纸板

蜂窝纸板与瓦楞纸板相似，其纸芯不是瓦楞而是蜂窝纸芯，蜂窝纸芯起类似工字梁胶板的作用，空间结构优于瓦楞纸板，抗压能力强，比强度和比刚度高，材耗少、质量轻，内芯密度几乎可与发泡塑料相当。蜂窝纸板是近几年发展起来的新型包装材料，主要应用于蜂窝纸箱、缓冲衬垫和蜂窝托盘等，适用于精密仪器、仪表、家用电器及易碎物品的运输包装。由于内芯中充满空气且互不流通，因此具有良好的防振、隔热、隔声性能。蜂窝纸板的生产采用再生纸板材料和水溶胶黏剂，可以百分之百回收，符合国际包装工业材料的应用发展趋势。但由于生产自动化程度低，蜂窝制品在技术、工艺等问题上还没有得到很好的解决以及价格昂贵等原因，蜂窝纸板制品在包装业尚未得到广泛使用。随着蜂窝纸板的进一步研究和开发、品种增加、质量提高，将会逐渐应用到包装的各个领域，是替代木箱、塑料箱（含塑料托盘、泡沫塑料）的一种新型绿色包装材料。

3. 纸浆模塑

纸浆模塑以纸浆（或废纸）为主要原料，经碎解制浆、调料后，注入模具中成型、干燥而得。该制品来源丰富、成本低、回收利用率高、不污染环境、使用范围广、质量轻、透气性好、可塑性和缓冲性好。纸浆模塑的应用始于20世纪60年代，我国在20世纪80年代初开始从国外引进数条各种型号的纸浆模塑生产线，目前已广泛应用于一次性快餐具、方便食品包装和鲜蛋、水果、玻璃、陶瓷、家用电器、五金工具及其他易碎产品的防振缓冲包装，是泡沫塑料的主要替换产品。但因其强度所限，未能用于较重产品的缓冲包装。

4. 气垫缓冲材料

早期的气垫缓冲材料为气垫薄膜，它是用聚氯乙烯薄膜高频热压成型，内充氮气，外形类似小枕头，透明、富有弹性，适用于轻小型产品的缓冲包装。但是该气垫薄膜易受其周围气温的影响而膨胀和收缩。膨胀将导致外包装箱和被包装物的损坏，收缩则导致包装内容物的移动，从而使包装失稳，最终引起产品的破损。

气泡塑料薄膜是一种在两层薄膜之间夹杂着整齐排列、大小均匀的空气泡的包装材料。多采用聚乙烯薄膜，其上涂覆聚偏二氯乙烯，可以减少空气的透出。两层薄膜，一层为平面薄膜，另一层为成泡薄膜。一般情况下，基层比泡层厚一倍左右。根据缓冲要求不同，也可以制成二层的气垫薄膜。气泡的形状有圆筒形、半圆形和钟罩形3种。由于两层薄膜之间夹杂着大量的空气泡，所以能有效地吸收冲击能量，并且有良好的阻隔性和隔热性。气泡薄膜耐腐蚀、耐霉变、柔软、质轻、清洁、防潮、防尘，缺点是当内装物有突出部分时，会使气泡受到很大压力，使空气泄漏而丧失缓冲效果。因此，不适于包装质量较大、负荷集中及形状尖锐的产品。其广泛用于仪器、仪表和工艺品等产品的包装，同时也是目前唯一的透明状缓冲包装材料，因此主要用作销售包装。

新型气垫缓冲材料由具有柔性和弹性的聚氨酯材料与普通气垫缓冲材料组成，克服了气垫薄膜的上述缺点。同时，它还采用多层聚乙烯薄膜与高强度、耐磨损的尼龙布作为缓冲垫的表面材料，延长了其使用寿命，使之可以回收利用，大大减少了包装废弃物对环境的污染。日本松下公司已将该缓冲材料用于袖珍DVD机的包装，并将在小型精密仪器和大型家电的包装中使用。

5. 植物纤维类缓冲包装材料

植物纤维类缓冲包装材料是在考虑充分利用自然资源的情况下发展起来的。目前已经研制出来的这类材料有农作物秸秆缓冲包装材料、聚乳酸发泡材料、废纸和淀粉制包装用泡沫填料。

用农作物秸秆粉碎物和黏结剂作为原料，经混合、交联反应、发泡、浇铸、烘烤定型、自然干燥等工艺后，即可制成减振缓冲包装材料。这种材料在低应力条件下，具有比聚苯乙烯泡沫塑料更好的缓冲性能，而且可降解、原料价廉易得。

6. 泡沫金属材料

泡沫金属材料是一种以金属和合金为基体，内部随机分布有三维多面体的固体材料。泡沫金属材料是一种高效吸收冲击机械能的材料，可以综合低密度、高刚度、冲击吸能性、低热导率、低磁导率和良好阻尼性等性能。泡沫金属材料最重要的用途之一是作为吸能缓冲防护材料，其作用是在受保护物所能承受的极限应力范围内，能够吸收大量的能量，以避免受保护物发生破坏。泡沫金属材料之所以具有这样的特性，是源于其特殊的响应特征。

（二）防振包装要求

防振包装的目的是在运输、装卸过程中发生振动、冲击等外力时，保护被包装产品的性能和形态。因此，结合装备自身特点，其防振包装应符合以下要求：

（1）减小传递到装备或装备包装件上的冲击、振动等外力。
（2）当存在外力作用时，缓冲机构应分散作用在装备上的应力。
（3）保护装备的表面及凸起部分，如发射装置瞄准机构、炮弹的尾翼等。
（4）防止装备的相互接触，避免装备在包装件内相互摩擦。
（5）防止装备在包装容器内移动，适当运用卡板等装置固定。
（6）保护其他防护包装的功能。

（三）防振包装方法

在产品外表面周围放上能吸收外力造成的振动或反作用力的材料，使产品不受物理损伤，我们称之为缓冲；通过加固包装内装置以防止内装物产生移动而受损，并使质量分布在容器所有的面上的方法则称为加固。选择缓冲包装方法要考虑到各种因素，特别是被包装产品的性质和不同应用技术所需的费用。

1. 缓冲材料包覆

缓冲材料包覆即将缓冲衬垫置于产品周围以实现对产品的完全包覆，也称全面缓冲技术。当使用单个独立衬垫时，它一般应在衬垫之间适当地留下一些空隙（大约 3 mm）防止衬垫黏合。由于该方法一般不需要模具且极少使用预制材料，所以特别有利于小批量产品的缓冲。全面缓冲包装方法包括：压缩包装法，用缓冲材料把易碎物品填塞起来或进行加固以便吸收振动或冲击的能量；浮动包装法，所用缓冲材料为小块衬垫，且可以位移和流动，以便有效地充满直接受力部分的间隙，分散内装物承受的冲击力；裹包包装法，采用各种类型的片材把单件内装物裹包起来放入外包装箱盒内；模盒包装法，利用模型将聚苯乙烯树脂等做成和制品形状一样的模盒，用其来包装达到缓冲作用；就地发泡包装法，是在内装物和外包装箱之间充填发泡材料的一种缓冲包装技术。

2. 面积调节技术

缓冲材料要在最佳承载范围内使用，为此常常要求缓冲衬垫尺寸不同于产品支承面的尺寸。通常，防止轻的产品脱离缓冲衬垫、重的产品触底，以减小冲击时的最大加速度。缓冲支承面积调节方法一般有增加支承面积和减小支承面积两种：增加支承面积通常用较硬的瓦楞纸板，胶合板或多层纸板作支承平板以增加缓冲衬垫对产品的支承面积，以便均匀地分担载荷。减小支承面积指对产品减小衬垫的尺寸，但同时要注意保持衬垫的理想位置以使产品在冲击过程中不至于翻滚。可使用角衬垫、将平面衬垫粘接于外包装容器的内面的合适部位或用波纹缓冲衬垫全面缓冲等方法。

3. 衬垫应用技术

用各种衬垫塞满包装箱里的空隙，以防被包装产品改变方向，并防止运输可能造成的损坏。填塞空隙的材料一般为各种形状的发泡聚苯乙烯，另外有些裹包材料，如纤维素衬垫、聚氨酯泡沫、柔性网状聚丙烯泡沫塑料和薄片也可用于包装中填塞空隙。这种填塞方法可防止运输中包装箱经受冲击和振动时，产品在箱中过分移动，但应保证封顶盖时在材料上施加一定的压力。

用衬垫材料对产品的凸出部位进行包裹或衬垫。除用传统的纤维素衬垫外，一些新型衬垫材料也逐渐得到应用。例如，1.6～6 mm 厚的聚丙烯泡沫可有效地用作缓冲包裹材料，另一类型的包裹材料由两层聚丙烯泡沫组成，它们封接在一起，两薄层之间形成 25 mm 或 6 mm 的气泡。这些气泡形成小的缓冲层，使用几层材料时，可使产品不受冲击。但是，必须防止这种材料过载，否则气泡会破裂并导致过高的冲击值。

设计得当的角衬垫能有效地保护有方角的产品（或封闭在一个内容器中的不规则形状的产品）。但是，特定的产品要求有特定的尺寸和形状的衬垫进行防护。因此，对许多不同类型的小批量产品进行缓冲时，使用角衬垫也许是不实际的，因为这需要增加生产劳动成本或储存许多不同尺寸的角衬垫。

五、电磁防护包装设计

复杂电磁环境战场条件下，防电磁危害已经成为装备包装的基本要求，美国等发达国家为此修订了相应的装备包装规范，并按新规范对装备包装进行了改进，防止外界电磁场进入到包装箱内侵害武器装备。电磁屏蔽技术是在装备包装中最有效的防护方法，无论是日常储运管理还是战场上都可扩大其生存空间。

（一）装备防静电包装要求

1. 静电放电敏感产品（ESDS）的区分

在进行装备包装前，首先应明确装备所含 ESDS 产品的级别分类，按其静电敏感电压范围分类，可分为三级，具体分级可参见 GJB 1649—1993。对于静电放电（ESD）电压大于 16 000 V 才有危害的装备，则认为是非静电敏感的装备。列为 ESDS 的装备还包括所有安装 ESDS 元器件的印制电路板、高于 1 GHz 频率工作的半导体器件及微型计算机控制装置。

2. ESD 防护包装材料要求

作为装备防 ESD 包装的材料应具备下列主要性能：防止摩擦起电的产生；免受静电场的影响；防止与带电人体或与带电物体接触产生直接放电。要使一种材料同时具备上述所有性能是困难的，往往需要用不同的材料组合或复合才能达到要求，凡通过安全地耗散静电电荷或屏蔽零件，能限制静电电荷聚集或能免受外部静电电荷影响的材料，均可作为 ESD 防护包装的材料。

3. 包装材料的选用

用以包装 ESDS 装备以供储运的任何材料，包括内包装、间接包装，都应采用 ESD 材料，这些材料可以是袋、盒、箱、包装膜、软硬衬垫、泡沫材料、填充物等。

4. 器材制作要求

从装备传递的角度考虑，防 ESD 材料可以制成各种形状。金属类的能浇注、冲压成型；导电的、静电耗散类的塑料，如聚乙烯、聚丙烯、聚碳酸酯、ABS 等热塑性塑料以及聚氨酯、酚醛和环氧等热固性树脂，加入炭黑、金属纤维或抗静电剂等填压料制成的合成塑料，能模压成型削成各种形状的包装容器；各种纤维类板材及浸渍树脂类层压板能制成盒、箱及其他的包装容器；开孔、闭孔类泡沫材料及橡胶类可以制成各种衬垫及填充料；各种导电塑料薄膜更能直接包裹各类装备和制成包装袋及复合材料。

（二）装备防电磁包装要求

装备的防电磁包装要达到良好的效果，总体上应该注意以下几点要求：

1. 使用材料

应使用良导体，如铜和铝等材料屏蔽高频电场，以获得理想的反射损耗；应使用磁性材料，如铁和锰等来屏蔽低频磁场，以获得理想的吸收损耗；对屏蔽电场而言，任何一种屏蔽材料只要其强度足以支撑本身，其厚度通常就足够；在薄膜屏蔽情况下，材料厚度小于 $\lambda/4$（此波长在材料内部测量），则屏蔽效果相当恒定，大于这个厚度，则屏蔽效果显著提高。

2. 包装方法选用原则

多重屏蔽既能提高屏蔽效果，又能扩大屏蔽频率范围。屏蔽只是减少设备电磁相互作用的一种方法，应综合考虑滤波、接地和搭接等技术。在设计过程中，所有开口和间断点都应经过处理，以保证屏蔽效果降低最少，并应特别注意材料的选择，使它不仅适用于屏蔽，而且也能防止电化学腐蚀。

3. 材料及容器制作

当系统设计的其他方面允许，应尽量采用连续的对接或搭接焊缝，并尽可能实现接缝处整个交接面之间的紧密接触。配合表面必须清洁，且不允许有不导电保护层。导电衬垫和弹簧销、截止波导、金属丝网和通气百叶窗以及导电玻璃等，都是保持外壳屏蔽效果可用的主要零部件。

（三）装备电磁防护包装方法

1. 防静电包装方法

防静电包装的原理是静电屏蔽原理，是指在外界静电场的作用下，导体表面电荷也将重新分布，直到导体内部总场强处处为零为止。静电屏蔽的特点是只考虑对静电场的屏蔽，封闭的导体（如铁质包装箱）内的屏蔽作用是完全的（内部场强处处为零），对屏蔽体的厚度和电导率无要求，电导率低和电导率高的屏蔽效果无差别。只有把低频交变电场的屏蔽包括在静电屏蔽中时，才采用较好电导率的材料。

装备防静电包装的方法主要是在包装中尽可能选择那些具有良好抗静电性的材料，使包装在起防护作用的同时对军械装备或 ESDS 元器件起到防静电的有效屏蔽保护。抗静电防护包装，就是采用具有导电性的静电屏蔽材料包裹住物品，或用抗静电材料制成容器将装备封闭起来，使其与外界干扰电场或静电感应隔离开而免受危害。

抗静电材料就是在使用和托运中不产生摩擦电荷的包装材料，用得最多的是塑料，因为塑料不能导电，因而存在许多不足，在实际操作中可采用一定的技术方法改变其表面导电性能。抗静电材料可分为表面导电性材料（仅材料表面含导电剂）和体积导电性材料（整体材料都含导电剂）。这些材料抗静电主要特性参数是表面导电性（电阻率）或体积导电性（电阻率）和静电荷耗散率（时间）。抗静电材料对静电场和电磁场并不一定具有屏蔽作用。

另外，金属纳米微粒具有消除静电的特殊功能，在生产包装材料时只要加入少量金属纳米微粒，就可以摆脱静电现象，使包装表面不再吸附灰尘，减少了因摩擦而导致的擦伤。

2. 防电磁包装方法

防电磁包装的关键是选择合适的包装材料。电磁敏感装备在生产、储存、运输、使用的过程中都要进行保护，这就需要防辐射电磁屏蔽包装。电磁屏蔽以金属箔为最佳，现在已经使用的有锑箔、铁箔、铜箔、不锈钢箔以及导磁材料和它们的复合制品。常用的防辐射包装材料除金属屏蔽材料外，还有导电性复合塑料屏蔽材料。将特制的含金属细纤维的粒料加入塑性塑料中进行注塑，可以形成各种屏蔽性包装和容器，如模压导电复合塑料、填料导电复合薄膜、表面导电处理材料等。

第三节　装备集装单元设计

在装备物流生产、储存和运输等环节中，多种类型的物资，如小件杂散物资很难进行单件处理，由于其杂、散，且个体体积、质量都不大，所以总是需要进行一定程度的组合，才能有利于装卸搬运，有利于物流运输，有利于使用。同时，随着各种交通工具、交通设施、交通网络的不断发展，以及装备物流保障范围的不断扩大，许多物资需要进行大批量、长距离输送，由此促进了集装单元化技术的发展及其在装备物流领域的应用。现代战争中，集装单元技术贯穿于装备物流的全过程，成为装备与军事力量之间连接的桥梁和纽带。

一、装备集装器具设计

根据集装的结构类型，装备集装器具主要包括托盘、集装箱、框架集装、集装笼等。

（一）托盘集装

根据 GJB 1918—1994《托盘单元货载》的规定，托盘单元货载（即托盘集装）的含义是：将货物（产品或包装件）按规定方式码放在托盘上，并通过胶合、支撑、裹包、捆扎等方法安全可靠地加以固定，形成一个搬运单元。在搬运时，方便采用叉车将托盘连同所载的货物一起叉起进行堆放、装卸或运送。为防止在搬运过程中货物从托盘上散落，需要用钢条、收缩薄膜、拉伸薄膜或其他方法将货物固定在托盘上，组合形成一个"托盘包装件"。

按结构类型分，托盘主要包括平托盘、柱式托盘、箱式托盘、轮式托盘和特种专用托盘等。

平托盘一般称为托盘，主要指平托盘。平托盘是托盘中使用量最大的一种，可以说是托盘中的通用型托盘。

柱式托盘是在平托盘基础上发展起来的，其特点是在不挤压货物的情况下可进行码垛。柱式托盘的基本结构是托盘的四个角有固定式或可卸式的柱子，这种托盘进一步发展后又可从对角的柱子上端用横梁连接，使柱子形成门框状。根据柱子固定与否，柱式托盘可分为固定柱式和可卸柱式两种。柱式托盘的主要作用有两个：一是防止托盘上所置货物在运输、装卸等过程中发生塌垛；二是利用柱子支撑承重，可以将托盘货载叠放，而不用担心压坏下部托盘上的货物。另外，柱式托盘可以用作可移动的货架、货位；不用时，还可叠套存放，节约空间。

箱式托盘是在平托盘基础上发展起来的，多用于散件或散状物资的集装，金属箱式托盘还用于热加工车间来集装热料。一般情况下，箱式托盘下部可叉装，上部可吊装，并可进行码垛。箱式托盘的基本结构是沿托盘四个边有板式、栅式、网式等各种平面组成箱板。箱板有固定式、折叠式和可卸式 3 种。箱式托盘的主要特点是：防护能力强，可有效防止塌垛，防止货损；由于四周的护板护栏，这种托盘装运范围较大，不但能装运可码垛的整齐形状包装物资，也可装运各种形状不能稳定维持的物品。

轮式托盘又称为物流台车，其基本结构是在平托盘、柱式托盘或网箱托盘的底部装上脚轮而成，这种托盘不但具有一般柱式、箱式托盘的优点，而且可利用轮子做小距离运动，无须搬运机具实现搬运，既适于机械化搬运，又宜于短距离的人力移动，具有很强的搬运性。适用于工房之间的货物、设备等搬运，也可直接作为货架的一部分。另外，轮式托盘在生产物流系统中，还可以兼作作业车辆。

特种专用托盘是针对某些较大数量运输的货物或较大尺寸的货物，制出的装载效率高、装运方便、适于某种货物有特殊要求的专用托盘。现在各国采用的专用托盘种类不计其数，都在某些特殊领域发挥作用。

托盘的尺寸与载重量应根据托盘单元货载的尺寸及质量进行确定，通常托盘单元货载的尺寸及质量的计算应包括托盘、捆扎材料、加固附件及被码放的单元货物。托盘尺寸通常是以托盘的长度、宽度和高度来表示。托盘长度是指纵梁或纵梁板方向的全长；无纵梁或纵梁板时，托盘面较短方向的全长为长度；托盘宽度是指与长度方向成直角方向的尺寸；托盘高度是指垂直于长、宽为轴的水平面的全高尺寸，一般情况下为 150 mm。我国先后颁布了两个与托盘尺寸有关的标准，一个是 GB/T 2934—2007《联运通用平托盘主要尺寸及公差》；另一个是 GB/T 4892—2001《硬质直方体运输包装尺寸系列》。规定的平托盘尺寸系列主要是 800 mm×1 000 mm，800 mm×1 200 mm，1 000 mm×1 200 mm 三种。目前托盘尺寸是依据 GB/T 2934—2007《联运通用平托盘主要尺寸及公差》规定，确定 2 种托盘尺寸：1 200 mm×1 000 mm，1 100 mm×1 100 mm。装备的托盘集装单元既要求符合国家有关规定，也要满足装备物流的特殊要求。国军标 GJB 183A—1999《军用平托盘基本尺寸和额定载重量》、GJB 184A—1999《军用立柱式托盘和箱式托盘基本尺寸和额定载重量》对军队系统内部物资储存及用机械进行装卸、搬运和运输的由各种材质制造的、可反复使用的平托盘、立柱式托盘和箱式托盘尺寸及额定载重量进行了规定。

（二）集装箱集装

根据 GB/T 1413—2008《系列 1 集装箱分类、尺寸和额定质量》对集装箱的定义：集装箱是一种运输设备，应具备下列条件：具有足够的强度，在有效期内可以反复使用；适用一种或多种运输方式运送货物；设有快速装卸的装置；便于箱内货物装满和卸空；内容积等于或大于 1 m^3（35.3 ft^3）。

按制造材料分类，集装箱可分为铝合金集装箱、钢制集装箱、玻璃钢集装箱、不锈钢集装箱等。

（1）铝合金集装箱。它是用铝合金型材和板材构成的集装箱，一般采用铝镁合金。这种铝合金集装箱的最大优点是质量轻，铝合金的相对密度约为钢的 1/3，20 ft[①] 的铝合金集装箱的自重为 1 700 kg，比钢集装箱轻 20%～25%，故同一尺寸的铝合金集装箱可以比钢集装箱能装更多的物资。铝合金集装箱不生锈，外表美观。铝镁合金在大气中自然形成氧化膜，可以防止腐蚀，但遇到海水则易受腐蚀，若采用纯铝包层，就能对海水起到很好的防蚀作用，适合于海上运输。铝合金集装箱的弹性好，加外力后容易变形，外力去除后一般就能复原，因此适合于在有箱格结构的全集装箱船上使用。此外，铝合金集装箱加工方便，加工费低，使用年限长，一般为 15 年。由于其质量轻、耐腐蚀等特点，在航空和航海集装箱领域中采用较多。

---

① 1 ft = 0.304 8 m。

（2）钢制集装箱。钢制集装箱的外板用钢板，结构部件也均采用钢材。这种集装箱的最大优点是强度大，结构牢，焊接性和水密性好，而且价格低廉。但其质量大，易腐蚀生锈，由于自重大，降低了装货量，而且每年一般需要进行两次除锈涂漆，使用期限较短，一般为10年。钢制集装箱是目前采用最多的集装箱，尤其是通用大型集装箱绝大部分是钢制。

（3）玻璃钢集装箱。它是用玻璃纤维和合成树脂混合在一起制成薄的加强材料，用胶合剂贴在胶合板的表面上形成玻璃钢板而制成的集装箱。玻璃钢集装箱的特点是强度大、刚性好。玻璃钢的隔热性、防腐性、耐化学性都比较好，能防止箱内产生结露现象，有利于保护箱内物资不受湿损。玻璃钢板可以整块制造，防水性好，还容易清洗。此外，这种集装箱还有不生锈、容易着色的优点，故外表美观。由于维修简单，维修费用也低。玻璃钢集装箱的主要缺点是质量较大，与一般钢集装箱类似，而且价格也较高。

（4）不锈钢集装箱。不锈钢是一种新的集装箱材料，具有以下优点：强度大，不生锈，外表美观；在整个使用期内无须进行维修保养，故使用率高，耐蚀性能好。其缺点是：价格高，初始投资大；材料少，大量制造有困难，目前一般用作罐式集装箱。

集装箱标准对集装箱的发展有非常重要的作用，集装箱的标准不仅与集装箱本身有关，也与运输设备、装卸机具，甚至与车站、码头、仓库的设施都有关。

1. 民用标准

为了有效地开展国际集装箱多式联运，必须强化集装箱标准化，集装箱标准按使用范围分，有国际标准、国家标准、地区标准和公司标准4种。

1）国际标准集装箱

国际标准化组织 ISO/TC 104 技术委员会自1961年成立以来，对集装箱国际标准作过多次补充、增减和修改，现行的国际标准为第1系列共13种，其宽度均为2 438 mm，长度有4种（12 192 mm、9 125 mm、6 058 mm、2 991 mm），高度有4种（2 896 mm、2 591 mm、2 438 mm、2 438 mm）。

2）国家标准集装箱

我国现行国家标准 GB/T 1413—2008《系列1集装箱分类、尺寸和额定质量》中集装箱各种型号的外部尺寸、允许公差及额定质量如表4-2所示。

表4-2 系列1集装箱外部尺寸、允许公差及额定质量

型号	高度（H）/mm		宽度（W）/mm		长度（L）/mm		额定质量（最大质量）/kg
	尺寸	极限偏差	尺寸	极限偏差	尺寸	极限偏差	
1EEE	2 896	0~5	2 438	0~5	13 716	0~10	30 480
1EE	2 591	0~5	2 438	0~5	13 716	0~10	30 480
1AAA	2 896	0~5	2 438	0~5	12 192	0~10	30 480
1AA	2 591	0~5	2 438	0~5	12 192	0~10	30 480
1A	2 438	0~5	2 438	0~5	12 192	0~10	30 480
1AX	<2 438		2 438	0~5	12 192	0~10	30 480
1BBB	2 896	0~5	2 438	0~5	2 896	0~5	30 480
1BB	2 591	0~5	2 438	0~5	2 591	0~5	30 480

续表

型号	高度（H）/mm		宽度（W）/mm		长度（L）/mm		额定质量（最大质量）/kg
	尺寸	极限偏差	尺寸	极限偏差	尺寸	极限偏差	
1B	2 438	0～5	2 438	0～5	2 438	0～5	30 480
1BX	<2 438		2 438	0～5	<2 438		30 480
1CC	2 591	0～5	2 438	0～5	6 058	0～6	20 320
1C	2 438	0～5	2 438	0～5	6 058	0～6	20 320
1CX	<2 438		2 438	0～5	6 058	0～6	20 320
1D	2 438	0～5	2 438	0～5	2 991	0～5	10 160
1DX	<2 438		2 438	0～5	2 991	0～5	10 160

3）地区标准集装箱

地区标准集装箱标准是由地区组织根据该地区的特殊情况制定的，仅适用于该地区，如根据欧洲国际铁路联盟（VIC）所制定的集装箱标准而建造的集装箱。

4）公司标准集装箱

某些大型集装箱船公司根据本公司的具体情况和条件而制定的集装箱船公司标准，这类箱主要在该公司运输范围内使用，如美国海陆公司的 35 ft 集装箱。

2. 军用集装箱

军用集装箱是结合我军现有集装具标准和军用运载工具技术参数，规定的具有军队特色的集装箱，我军集装箱外部尺寸、允许公差和额定质量，如表 4-3 所示。

表 4-3 集装箱外部尺寸、允许公差和额定质量

军用集装箱型号	长度（L）/mm		宽度（W）/mm		高度（H）/mm		额定质量（总质量）/kg
	尺寸	公差	尺寸	公偏差	尺寸	公差	
1C	6 058	0～6	2 438	0～5	2 438	0～5	24 000
1CX	6 058		2 438		2 438		24 000
JY10	4 012		2 438		2 438		10 000
JY10X	4 012		2 100		2 100		5 000
JY7	1 968	0～5	2 438		2 100		7 000
JY7X	1 968		2 438		1 219		3 000
JY5	1 457		2 438		2 100		5 000
JY1	900		1 300		1 300		1 000

（三）框架集装

框架就是用钢材、铝材制造的框、笼在托盘上组装，不用时可以拆卸折叠的重型大型的集装运输工具。框架集装不仅单一的框、笼可集装在托架上，也可几层连起来组装，以适应所需要的高度，具有轻便、便于搬运装卸、承重大、牢固耐用、适应性强等优点。

框架的种类，根据其箱板的铺法及组装方法，分类如表 4-4 所示。

表 4-4 框架集装种类

种类	分类		选定标准
	箱板的铺法	组装方法	
1A 型	封闭（1 型）	用钉子（A 型）	1. 内装物需防水、防潮等保护，或防止内装物脱落时使用。 2. B 型是在需要容易开箱或再组装时使用
1B 型		用螺栓（B 型）	
2A 型	胶合板封闭（2 型）	用钉子（A 型）	
2B 型		用螺栓（B 型）	
3A 型	花格（3 型）	用钉子（A 型）	1. 内装物无须防水、防潮，而且只需局部保护时使用。 2. B 型是在需要容易开箱或再组装时使用
3B 型		用螺栓（B 型）	

（四）集装笼

集装笼是针对一些单体体积较大或较重的包装物，用单体箱式包装会大大增加外包装体积和质量时多用的一种包装容器。其主要形式是使用钢材或木材制成，可从外面看见内部货物的笼格型钢质或木质箱，因形似笼而得名。例如，在弹药包装中，野战火箭弹多采用笼式包装。其特点是，可大大提高包装效率，降低包装质量，同时可保证足够的包装强度。不足是只能提供对机械外力的防护，被包装物需具有环境防护包装。笼式包装可根据被包装物的特点提供一定的集成度，图 4-1 所示为托盘结合的木笼弹药集成包装。

图 4-1 木笼弹药集成包装

目前，集装笼按照集装的物资分为矿建材料类、杂货类和鲜货类等三类。矿建材料集装笼主要用来装运耐火材料、建筑砖瓦、卫生瓷器、大理石制板、小型水泥预制件、瓷器以及各类石制品等。该类货物的主要特点是质量重、块小、易碎，作业中怕碰撞，要求集装笼本身应具有足够的强度和刚度。杂货集装笼主要用来集装各种器材、零部件、工具、器具以及各种罐装、桶装、坛装、筐装货物等。该类集装笼在结构上除了底座、侧端面围栏、便于装卸的构件外，还设有顶盖和锁闭扣件装置。鲜货集装笼主要装运瓜果、蔬菜、鲜蛋等易腐货物。易腐货物怕压、怕捂，易于变质腐败。要求鲜货集装笼在结构上满足装载稳固、通风良好、防止丢失和回送方便等条件。

对于装备来讲，可根据集装和防护的需求，合理制作集装笼。集装笼的结构形式因货而异，但其基本结构形式为框架结构的六面体形式，即由具有集装装置货物的底座、围栏四周的防护栏和强化防护栏的顶盖装置，以及便于集装、卸出货物的装饰集装笼有关的附属装置等组成。在具体的造型上有折叠式框架结构集装笼和拆解式框架结构集装笼之分，围栏可用钢管焊接成栏杆式、方格式或用铁丝网以及冲床余料焊接成网状式等形式的围栏。

二、装备集装装载设计

（一）托盘集装装载

1. 装载堆码方式

（1）重叠式。各层包装箱的排列方式均相同，4 个角上下对应，进行搭接。这种方法效率高,承载力大,但易从纵向分裂,稳定性不好,适用于正方形和长方形托盘。

(2)正反交错式。上下左右各包装箱交错排列,有如砌砖,各层间搭接良好稳定,但上下两箱的4个角不对应,承载力小,适于长方形托盘。

(3)纵横交错式。与正反式结构相同,适于正方形托盘。

(4)旋转交错式。两层上下之间,包装箱均改变方向形成交错搭接,稳定性好,不易倒塌,便于码成正方形,但中央易形成空穴,降低了空间利用率,适于正方形托盘。

2. 常用固定方式

(1)捆扎材料捆扎。捆扎材料捆扎是用捆扎带(钢带、纤维带等)或绳索将包装箱与托盘捆扎在一起的方法。捆扎形式多为"井"字形,4条带子各将靠边的包装箱扎紧,必要时可在中间增加一条。对刚性较差的纸箱或防护要求较高的包装箱,可在带子接触箱体的部位加衬垫,以免箱体变形。此法操作简单,用料省,费用低。

(2)收缩薄膜包装。收缩薄膜包装是用收缩薄膜将包装箱连同托盘一起牢固地封为一个整体的固定方法。它通常先将收缩薄膜制成一定规格大小的塑料套,将包装箱连同托盘一起套上,下部与托盘固定,然后加热,薄膜收缩,把托盘与包装箱紧裹在一起。此法需要专用的设备,操作较烦琐。

(3)拉伸薄膜包装。拉伸薄膜包装是用拉伸薄膜将包装箱和托盘一起缠绕包裹形成一体的固定方法。

另外,还有粘结固定、胶带固定、网罩固定等方式。

(二)集装箱装载

装备集装箱装载应根据有关规定进行装箱,主要分为箱装装备和托盘装备的装载。

1. 箱装装备的装载

箱装装备装载时,如外包装无破损,也无其他异常情况,则可以从下面往上堆装。小型箱可装入密闭式集装箱内;具有一定质量的大型箱,由于受装载作业面的限制,可装在敞顶集装箱内。

2. 托盘装备的装载

装在集装箱内的托盘装备,包装箱本身必须用钢带、纤维带或有收缩性的塑料等牢牢地固定在托盘上。为了充分利用集装箱的容积,注意使托盘的尺寸与集装箱的尺寸匹配起来。为了提高装卸效率和托盘底面积的利用率,以及降低装备固定费用而使托盘货相互之间和托盘货与集装箱内壁之间留有 20 mm 的空隙,应当采用适当的装载方法。

(三)框架集装装载

框架集装装备若固定不牢,在运输或装卸等过程中就会造成损伤,所以必须用加固材料确实将装备固定住。装备与加固材料的接触部分要用缓冲材料加以保护。与此同时,装备的框架集装必须按相关规定的方法进行适当的前处理、个体包装和内包装。

三、装备集装模式设计

以弹药装备为例,开展装备托盘集装模式设计。

（一）托盘集装方案依据

1. GJB 183A—1999《军用平托盘基本尺寸和额定载重量》

托盘尺寸：1 200 mm×800 mm；1 200 mm×1 000 mm，1 100 mm×1 100 mm

额定载质量：均为 1 t。

2. GJB 182B—2013《军用物资直方体运输包装尺寸系列》

包装单元尺寸为 A 系列：1 200 mm×1 000 mm、B 系列：1 200 mm×800 mm、C 系列：1 100 mm×1 100 mm。

包装单元尺寸偏差：0～−4%；

建议弹药包装单元中的包装件堆码高度不超过 1 200 mm。

3. FM9—13《美国陆军弹药手册》

标准托盘：四向进叉、四纵梁、40×48 翼头型硬木托盘；

标准集装箱：尺寸为 8 ft×8 ft×20 ft，总质量 44 500 lb；

每个集装箱可装载 8～48 个托盘，装载弹药的平均净重为 10.88 t；一个托盘只能装一个批次的弹药；

尺寸要求：托盘和货载的高度不超过 54 in[①]；尽量避免弹药包装突出托盘的边缘，如有突出，任一边的突出部分不超过 1 in；

质量要求：总重约为 2 000 lb，最大不超过 4 000 lb，发射装药的托盘货载最大不超过 2 200 lb。

4. MIL-STD-1660《弹药单元装载的设计准则》

体积和质量：长度和宽度应接近表 4-5 的尺寸；

表 4-5　运输和储存的单元装载推荐尺寸

设施的设备	单元装载推荐尺寸
圆顶建筑的弹药库门道的最小尺寸（宽×高）：48 in×90 in	用叉车垂直进门的水平尺寸宽度应小于 47 in
常规有篷运货车（40 in）内部尺寸（长×宽×高）：472 in×92 in×96 in，门道高度 92 in	一个单元装载的水平尺寸宽应是 43～45.5 in。以此宽度可以允许两个单元装载同时装入而边上不致挂住；同时放三个宽度的装载，要求水平尺寸是 28.5～30.5 in； 放两个高度的单元装载时：高度为 47 in；或高度为 31 in，可放三个高的装载
军用有篷运货车或 20 ft×8 ft ISO 集装箱内部尺寸（长×宽×高）：232 in×92 in×87 in	水平尺寸应同于常规有篷运货车； 放两个高度的装载，每个单元装载高度不应超过 41 in，或高度为 27 in
铁路棚车（典型的）内部尺寸（长×宽×高）：720 in×100 in×120 in	同时装入两个单元装载而边上不致挂住时，单元装载每个水平宽度应为 52～54 in；同时装三个时，每个宽度应为 35～36 in； 叠放两个单元装载时，每个单元装载的高度应不超过 58 in；叠放三个装载时，每个高度应是 39 in
船（开舱）（没有标准尺寸）	单元装载的设计应使经批准的吊重装置和高架起重机容易装卸
军用空运（具有 463 L 系统）463 L 装卸系统托板：84 in×104 in（最大）	最佳的单元装载尺寸为 42 in×52 in
外伸：当使用标准托盘时，每边外伸部分不超过 2 in； 内缩：不允许存在内缩。使用标准托盘时，应用垫塞物、板条或盖板组件填满单元装载空间，使全部俯视公称尺寸至少要与托盘尺寸平齐； 总质量：不超过 4 000 lb	

托盘：标准木质托盘或标准钢质托盘；尺寸为 40 in×48 in 或 35 in×45.5 in；专用托盘只应在其寿命周期费用效果权衡有利的条件下使用。

（二）托盘集装设计原则

1. 匹配原则

（1）托盘单元与运输车辆的载重量、有效空间尺寸的匹配。在以托盘为基本物流单元的系统中，常需要将许多托盘进一步组合成大型集装单元（如大型国际标准集装箱），以此来进行运输活动，致使大型的集装箱或国际标准集装箱就组成一个更大的集装箱运输单元，因此托盘倍数系列对于匹配性有关键的作用。

（2）托盘单元与弹药包装环节的匹配。不同弹药要研究相应的托盘单元，以及弹药的包装材料、包装强度、包装方式与尺寸等因素，寻求与托盘单元最佳的配合。

（3）集装单元与装卸设备的匹配。不同系列的托盘不仅应与相应的专用车辆配合，同时还应与相应的装卸场所、装卸设备、装卸工具配合。

（4）托盘与仓储设施的匹配。仓库站台、货架结构、装卸机具、保管设施等也应与托盘单元匹配，托盘单元要能与仓库建筑设施净高度（门高、门宽、通道宽度）有较好的匹配性。

2. 设计原则

在设计托盘单元时，应遵循以下原则：

（1）便于机械化作业，既可叉取，又能吊装，提高装卸作业效率，降低工人劳动强度。

（2）应实现标准化、通用化、系列化。

（3）具备使用多种运输工具的灵活性，尽量拓宽使用范围，提高使用效率。

（4）尽量采用可堆垛的结构形式，便于空容器的返空，提高运输车辆的装载效率。

（5）少用或不用工、角、槽钢，减轻集装器具的自重。

（6）保护弹药，防止磕碰划伤。

（三）托盘尺寸结构设计

综合比较不同集装方式的特点、部队弹药集装的一般要求、部队现有的实际条件，参考外军弹药集装化发展经验，确定托盘集装方案。

按托盘集装有关标准要求和弹药储存、运输管理要求，确定弹药托盘集装基本条件如下：

（1）弹药托盘集装高度≤1 200 mm，质量≤1 000 kg。

（2）弹药箱不得超出托盘承载面外缘；弹药箱按统一方向放置。

（3）每个托盘装载一个弹种、相同包装尺寸的弹药箱。

（4）GB/T 16470—2008《托盘单元货载》要求，托盘集装面积利用率应达到80%。

由于弹药箱上、下两面都有箱带，捆扎时钢带拉紧力全部集中在外侧铺板上，易将铺板掀起，托盘捆扎后，顶部箱带影响托盘堆码稳定性。因此，要实现全部弹药的托盘集装，需设计专用托盘，并采用合理的加固措施。以 GJB 183A—1999、GB/T 16470—2008、GB/T 4995—2014 等标准为依据，并参考美军标准 MIL-STD-1660、FM9-13，对专用托盘进行设计，并提出技术要求：

（1）专用托盘为木质单面使用型四向进叉结构。

（2）托盘铺板厚≥20 mm，宽≥100 mm。

（3）纵梁宽≥60 mm，高≥100 mm。

（4）其他技术要求按 GB/T 4995—2014 执行。

（四）托盘集装捆扎方式

从可靠性、操作性、经济性指标综合考虑，按 GJB 1918—1994《托盘单元货载》的要求，通常采用符合 GB/T 25820—2018《包装用钢带》技术要求的钢带捆扎。根据 GJB 1918A—2020 中"以单元货载总重量除以所用垂直捆扎带的总数量，得出每条捆扎带应承受的重量"，确定钢带规格，采用两条主要捆扎、两条次要捆扎的捆扎方式。

思考与练习

1. 简述装备包装的基本功能。
2. 装备集装单元化设计原则是什么？
3. 简述防潮包装基本方式有哪些。
4. 装备防振包装要求是什么？
5. 我军常用的军用集装箱型号有哪些？

第五章
装备装卸搬运系统设计

装卸搬运在物流活动中起到了承上启下的联结作用，是联系物流活动各子系统的桥梁，是物流顺利进行的关键。装卸搬运活动伴随着物流的始终，成为提高物流效率、降低物流成本、改善物流条件、保证物流质量最重要的物流环节之一。

第一节 装备装卸搬运系统概述

一、装卸搬运的概念

装卸搬运是指在同一地域范围内（通常指某一个物流结点，如车站、码头、仓库等）进行的，以改变物的存放状态和空间位置为主要内容和目的的活动，具体包括装上、卸下、移送、拣选、分类、堆垛、入库、出库等活动。装卸通常是指在同一地域范围内以改变"物"的存放、支撑状态的活动，是以物品的垂直移动为主的物流作业。搬运通常是指在同一场所内改变"物"的空间位置的活动，是以物品的水平移动为主的物流作业。

一般情况下，物品的存放状态和空间位置是密不可分的。在实际操作中，装卸与搬运是伴随在一起发生的。因此，在物流科学中并不过分强调两者的差别而是作为一种活动来对待。在习惯使用中，单称"装卸"或单称"搬运"也包含了"装卸搬运"的完整含义。例如，流通领域常将装卸搬运这种活动称作"物资装卸"，而在生产领域则将这种活动称作"物料搬运"。一般在强调存放状态改变时，使用"装卸"一词；强调空间位置改变时，使用"搬运"这个词。

二、装卸搬运的地位与作用

（一）装卸搬运的地位

物流活动离不开装卸搬运，它贯穿于不同物流阶段之间，因此装卸搬运是物流系统中重要的子系统之一。物流系统的社会效益，还包括在获得装卸搬运系统本身的效益的同时，为整个生产系统获得的经济效益。完成装卸搬运作业应具备劳动力（装卸职工，包括机械化自动化设备的操作、控制与管理人员）、装卸搬运设备（工具）与设施（车、船、场、库等）、工艺（作业方法）、管理信息系统、作业保障系统。

在物流过程中，装卸活动是不断出现并反复进行的，它出现的频率高于其他各项物流活动，每次装卸活动都要花费很长时间，所以其往往成为决定物流速度的关键。装卸活动所消耗的人力很多，所以装卸费用在物流成本中所占的比例也较高。以我国为例，铁路运输的始发和到达的装卸作业费大致占运费的20%，船运占40%左右。据我国铁路部门的统计，火车货运以500 km为分界点，运距超过500 km，运输在途时间多于起止的装卸时间；运距低于500 km，装卸时间则超过实际运输时间。据国际远洋公司统计，美国与日本之间的远洋船运，一般往返需要25天时间，其中运输时间为13天，装卸时间为12天。据对生产物流的统计，机械工厂每生产1 t成品，需进行252 t·次的装卸搬运，其成本为加工成本的15.5%。在整个军事物流系统中，据估计每1 t军事物资平均搬运量达10 t·次以上，装卸搬运作业费占物流总费用的30%以上，占用作业人员20%左右。因此，为了降低物流费用，装卸是个重要环节。此外，进行装卸操作时往往需要接触货物，因此这是在物流过程中造成货物破损、散失、损耗、混合等损失的主要环节。例如，袋装水泥纸袋破损和水泥散失主要发生在装卸过程中，玻璃、机械、器皿、煤炭等产品在装卸时最容易造成损失。由此可见，装卸活动是影响物流效率、决定物流技术经济效果的重要环节。

（二）装卸搬运的作用

（1）装卸搬运是物流各阶段之间相互转换的桥梁。装卸搬运既是伴随生产过程和流通过程各环节所发生的活动，又是衔接生产各阶段和流通各环节之间相互转换的桥梁。物流各阶段的前后或同一阶段的不同活动之间，都必须进行装卸搬运作业，如运输过程结束，货物要进入仓库之前，必须有装卸搬运作业。正是装卸搬运把物的运动各个阶段连接成为连续的"流"，使物流的概念名实相符。因此，装卸搬运的合理化，对缩短生产周期、降低生产过程的物流费用、加快物流速度、降低物流费用等，都起着重要的作用。

（2）装卸搬运连接各种不同的运输方式，使多式联运得以实现。装卸搬运改变物品的存放状态和空间位置。在物流系统中，各个环节的先后或同一环节的不同活动之间，都必须进行装卸搬运作业，如在运输和储存中的装车、卸车、堆码、上架和下架，以及回收物和废弃物的处理等都要有装卸搬运作业配合才能进行。通常经联合运输的货物，要经过4次以上的装卸搬运与换装（多则经过十几次），其费用约占运输费用的25%。

（3）在许多生产领域和流通领域中，装卸搬运已经成为生产过程的重要组成部分和保障系统，是物流过程中的一个重要环节。装卸搬运是保障生产和流通其他各环节得以顺利进行的条件，它制约着物流过程其他各项活动，是提高物流速度的关键。例如，采掘业的生产过程，实质上就是装卸搬运；加工业和流通业，装卸搬运是生产工艺过程中不可缺少的组成部分。据调查资料，我国机械工厂生产用于装卸搬运的成本为加工成本的15.5%。装卸搬运活动本身虽不消耗原材料，不产生废弃物，不大量占用流动资金，不产生有形产品，但它的工作质量却对生产和流通其他各环节产生很大的影响，或者使生产过程不能正常进行，或者使流通过程不畅。因此，装卸搬运对物流过程其他各环节所提供的服务具有劳务性质，具有提供"保障"和"服务"的功能。

三、装卸搬运的分类与特点

（一）装卸搬运的分类

装卸搬运按作业场所、作业手段、作业对象、装卸设备作业原理、作业方式等，有多种分类方法。

1. 按作业场所分类

根据装卸搬运作业场所的不同，装备物流中的装卸搬运作业基本分为铁路装卸、港口装卸、仓库装卸等。

铁路装卸指在铁路车站进行的装卸作业，包括汽车在铁路货场和站台旁的装卸作业、铁路仓库和堆场的堆码拆取作业、分拣、配货、中转作业、铁路车辆在货场及站台的装卸作业、装卸时进行的加固作业以及清扫车辆、揭盖篷布、移动车辆、检斤计量等辅助作业。铁路装卸通常按车皮装卸，一次作业就实现一车皮的装进或卸出。

港口装卸指在港口进行的各种装卸作业，包括码头前沿的装卸船作业、前沿与后方间的搬运作业、港口仓库的码垛、拆垛作业，分拣、理货作业，港口堆场的堆取周转作业，后方的铁路车辆和汽车的装卸作业以及清舱、平舱、扫车、破拱、配料、计量、分装、取样等辅助作业。

仓库装卸指物资在仓库所进行的装卸作业，即在仓库专用线站台、库房、堆场、集散点（物流中心）等处进行的装卸作业。仓库装卸配合出库、入库、维护保养等活动进行，并且以堆垛、上架、取货等操作为主。

2. 按作业手段分类

按作业手段，装卸搬运可分为人工作业法、机械化作业法、综合作业法。人工作业法劳动强度大、效率低、作业不安全，不能满足现代化生产和流通的需要，但是对于作业量小、临时性作业、货物的形状或性质难以采用机械作业，以及单件质量轻且难以集装化的货物，仍以人工作业为宜。在装备物流的末端，特别是野战条件下人工仍是装卸搬运作业的主要方式。机械化作业法是采用机械来完成装卸搬运作业。目前装卸搬运机械的品种不胜枚举。对于特定的装卸搬运机械来说，其作业效率是一定的，因此可以根据机械的作业效率和作业时间要求，计算在某个装卸搬运地域需要配备的机械数量。综合作业法综合人工作业与机械作业中的优缺点，充分发挥各自的优势，实现装卸搬运全过程中的协调、控制。

3. 按作业对象分类

按作业对象分类，即按货物形态分类，装卸搬运作业可分成散装货物装卸、单件货物装卸、集装货物装卸等。散装货物装卸是对块状、粒状、粉末状或液体等货物进行的装卸搬运，主要采用重力法、倾翻法、机械连续法、气动输送法等装卸。单件货物装卸是对以箱、袋等作为包装形态的单件货物为单元进行的装卸搬运，是人力作业阶段的主导方法，对一些长、大、笨重、贵重、危险等货物仍普遍采用。集装货物装卸是随着货流量的增大而发展起来的，通过托盘、集装箱、集装笼等将货物组合成一定规格的组合体后装卸搬运，它与现代的运输方式和物资储存方式改革互为条件、互相促进，共同推进物流现代化的进程。

4. 按装卸设备作用原理分类

根据装卸设备作用原理，装卸搬运可分为间歇装卸和连续装卸。间歇装卸是指货物空间位置的改变是断续、间歇、重复、循环进行的，主要作业机械有叉车、装载机、起重机等，大部分成件包装物资和笨重货物一般采用此法作业。连续装卸是指连续不间断地装卸和搬运货物，对货物而言其空间位置改变是连续、流水式地进行，主要作业机械是各类输送机和配套专用机械。散堆货物和质量轻、体积小、流量大的中、小型包装件的货物一般采用连续装卸。

5. 按装卸搬运的机械及机械作业方式分类

装卸搬运可分为吊装吊卸法和滚装滚卸法。吊装吊卸法，即垂直装卸法，采用各种起重机械从货物上部起吊，依靠起吊装置的垂直移动实现装卸，并在吊车运行范围或回转范围内实现搬运或依靠搬运车辆实现小搬运。滚装滚卸法，即水平装卸法，是指货物或货物的各种集装单元靠拖曳、承推、浮移等方式，以改变货物在水平方向上的位置为主要特征，在整个作业过程中，货物的重心高度变化不大。各种轮式、履带式车辆通过站台、活动站台或渡板开上开下铁路车辆，拖挂车、底盘车、带轮集装箱等牵上拽下车船，用叉车装卸集装箱、托盘，平移机装卸集装箱等都属此法。

（二）装卸搬运的特点

装备物流装卸搬运重点关注流通领域里仓库装卸、汽车装卸、铁路（货车）装卸、港口（船舶）装卸、机场（飞机）装卸的规律和特点。

（1）装卸搬运是附属性、伴生性的活动。装卸搬运是装备物流各个环节开始及结束时必然发生的活动，是伴随装备物流的其他环节发生的，很多时候被看作其他操作不可缺少的组成部分。例如，装备的接收运输中，就实际包含了装备在装载场站的装载搬运，在接收单位的卸载搬运、堆码。在储存保管活动中，涉及库内的拆垛、移运、码垛等装卸搬运活动。无论是生产领域的加工、组装、检测，还是流通流域的包装、集装、运输、储存，一般都以装卸搬运作为起始和终结。

（2）装卸搬运是支持性、保障性的活动。装卸搬运是装备物流各环节伴生的活动，其作用是保障各环节的业务顺利进行。它不产生有形的产品，而是提供劳动服务，是装备物流各环节的配套"保障"和"服务"性作业。装卸搬运会影响其他物流活动的质量和速度。例如，装车不当，会引起运输过程中的损失；卸放不当，会引起货物转换成下一步运动的困难。许多物流活动在有效的装卸搬运支持下，才能实现高水平运转。

（3）装卸搬运是衔接性的活动。在任何其他物流活动互相过渡时，都是以装卸搬运来衔接，因而装卸搬运有时会成为整个物流过程的"瓶颈"，是物流各功能之间能否形成有机联系和紧密衔接的关键。在装备物流中，涉及的单位部门广泛，包括供应商、仓库、部队、运输投送部门等，各环节装卸搬运的设施设备、作业方式等有一定差别，装卸搬运是影响装备物流整体运畅的一个重要因素。建立一个有效的装备物流系统，就需要充分考虑设计装卸搬运环节，确保这一衔接有效。

（4）装卸搬运过程不消耗作业对象，不排放废弃物，不大量占用流动资金，没有提高作业对象（物）的价值和使用价值的功能。因为它既不改变作业对象（物）的物理、化学、几何、生物等方面的性质，也不改变作业对象（物）的相互关系（指零件组装成部件或机器、机械设备拆解为零部件等）。

（5）装卸搬运作业的不均衡性。装备物流是以装备的需求为牵引而发生的，装备需求受到多方面的因素影响，既受宏观规划、计划的调控，以及各单位机构承担的装备物流任务差异，也受装备物流过程中具体细节的影响。因此，装备装卸搬运作业在不同单位、不同时段、不同场所呈现出一定的不均衡性。同时，由于各种运输方式的运输量和运输速度有较大差别，这会造成各个物流枢纽点如车站、码头和港口的物资集中和滞留，造成装卸搬运不均衡。

（6）装卸搬运方式具有复杂性。装备物资种类繁多，物资的品种、形状、尺寸、质量、包装、性质等千差万别；运输装备的车型、船型也不尽相同；作业场所包括车站站台、港口码头、库房站台、野外场所等，装卸搬运方式应适应复杂多变的作业对象和场所。装备的装卸搬运，可能是在一个单位内部进行的，也可能是在多个单位之间进行的，装卸作业点的设备、设施、工艺、管理方式、作业标准等存在差异，必须相互协调，才能发挥整体效益。

第二节 装备装卸搬运系统设计方法

一、装卸搬运系统设计原则

装备物流活动中，实现装备存放状态和空间位置的改变，可以采用多种装卸搬运方法。认真分析、研究装卸搬运各个环节，科学合理地组织装卸搬运作业过程，以尽可能少的人力和物力消耗，高质量、高效率地完成装卸搬运任务，对于提高装备物流效率、降低装备物流成本，具有重要意义。装备装卸搬运系统的设计应遵循以下基本原则：

（1）以人为本原则。安全就是生命，安全就是战斗力。在装卸搬运过程中，安全不仅是指人身安全，还包括设备、货物和环境的安全。尽管人人都知道安全是必要的，但很多人并不能在作业过程中时刻保持安全意识。在整个装卸搬运系统，潜伏着很多不安全因素，如上面有吊车行走时要响铃，下面的操作人员要留意，小心货物落下，吊车上货物通过的线路，下面不要有人。在装卸搬运的全过程中，时时处处都要细心。吊装货物时，重心一定要在吊具的中心；搬运货物时要捆绑加固，以免途中因颠簸而振荡；所有的设备应安装安全保护装置，并尽可能地做到人货分流；库场内应有各种防火、防爆、防潮和防水等措施。

（2）勤俭节约原则。装卸搬运不仅不增加装备物资的价值和使用价值，相反增加了装备的成本和破损的可能性。因此，首先要研究各项装卸搬运作业环节的必要性，尽可能地取消、合并装卸搬运环节和次数，消灭重复、无意义的、可进行可不进行的装卸搬运作业。车辆不经换装直接过境、到发货点铺设专用线、门到门的集装箱联运等都大幅减少了换装环节和次数，军事经济效益十分显著。必须进行的装卸搬运作业，应不停顿、不间断，像流水一样进行，消灭迂回和交叉。作业流程应尽量简化，作业过程中不要调车，以免干扰装卸作业。必须进行的换装作业，在可能的条件下，尽量不使物资落地，直接换装。

（3）集中作业原则。集中作业才能使作业量达到一定水平，为实现机械化、自动化创造条件。因此，只要条件允许，装载点和卸载点就应尽量集中，在货场内部，同一类物资的作业应尽可能集中在一起进行。例如，建立专业作业区、专业码头、专业装卸线；一条作业线能满足车辆装卸作业指标时，不采取低效的多作业线的方案。促进仓库的专用线共用，是采取集中作业的有效措施。成件物资集装化作业，即把小件集中为大件，以提高作业效率。因此，各种成件物资应尽可能集装成集装箱、托盘、货捆、网袋等物资单元再进行装卸搬运。

（4）标准通用原则。装卸搬运作业与物流其他环节间，装卸搬运的各工序间，装载点与卸载点之间，物流与其信息流之间，在管理、工艺、装备、设施、效率等方面都要协调一致，具有通用性。仓储业在实践中总结出的"进货为装车做准备，装车为卸车做准备，卸车为出货做准备"的作业原则，就是本项基本原则在装卸车辆阶段的具体应用。装卸搬运的工艺、装备、设施、物资单元或包装、运载和集装工具、储存装置、信息流的各种制式、组织管理方式和体制及制度乃至标志和用语等都应当标准化、系列化、通用化，这是实现装卸搬运作业现代化的前提。

（5）牢固稳定原则。装载一般是运输或储存的前奏，而运载工具满载和库容的充分利用是提高运输和储存效益和效率的主要因素之一。装卸搬运时，要根据物资的轻重、大小、形状、物理化学性质、去向、存放期限、运载工具的形式等采用恰当的装载方法，巧妙配装，使运载工具满载、库容得到充分利用。运输工具、集装工具、仓库地面、货架等要求满载，但其单位面积承载能力又有一定限制，因此对于质量集中的物资，要采取适当的支垫措施，使载荷均匀地分布在承载面上。为了保证安全运行，运载工具和集装工具要求满载的同时，对装载后其重心位置在3个方向的变化有严格限制，物资要严格按照这个限制进行装载。装载之后一般是运输和储存。在运输时，运输工具所载的物资要受到纵向惯性力、横向惯性力、垂直惯性力、风力、重力、摩擦力的综合作用，因而物资有产生倾覆、滚动、平移、坍塌等可能性。为防止这种可能变成现实，在装载作业时要根据物资、运载工具、集装工具的不同，分别采取码紧捆稳，塑料膜包装，气囊垫护，加支柱、挡木、隔木、掩木、三角木来稳固，用尼龙绳、铁丝、钢丝绳、焊接型钢来捆牢等方法，以保证运输过程中物资的稳定。

（6）省力化原则。省力化就是结合装卸搬运实际，充分利用各种技术，节省人力和动力，降低装卸搬运的成本。例如，利用重力使用滑槽、滑板等工作进行有一定落差的装卸搬运，减少机械或人力的消耗，尽量减少从下往上地搬运，降低能耗；合理选择利用装卸搬运机械，对一些劳动强度大、装卸搬运频繁的环节，尽可能采用机械化作业，减轻人力装卸，增强安全系数。在不得已的情况下，非依靠人力不可时，尽可能不要让搬运距离太远。

二、装卸搬运系统设计程序

装卸搬运系统设计过程中，一般遵循以下程序：

（1）收集资料。首先确定设计对象，是火车站、航空港、海港、河港还是汽车站。参考与设计对象规模相似的同类型港站，最好能收集到一些类似港站的资料，在设计时可以参照。然后收集设计对象的一些相关资料，比如此港站的货运量，主要货物品种，货物装卸搬运单元、货物季节性强不强等。

（2）分析整理资料。根据设计任务书的要求，将收集到的有关资料进行分类整理，包括分析整理已经落实的设计货运任务资料，做出设计货运量及设计操作过程的汇总表；分析整理所需车型、船型、货物特性及生产组织的要求，为设计打下基础。

（3）合理规划装卸方式和装卸作业过程。主要包括以下内容：确定装卸任务量，根据物流计划、装卸作业不均衡程度、装卸次数、装卸车时限等，确定作业现场年度、季度、月、旬、日平均装卸任务量；做出详细的作业规划，依据装卸作业对象的品种、数量、规格、质量指标以及搬运距离做出详细的作业规划；选择装卸搬运方法，在选择装卸搬运机械时，应考虑作业效率，装卸搬运机械应能连续完成搬运、装卸及堆码作业，能自动取货和卸货，以减少辅助作业人员；装卸搬运机械应工作安全、平稳、可靠，操纵灵活；装卸机械外形尺寸应适应棚车、船舱、仓库内作业空间要求；装卸搬运机械应当具备相对使用费用低、能源消耗少、生产效率高、辅助人员少等优势；编制装卸作业进度计划，根据装卸任务、装卸设备生产率和需用台数，编制装卸作业进度计划，通常包括装卸搬运设备的作业时间表、作业顺序、负荷情况等详细内容。

（4）计算确定装卸搬运参数。根据装卸任务和装卸设备的生产率，计算所需的库场面积、各种装卸搬运设备的台数、机械驾驶人员数、铁路及码头等装卸线的最小有效长度等。

（5）计算有关技术经济指标。例如，用于装卸搬运的所有设施和设备的投资费、车船停留的时间、装机的总容量、单位装卸成本、装卸搬运机械化程度以及生产效率等。

（6）择优选取方案。由于装卸搬运活动的复杂性、装卸搬运方式的多样性，做设计时至少要做两个以上的方案来进行比较、择优推荐。方案选择主要从可行性、经济性、技术的先进性、工艺流程的合理性、对作业对象的适应性、操作人员的劳动条件和劳动强度、设施设备的配套程度、安全性等方面考虑。把所有的设计人员、技术人员、高层领导等召集在一起，由每位工艺设计人员说明每一步方案的优缺点和设计的理念，再请各位专家对每种方案进行定性和定量的比较，集思广益，找出最佳方案。定性比较是对方案技术先进性、理念超前性和安全性作一个比较全面的评判；定量比较是把主要设备的主要技术参数、有关的技术经济指标作全面的比较。

（7）编制设计文件。把被选取的方案进行全面整理，细化每一条文本，包括概述、装卸工艺流程、所有技术参数和经济指标，最后把推荐意见也要写上。

三、装卸搬运系统物流分析

（一）装卸搬运系统物流分析的目标

装备装卸搬运一般不增加产品的附加价值，因此应尽可能减少搬运次数以降低成本。装备装卸搬运的总目标是以最少的装卸搬运将装备适时适量地从一处移至另一处。在设计装备装卸搬运系统时应注意下列目标，这些也是装备装卸搬运系统物流分析的目标。

（1）降低单位装备的装卸搬运成本。单位装备装卸搬运成本的降低，有赖于良好的装卸搬运设计。例如，采用单元集装的形式增加每次装卸搬运货品的件数，就能减少装卸搬运次数而节省不必要的装卸搬运时间和搬运费用。又如，使用可以重复利用的装卸搬运容器和包装材料来降低装卸搬运成本。

（2）缩短时间。有效的装备装卸搬运能减少时间，降低人员的劳动强度，提高装卸搬运系统的效率，提升平时和战时的保障能力。

（3）提高仓库设施的可用能力。仓库有固定的仓储空间，应尽可能地利用仓库空间，提高仓库的空间利用率并使仓库的运营费用最小化。提高仓库空间利用有两个方面的内容，即仓库的垂直空间和水平空间。在实际作业中，有时只注意到利用仓库的水平空间而忽视了垂直空间的利用。此外，有效利用仓库空间还要致力于过道空间的最小化，在不影响仓库设备移动的前提下，尽量减少过道空间。

（二）装卸搬运系统的物流分析方法

装备装卸搬运系统可以从装卸搬运、流程、起讫点、流量、搬运高度5个方面进行分析。

1. 装卸搬运分析

在装卸搬运系统设计中,对于任何一个装备物资装卸搬运问题,首先的问题是为什么(Why)要进行军事物资的装卸搬运,是否有必要进行这一活动;得到肯定的回答后,就要考虑下面几个问题,即搬运的对象是什么(What)、由什么设备或工人(Who)来进行装卸搬运、在什么地方(Where)进行装卸搬运、在什么时间(When)进行装卸搬运作业以及适用什么样(How)的装卸搬运方法来进行装卸搬运作业。

(1) 装卸搬运的目的(Why)。在进行装卸搬运作业前,首先要明确为什么要进行这次装卸搬运,是为了腾出空间给后续的装备物资还是为生产设备提供原材料和零部件。不同的搬运目的需要使用不同的搬运速度和搬运方法,如进行倒库作业时,可能由于时间上不紧迫,可以使用效率比较低的装卸搬运设备,而在向生产设备提供原材料和零部件时,为了防止生产设备停工,则需选用高效率装卸设备。

(2) 装卸搬运的对象(What)。装卸搬运的对象是指所要进行装卸搬运作业的装备物资,不同的装备物资需要进行不同的装卸搬运设计。在进行装卸搬运分析时,装备物资的这些性质决定了在进行装卸搬运时是否可以进行集装,是否要进行特殊包装处理来对装备物资进行防护,以及进行装卸搬运的强度计算,从而选用合适的装卸搬运设备。

(3) 装卸搬运设备选择(Who)。装卸搬运设备的选择中需要注意的是要进行搬运设备之间任务的合理分配以及设备与人之间的合理协调,以提高整个装卸搬运系统的效率。装卸搬运设备的主要指标有:种类,包括输送机、起重机、运输车辆及其他辅助设备与容器等;特性,包括安全性、噪声、废气、可靠性、操作性、维修性等;成本,包括购置价格、经济寿命与更新速度、操作运行成本等。

(4) 装卸搬运的地点(Where)。装卸搬运地点需要考虑的因素有:装卸搬运区域,包括工序间、机群间或部门间、工场间、进出料仓库间等;起点与终点,包括从何地点开始装卸搬运到哪一地点停止卸下;路线与距离,包括曲直、长短、路面、方向、倾斜等。

(5) 装卸搬运的时间(When)。装卸搬运时间的分析包括装卸搬运的时机把握和装卸搬运速度的控制。这些搬运的时机把握是按照客户的要求和生产设备的进度计划组织装卸搬运,通过对装备储运过程的把握,合理控制装卸搬运时间,即决定何时开始进行装卸搬运作业,何时完成装卸搬运作业,以确保能满足装备物流任务要求。装卸搬运的速度是指装卸搬运单位装备物资所需要的时间。在进行装卸搬运分析时,要注意其是否存在装卸搬运速度过慢占用时间过长的问题,是否有在不损坏装备物资的前提下减少装卸搬运时间的可能,从而改善整个物流系统的运营效率。

(6) 装卸搬运的实现(How)。装卸搬运的实现主要是指采用何种装卸搬运方法,如何进行装卸搬运流程和动作的设计。

2. 流程分析

流程分析主要目的在于观察并收集一件物品由进货到出货的整个过程中有关的资料,或是一项作业进行过程中的所有相关信息及相配合的实体资源设备。流程分析必须考虑整个过程,一次只能分析一种产品、一类材料或一项作业。

3. 起讫点分析

起讫点分析不需要观察操作过程中的每一种状况,只是观察每一次搬运的起点和终点,或是以一个固定点为记录目标,来对搬运状况作分析。起讫点分析有两种不同方式:一是路线图表法，每次分析一条流通路线，观察并收集每一移动的起讫点资料，即在这条路线上各种货品的流通状况，编制搬运路线表；二是流入流出图表法，观察并收集流入或流出某一区域的一切物料的有关资料，编制物料进出表。起讫点分析中的路线图表是探讨每一路线中货品移动的状况。路线图适用于路线不多、装备物资品种很少的场合。若路线很多、装备物资品种繁多，最好使用流入流出图表来描绘不同货品在某一区域的流入流出情形，比较直观。

4. 流量分析

流量就是指装备物资在某一区域内流动的多少。装备在部门单位间移动往往呈现极不规则的现象，为追求时效，规划时必须尽量使所有移动工作都以最简捷的方向、最短的距离来完成，而流量分析便是将整个移动路径概略绘出，来观察装备移动的流通形态。装备物资流量分析的主要目的在于：计算各配送计划下可能产生的装备物资流量以作为设计装卸搬运方法、选择搬运设备的参考；评定布置方式的合理性；配合装备物资流通类型的不同来调整设施和设备的布置方式；调整装备物资搬运路径的宽窄；便于掌握作业时间，预测各阶段操作的进程。

装备物资流量分析的方法可分为两类：一是部门间直线搬运法。当各部门间的流通顺畅、中间无任何阻碍、流通路径是直线式时，以直线距离来分析流量，但此法与实际状况会有些出入。二是最短路径搬运法。这个方法是模拟实际搬运作业，并借助计算机来协助分析处理的，运用此方法可分析出各单位间的最短搬运路径、各路径的装备流通量和配送计划下的总搬运量。

5. 搬运高度分析

搬运活动在高度不同的场所进行时，如将装备提高、倾斜、拉下等，很容易导致时间与体力的消耗，因此厂房、建筑、设备等的配置应尽可能水平规划。在搬运高度分析上，可先依目前设备、设施、搬运用具等的配置，画出现状的展开图表。在展开图表里，将各有关事项逐一记载，如搬运手法、人员、场所的情形、设备名称等，以包括全部的调查，尤其是在高度方面。然后再由此图进行调整改善，施行水平配置计划。其中最简单的水平调整方式是使用台子的设计将机械设备垫高或者使用叉车等机械设备，让物品能依大体上一致的高度移动，使上下坡的搬运情形减少，这样可以提高效率和节省人力。

四、装卸搬运设备编配方法

由于装备需求的随机性比较大，仓储机构收发的不均衡性普遍较大，由此带来机械作业强度和频度的不均衡性。储存装备物资的仓库库房按结构形式可分为洞库、半地下库、地面库等。库房和库区条件差别大的问题普遍存在，如有的库房有装卸平台，有的没有；有的比较集中，有的比较分散；有的库区道路平坦，有的路况较差；有的仓库有专用线，有的仓库没有。这就对装备装卸搬运设备的配备提出了更高的要求。

（一）装卸搬运设备的编配依据

1. 根据作业性质和作业场地进行编配

只有明确了作业是单纯的装卸或单纯的搬运，还是装卸、搬运兼顾，才能选择出更合适的装卸搬运机械。作业场合不同，配备的装卸搬运设备也不同。例如，在铁路专用线、仓库等场合，可选择龙门起重机；在库房、车间内，可选用提升机、起重机等；倾斜运动，可选择岸边集装箱装卸桥、集装箱跨运车等。

2. 根据作业运动形式进行编配

装卸搬运作业运动形式不同，需配备不同的机械设备：水平运动，可配备卡车、连续运输机、牵引车、小推车、提升机等机械；垂直及水平运动，可选用叉车、起重机、升降机等机械；多平面式运动，可采用旋转起重机等机械。

3. 根据作业量进行编配

装卸搬运作业量大小关系到机械设备应具有的作业能力，从而影响到所需配备的机械设备的类型和数量。作业量大时，应配备作业能力较高的大型专用机械设备；作业量小时，最好采用构造简单、造价低廉而又能保持相当生产能力的中小型通用机械设备。

4. 根据货物种类、性质进行编配

由于货物的物流性质、化学性质以及外部形状和包装千差万别，有大小、轻重之分，又有散装、成件之不同，所以对装卸搬运设备的要求也不尽相同。选择配置机械设备时，应尽可能符合货物特性的要求，以保证作业安全和货物完整无损。

5. 根据未来作战需要进行编配

由于战场环境与平时不同，对装卸搬运设备的性能也有更高的要求，且通常这些设备的造价较高。因此，可以采取集中储备、按需配备的方式，即平时集中储备一批野战装卸搬运设备，在战争状态下根据需要进行编配。

除了考虑上述依据外，选用的装卸搬运机械，在技术上应符合以下基本要求：一是机械设备应符合其本身的基本用途，在使用时，可靠耐用，效率高，操作方便安全，便于装配和拆卸，自重轻，动力消耗小；二是能适应不同的工作条件，机械的生产率应满足现场作业的要求；三是对于同类货物应尽量选择同一类型的标准机械，便于维护保养，整个货场或仓库内的装卸搬运机械也应尽可能避免其多样化，这样可以减少这些机械所需要的附属设备并简化技术管理工作；四是在作业量不大而货物品种复杂的场所，应发展一机多用，扩大机械使用范围，以适应多种货物的装卸作业，提高机械的利用率。

（二）装卸搬运设备编配数量的确定

装卸搬运设备的配置数量主要根据仓库作业量确定，并使仓库有较高的设备配置系数。配置系数可按下式计算：

$$K = \frac{Q_c}{Q_t}$$

式中，K 为仓储设备配置系数，一般取 $K=0.5\sim0.8$；Q_c 为仓储机械设备能力，即设备能完成的物流量；Q_t 为仓储过程总物流量。

通常情况下，当 $K>0.7$ 时，表明机械化作业程度高；当 $K=0.5\sim0.7$ 时，表明机械化作业程度中等；当 $K<0.5$ 时，表明机械化作业程度低。

在为仓库配置机械设备时，可以根据仓库的要求预先规定一个 K 值，来计算设备所需完成的物流量，进而进行设备的配置计算。机械设备数量配置，可用下式计算：

$$Z = \sum_{i=1}^{m} Z_i$$

式中，Z 为仓库内机械设备总台数；m 为机械设备类型数；Z_i 为第 i 类机械设备台数。

$$Z_i = \frac{Q_{ci}}{(Q_c \beta \eta \delta \tau)_i}$$

式中，Q_{ci} 为第 i 类机械计划完成的物流量；Q_c 为设备的额定起（载）重量；β 为起重系数，即平均一次吊装或搬运的质量与 Q_c 的比值；η 为单位工作小时平均吊装或搬运次数，由运行距离、运行速度及所需辅助时间确定；δ 为年利用系数，即设备年平均工作小时与 τ 的比值；τ 为年日历工作小时，一班制取 7 h 乘以工作日数。

机械设备能力的评价参数 β、η、δ 值应根据作业场所的性质、物品种类以及机械设备类型进行实测确定。

总物流量 Q_t 可由下式计算：

$$Q_t = \sum_{i=1}^{n}(H_i \cdot a_i)$$

式中，n 为作业场所的数目；H_i 为第 i 个场所的年吞吐量；a_i 为第 i 个场所的倒搬系数，根据物品的重复搬运次数确定，无二次搬运时，$a_i = 1$。

机械设备计划完成的总物流量，可由总物流量 Q_t 乘以设备配置系数 K 求得。

第三节　装备装卸搬运设备发展现状

装卸搬运机械是指用来搬移、升降、装卸和短距离输送物料或货物的机械，是物流机械中重要的机械设备。它不仅用于完成船舶与车辆货物的装卸，而且用于完成库场货物的堆码、拆垛、运输以及舱内、车内、库内货物的起重输送和搬运。现阶段军内外装备物流系统主要使用的装卸搬运装备包括托盘装卸设备、集装箱装卸搬运设备两大类。

一、托盘装卸搬运设备

托盘装卸搬运设备主要有叉车、搬运车、巷道式堆垛起重机、托盘移动升降机、桥式堆垛机、码盘机、拆盘机等。下面重点介绍叉车、搬运车和巷道堆垛机。

（一）叉车

叉车是以货叉作为主要的取物装置，依靠液压升降机构实现货物的托取与升降，用轮胎式行走机构完成货物的水平搬运。叉车除了使用货叉之外，还可以更换各种形式的取物装置，对多种货物进行装卸、堆垛、转运作业。

叉车按货物安装位置的不同，分为正面式叉车、侧面式叉车和多面式叉车等；叉车按照动力装置的不同，可以分为内燃机叉车和蓄电池叉车，内燃机叉车又可分为柴油机式叉车、汽油机式叉车和液化石油气式叉车；按照通用性不同，可以分为通用叉车和专用叉车，如堆垛式叉车、集装箱叉车、箱内作业叉车等；按照野战可搭载性，可分为独立移动式叉车和随车叉车。

1. 正面式叉车

正面式叉车的货叉位于叉车的前方。正面式叉车按其保持稳定性的方法分为平衡重式叉车、前移式叉车和插腿式叉车 3 种。

1）平衡重式叉车

平衡重式叉车的货叉与货物始终位于叉车前轮的前方，货叉没有支撑臂。为平衡货物重量产生的倾翻力矩，在叉车的后部安装平衡重，保持叉车的纵向稳定性，因此而得名。平衡重式叉车是使用最广泛的叉车，动力性能强，底盘较高，具有较强的地面适应能力和爬坡能力，产品型号众多，起重量为 0.5～6 t。

平衡重式叉车主要由车架、护顶架、门架、滑架、货叉、滚轮、油缸组成。车架是平衡重式叉车的基本骨架，是支撑各个组成部分的基础，因此需要由具有较高强度的材料制成。护顶架是驾驶位置上方的防护性装置，用以防止货物跌落对驾驶员造成伤害。门架是叉车作业装置的骨架，对起升油缸起支撑作用，同时也要对货物重力和纵向弯矩起支撑作用。滑架是传动装置，货物的质量力矩通过它传递给门架。货叉是承载货物的装置，由水平部分和垂直部分组成，水平部分用于托起货物，垂直部分与滑架相连。滚轮是叉架与门架或门架之间进行力矩传递的装置，它分为横向式、纵向式、复合式滚轮 3 种。油缸由起升油缸和倾斜油缸组成，它们共同控制门架的起升和倾斜。

2）前移式叉车

前移式叉车有两条前伸的支腿，前轮较大，支腿较高。需要叉取货物或卸下货物时，将门架（或叉架）沿车架上的水平轨道前移到前轮的前方，货叉叉取货物后，起升一定高度。当货物底部超过支腿高度后，货叉带着货物后移，使货物重心位于前后轮的支承平面内，保持叉车行走时的良好稳定性。前移式叉车一般用电动机驱动，额定起重量在 2 t 以下，主要用于仓库堆垛作业。

3）插腿式叉车

插腿式叉车车体前方有两条带小车轮的支腿，货叉位于支腿之间。支腿的高度很小，因此支腿可以连同货叉一起插入货架或托盘底部，再由货叉起升货架或托盘。被插腿式叉车举起的货物重心位于轮的支承平面内，所以叉车的稳定性好。插腿式叉车一般用电动机驱动，起重量在 2 t 以下，外形尺寸小，转弯半径小，主要用于通道狭窄的仓库内作业。

2. 侧面式叉车

侧面式叉车的门架、货叉位于叉车的中部，并可以沿横向轨道移动，货叉朝向叉车的侧面。货叉在侧面叉取货物，起升一定高度后，门架向车内移动，降下货叉，把货物搁在叉车的货台上，叉车行走。因为起升机构在叉车行走时不受载，货物重心位于前后轮的支承平面内，所以叉车的纵向稳定性好。

侧面式叉车适应于装卸搬运长件货物。在叉取或卸下货物时，需要先将侧面液压支腿放下，用来减小该侧轮胎的负荷，保证叉车的横向稳定性。

3. 多面式叉车

多面式叉车的特点是门架或叉架可以绕垂直轴线旋转，因此货叉可能朝向两个方向或三个方向。

三向堆垛叉车的货叉可朝向前方，也可朝向左方或右方。不仅叉架可以旋转，支承叉架的回转头还能向左或向右作横向位移，这样便于叉车从侧面取货或卸货。这种叉车能在通道狭窄的立体仓库中从通道两侧的货架上取放货物。

（二）搬运车

搬运车是一种自行式载货小车，只能进行货物短距离的水平搬运。按照承载构件的特点分为固定平台搬运车、升降平台搬运车和托盘搬运车 3 种。

1. 固定平台搬运车

固定平台搬运车的载货平台是固定不动的，必须用其他机械或人力将货物装上或卸下平台。内燃机驱动的固定平台搬运车构造与小型载货汽车相似，载重量 2～3 t，适合在搬运距离较长的场合工作。蓄电池电动机驱动的固定平台搬运车具有体积小、操作简单、运行噪声小、不产生有害气体的优点，适宜在仓库或货场内作短距离的搬运。

2. 升降平台搬运车

升降平台搬运车的车轮较小，载货平台低。平台可以伸入货架或托盘的底部，然后起升一定高度（100～200 mm），托起货架或托盘使之离开地面一定距离，搬运车运行。当运到卸货地点后，平台下降，货架或托盘支在地面上，搬运车即可开走。

3. 托盘搬运车

托盘搬运车的载货构件是一对货叉，货叉位于支腿的上方。货叉和支腿一起插入托盘下面，利用液压油缸使货叉再起升一个不大的高度，将托盘和货物托起，实现搬运。

（三）巷道式堆垛起重机

巷道式堆垛机是立体仓库中最重要的运输设备，是随着立体仓库的出现而发展起来的专用起重机，它的主要用途是在高层货架的巷道内来回穿梭运行，将位于巷道口的货物存入货格；或者相反，取出货格内的货物运送到巷道口。堆垛机的额定质量一般为几十千克到几吨，其中 0.5 t 的使用最多。巷道式堆垛起重机通常简称为堆垛机或起重机，它是由叉车、桥式堆垛机演变而来的。

1. 巷道式堆垛起重机特点

（1）整机结构高而窄，采用巷道式堆垛起重机的立体仓库很高，而货架巷道又非常狭窄，起重机宽度一般和所搬运的单元货物的宽度相等。

（2）起重机金属结构设计除需满足强度要求外，还应有足够的刚性和精度。制动时机架顶端水平位移一般要求不超过 20 mm，而且振动衰减时间要短。机架立柱上升降导轨的不垂直度应严格控制，一般全长不应超过 3～5 mm。

（3）起重机配备有特殊的取货装置，常用的有伸缩货叉或者伸缩平板，能向两侧货格伸出存取货物。

（4）起重机的电力拖动系统要同时满足快速、平稳、准确和安全等几方面要求。

2. 巷道式堆垛起重机结构组成

巷道式堆垛起重机由起升机构、运行机构等组成。

1）起升机构

起升机构由电动机、制动器、减速机、滚筒或链轮及柔性件组成。常用的柔性件有钢丝绳和起重链两种。除了一般的齿轮减速机外，由于需要比较大的速比，因而蜗轮蜗杆减速机和行星减速机的使用也不少。为了使起升机构结构紧凑，常常使用带制动器的电动机。起升机构的工作速度一般为 15～25 m/min，最高可达 45 m/min。但不管选多大的工作速度，都应备有一慢速挡，一般为 3～5 m/mm，主要使运动机构能平稳准确地停在规定位置，以便存取货物。

2）运行机构

运行机构由电动机、联轴节、制动器、减速箱和行走轮组成。按运行机构所在位置的不同可以分为地面运行式、上部运行式、中间运行式等，其中地面运行式使用最广泛。这种方式一般用 2 个或 4 个车轮，沿敷设在地面上的单轨运行。在起重机的顶部有两组水平轮沿着固定在屋架下弦上的轨道导向。如果起重机车轮与金属结构通过垂直小轴铰接，起重机就可以走弯道，从一个巷道转移到另一个巷道工作。上部运行式起重机又可分为支承式和悬挂式两种，前者支承在货架顶部敷设的两条轨道上运行，起重机下部有两组水平轮导向。悬挂式的起重机则是悬挂在位于巷道上方的工字钢下翼缘上运行，下部同样有水平轨导向。

3）载货台及取货装置

载货台是货物单元承接装置，通过钢丝绳或链条与起升机构连接。载货台可沿立柱导轨上下升降。取货装置安装在载货台上，司机室一般也装在载货台上，随载货台一同升降。对只需要拣选一部分货物的拣选式堆垛机，则载货台上不设取货装置，只有平台供放置盛货容器之用。取货装置一般是货叉伸缩机构，货叉可以横向伸缩，以便向两侧货格送入（取出）货物。货叉结构常用三节伸缩式，由前叉、中间叉、固定叉以及导向滚轮等组成，货叉的传动方式主要有齿轮–齿条和齿轮–链条两种。货叉伸缩速度一般为 15 m/min 以下，高的可达 30 m/min，在低于 10 m/min 时需配备慢速挡，在起动和制动时用。

4）机架

机架由立柱和上、下横梁连接而成，是堆垛机的承载构件。机架有单立柱和双立柱两大类。单立柱结构的机架只有一根立柱和一根下横梁。这种结构质量比较轻，制造工时和消耗材料少，起重机运行时，司机的视野比双立柱好得多，但刚度较差，一般适用于高度不到 10 m 的轻载荷堆垛机。双立柱的机架由两根立柱和上、下横梁组成一个长方形框架。这种结构强度和刚性都比较好，适用于起重量较大或起升高度较高的起重机。

5）电力拖动

巷道式堆垛起重机的电力拖动除极个别外，都采用变速的电力拖动系统，常用的有晶闸管供电直流调速系统、交流变极电动机换速、交流双电动机变速、晶闸管交流定子调压调速、涡流制动器调速、变频调速等。

6）控制方式

控制方式主要有手动控制方式、半自动控制方式、全自动控制方式和远距离集中控制方式。其中，手动控制是堆垛机最基本的控制方式，该方式控制设备简单、经济，操作人员劳动强度较大，作业效率较低，适用于出入库频率不高、规模不大的仓库；半自动控制方式是由手动控制方式改进而成的，基本功能是机构所配置的检测装置自动发出该机构停车信号，控制堆垛机自动停准，该方式可显著提高堆垛机的作业效率，降低操作人员的劳动强度；全自动控制方式的主要特点是堆垛机上不需要操作人员，该种方式具有操作简单、作业效率高等优点，适用于出入频率高、起重机台数不多且未配置输送机的中小规模（货格一般不超过 2 000 个）仓库；远距离集中控制方式是指出入库作业的控制装置和地址设定器安装在地面集中控制室内，该方式适用于出入库频繁、规模比较大、有多台起重机和输送机、有较大容量（货格数在 2 000 个以上）的仓库，特别是低温、黑暗、有害等特殊环境的仓库，可以节省人力，改善劳动条件，提高仓库作业效率。

7）安全保护装置

由于巷道式堆垛起重机是在又高又窄的巷道内快速运行的设备,对它的安全必须特别重视。除一般起重机常备的安全装置与措施(如各机构的终端限位保护及缓冲电动机过热和过电流保护、控制电路的零位保护等)外,还应结合实际需要增加保护措施。

二、集装箱装卸搬运设备

集装箱装卸搬运设备按其技术特性分类,主要有门式起重设备、旋转式起重设备和起升搬运设备3种。其中,门式起重机械主要有埋轨式门式起重机、轮胎式门式起重机、装卸桥等;旋转式起重设备主要有轮胎起重机、汽车起重机、履带起重机等;起升搬运设备主要有正面吊运机、叉车、跨运车等。

(一)集装箱门式起重机

集装箱门式起重机是集装箱场、码头的主型机械,按运行方式分为埋轨式门式起重机和轮胎式门式起重机两类。埋轨式门式起重机的特点是在限定的轨道上运行,作业范围受到一定限制,但结构简单,便于铁路货车和汽车的装卸作业;轮胎式门式起重机的特点是机动性好,效率高,由充气轮胎支撑在场地上走行,不受固定轨道限制,可直角转向,但造价高,操纵复杂。

1. 埋轨式门式起重机结构与技术参数

埋轨式门式起重机主要由门架、大车运行机械、小车架、小车运行机械、起升机械、旋转机械、导向架以及司机室等组成。司机室内装有操纵台,操纵起重机各个机构的运转。

埋轨式门式起重机的整个门架由4套走轮平衡台车支承,其中的驱动车轮使起重机在轨道上行驶。起升小车在门架的轨道上运行,小车上有回转小车,可做270°的回转运行。起升机构通过导向滑轮组和集装箱吊具来装卸集装箱。

埋轨式门式起重机技术参数的选择必须根据货场的作业方式来确定,其主要技术参数如下:

1)起重量

起重量是指起重机所允许起吊的最大满载集装箱的质量,这一起重量又称为额定起重量。额定起重量加上吊具质量称为起重机的起重量。埋轨式门式起重机的起重量根据起吊集装箱满载最大质量确定。

2)跨度和悬臂伸距

埋轨式门式起重机的跨度是指大车运行轨道的两条钢轨中心线之间的距离。在确定跨度宽度时,通常采用门式起重机的跨度系列。

有效悬臂长度是根据起吊集装箱的尺寸和跨运车、叉车、拖挂车通路的尺寸而定的。通常要求通过两条拖挂车作业线和堆放三列集装箱。有时为适应装卸集装箱拖挂车和卡车的需要,还要满足将集装箱回转90°的要求。

3)起升高度

起升高度是指当吊具上升到极限位置时,大车运行轨道顶面至吊具最低点之间的垂直距离。起升高度与作业场地堆存集装箱的层数和集装箱的高度有关。

4）工作速度与生产率

埋轨式门式起重机的工作速度包括起升速度、旋转速度、小车运行速度、大车运行速度等。起升速度与起重机的工作性质和起升高度有关。

2. 轮胎式门式起重机结构与技术参数

轮胎式门式起重机主要由前后两片门架和底梁组成起重机门架，支承在充气橡胶轮胎上，装有集装箱吊具的小车沿着框架横梁上的轨道行走，用以从拖挂车上装卸集装箱和进行堆码作业。

轮胎式门式起重机与埋轨式门式起重机相比，其具有机动性能好、不受轨道限制、操作性能好以及受气温影响小的特点，但动力装置质量较大。

由于受路面状况、轮胎充气压力以及风力的影响，轮胎式门式起重机在行驶过程中可能出现"蛇行"。因此，在起重机上安装有行驶自动控制装置，用以检测大车运行时出现的线路偏差，自动控制运行方向并向司机发出偏差报警，减少撞箱事故，提高装卸作业效率。通常在这种起重机上还安装有防碰装置。

轮胎式门式起重机技术参数的选择与货场所装卸堆码的集装箱箱型和作业条件有关，其主要技术参数如下：

1）起重量

轮胎式门式起重机起重量的确定与埋轨式门式起重机的方法相同，额定起重量由其起吊的集装箱的最大总质量来确定。通常用于国际集装箱专用集装箱场码头上，最大质量取30.5 t，其他铁路集装箱场可按具体情况确定，伸缩式吊具质量一般取9.5 t。因此，目前轮胎式门式起重机的起重量均为40 t。

2）跨度

轮胎式门式起重机的跨度，是指两侧行走轮中心线间的距离。跨距的大小取决于起重机门架下面跨越的集装箱列数和拖挂车的通路数。一般按跨6列集装箱和1条拖挂车通路，或3列集装箱和1条拖挂车通路考虑。

3）起升高度

轮胎式门式起重机的起升高度是指吊具起升到极限高度时吊具底面至地面的垂直距离。它取决于门架下所堆放的集装箱的层数和高度，一般要求按4层集装箱堆码。

4）工作速度和生产率

轮胎式门式起重机应根据集装箱场对装卸能力的要求，并考虑与其他配套装卸机械的能力以及起重机自身各机构的速度协调，来选择合理的工作速度。为了提高柴油机的有效功率，缩短作业循环时间，通常取其空载速度为满载速度的2倍左右。

（二）集装箱岸壁装卸桥

1. 集装箱岸壁装卸桥结构与技术参数

集装箱岸壁装卸桥，简称装卸桥，是当前港站码头前沿集装箱装卸的主型设备，体积巨大，高度可达70 m以上，自重可达700 t以上。装卸桥是集装箱港站装卸搬运系统的关键设备，其生产效率的高低往往决定集装箱港站的吞吐能力。

装卸桥主要由行走机构的门架、承担臂架质量的拉杆和臂架等几个部分组成。臂架可以分为外侧臂架（海洋一侧）、内侧臂架（陆地一侧）和中央臂架3个部分。中央臂架是专门连接外侧和内侧臂架的。臂架的主要作用是承受升降机构的小车质量，而升降机构又是承受集装箱吊具和集装箱质量的。外侧臂架一般设计成可以俯仰，以便装卸桥移动时与船舶的上层建筑不会发生碰撞。装卸桥作业时，由于集装箱专用船舶的船舱内设置有舱格，舱内的箱作业对位非常方便，无须人工协助。其主要技术参数如下：

1）起重量

装卸桥的起重量是指额定起重量加吊具的质量，额定起重量是指所起吊的集装箱的最大总质量。装卸桥起重量一般为 30.5~35 t。

2）尺寸参数

起升高度由轨道顶面以上的高度和轨道顶面以下的高度两部分组成。轨道顶面以上的高度是指装卸桥吊具上升到最高时，吊具抓取的集装箱面与运行轨道面之间的垂直距离；运行轨道面以下的高度是指装卸桥运行轨道面往下，至吊具能抓取舱底最下一层箱之间的垂直距离。

外伸距指从装卸桥海侧轨道中心线向外到吊具铅垂中心线之间的最大水平距离。装卸桥外伸距通常为 32~38 m。内伸距指从装卸桥内侧轨道中心线向内到吊具铅垂中心线之间的最大水平距离。轨距是指起重机两条行走轨道中心线之间的水平距离。为保证装卸桥整体的稳定性以及更有效装运岸边的箱，轨距内通常安排 3 条以上接运线，如果是 3 条跨运车接运线，那么轨距大约为 16 m。这就保证了轨距内能够放置 3 列箱并且当跨运车装卸其中任何一箱时不会干扰装卸桥作业。横梁下的净空高度是指横梁下面到轨顶面之间的垂直距离，一般可以保证能堆 3 层箱的跨运车通行。基距是指同一个轨道上两个支撑中心线之间的距离，约 16 m。

2. 新型集装箱岸壁装卸桥技术简介

1）设有可移动式过渡吊篮的双起升式结构

这种结构不同于传统的双起升式装卸桥，它设置有一个可以沿着桥梁移动的轨道式过渡吊篮，用以在两套运行小车系统间输送，被装卸箱由一套小车系统起升（或者下降），然后由可移动式过渡吊篮进行平移，送至另一套小车运营系统卸下（或者装上）。每套小车系统可以同时分别操作，从而提高箱装卸速度。

2）基础高架的多台装卸桥系统

沿着港站前沿构筑一座结构坚固的机架，将常规的装卸桥的支撑基础架高，在其上布置多台门架较低的装卸桥，在卸船作业时，运行小车将箱放置在机架前方的中间平台上，然后由机架内部的运行小车将箱取走。这种结构装卸效率高，而且降低了建造常规装卸桥的港站工程价，有规模效益。

3）桥架可升降式装卸桥结构

这种装卸桥桥架部分可以升降，并且按照矩形吊具运行路线进行运作，可以适应甲板上承载 18 列箱的船舶，适用于包括集装箱驳船在内的各种集装箱船的装卸作业。

4）增设提升机形式结构

这种装卸桥有提升机，箱在港站前沿上的垂直运输由一台一体化的车辆提升机完成。该提升机位于门腿外侧，卸船时，一辆空载自动化输送车进入车辆提升机下方接收卸载箱；装船时，一辆载有箱的自动化输送车从车辆提升机下方进入，车辆提升时，由提升机提升到高位，待运行小车取走其所载箱后再返回地面，然后离开装卸桥区，同时另一辆输送车进入提升机，输送下一箱给运行小车。

（三）集装箱跨运车

集装箱跨运车是为适应集装箱运输设备的配套而采用的集装箱装卸、搬运、堆码的专用机械。它以门形车跨在集装箱上，由装有集装箱吊具的液压升降系统吊起集装箱，一般以柴油机为动力，通过机械传动方式或液力传动方式驱动跨运车行走，进行集装箱的搬运和堆码工作。

集装箱跨运车与轮胎式、埋轨式门式起重机比较，具有更大的机动性，主要用于集装箱场与门式起重机、装卸桥配套使用。跨运车负责将铁路车辆和港口船舶上卸下的集装箱搬运到集装箱场并堆码，或将集装箱场上的集装箱搬至铁路装卸线附近或码头前沿，再由门式起重机或装卸桥进行装车、装船，从而构成全跨运车方式集装箱场或码头装卸机械化方式。跨运车也可与拖挂车配合，由拖挂车担任集装箱的搬运，跨运车担任集装箱的装卸和堆码作业。

1. 集装箱跨运车种类

集装箱跨运车按基本结构形式分为无平台的跨运和装卸共用结构的集装箱跨运车、有平台跨运和装卸共用结构的集装箱跨运车以及有平台跨运和装卸专用结构的集装箱跨运车3种。

1）无平台的跨运和装卸共用结构的集装箱跨运车

这种结构形式其车体由两片垂直的 H 形框架组成，门架上部用纵梁连接，下部安装在底梁上，司机室安装在后框架的一侧，动力装置设在底架上。车体为跨运和装卸共用结构。其特点是：由于没有平台，转弯半径小；在起吊集装箱时，由于门架两侧外倾载荷相同，因而两侧轮胎向外位移也相同；堆码和通过的集装箱层数相同。但司机室位于后框架上，司机视线较差。

2）有平台跨运和装卸共用结构的集装箱跨运车

这种结构形式的跨运车，其车体与无平台式基本相同，只是车架后部设有平台，平台与后框架连接并支承在底架上，司机室和动力装置安设在平台上。车体亦为跨运和装卸共用结构。这种结构的优点是：司机视线有改善；起吊集装箱时，门架两侧载荷相同，因而两侧车轮向外位移亦相同；由于前后轮轴距较长，车体起动、制动和走行时颠簸较小，对路面产生的轮压也较小，但通过的集装箱层数比堆码时要少一层；由于设有平台，转弯半径较大。

3）有平台跨运和装卸专用结构的集装箱跨运车

这种结构形式其车体为一片水平 π 形门架，前后通过 4 根立柱与底梁连接，跨运部分与装卸部分是单独的。装卸部分一般采用上下伸缩式辅助吊架，后部设有平台，司机室和动力装置设在平台上。其优点是：由于跨运、装卸专用，可增加堆码集装箱的高度；搬运集装箱时，整车外形高度较小，重心低，稳定性较好；司机视线较好；车体起动、制动和行走平稳，轮压较低。但由于载荷作用于 π 形门架闭合端，两侧车轮向外位移不同，转弯半径较大。

2. 集装箱跨运车技术参数

1）起重量

集装箱跨运车的起重量根据额定起重量和吊具质量来确定，并应考虑集装箱中货物的偏载。

2) 堆码和通过集装箱的层数

目前,集装箱跨运车其堆码和通过集装箱的层数一般在2层或3层,堆码和通过集装箱层数的选定与整个集装箱场和码头的堆存面积、能力和具体作业条件有关。

3) 装卸搬运效率

铁路集装箱场跨运车的生产率及配置台数应与集装箱场的作业能力或埋轨式门式起重机的装卸能力相协调。根据跨运车所作业的铁路集装箱场的具体作业情况,计算跨运车的单循环或往复循环作业时间即可确定跨运车的生产率。可按照铁路集装箱场的作业能力确定铁路集装箱场应配套的跨运车台数。

4) 转弯半径

跨运车的外廓最小转弯半径是指跨运车搬运集装箱在平坦硬路面上低速行驶转弯,其转向轮处于最大偏转角时,轮廓离转弯瞬间中心最远点的圆弧轨迹半径。转弯半径是衡量跨运车转向性能的一个重要技术指标,它反映了跨运车的机动性。转弯半径的大小关系到集装箱场面积的合理使用,转弯半径越小,所占用的通路面积也越小。

(四) 集装箱叉车及正面吊运机

集装箱叉车和正面吊运机是目前铁路、港口码头集装箱场所采用的性能较好、效率高、用途多的集装箱装卸、搬运机械。当其配备相应的工作属具时,还可在货场、码头吊运其他大件货物,实现一机多能。因而,它是一种通用的装卸、搬运机械。

1. 集装箱叉车

集装箱叉车是用于装卸、搬运堆码集装箱的专用叉车。其性能特点是:

(1) 起重量应与所装卸的集装箱的最大总质量相一致。

(2) 起升高度按堆码的集装箱层数来确定。

(3) 负荷中心应取集装箱宽度的1/2。

(4) 司机室位置升高,装设在车体一侧,视野开阔,便于操作。

(5) 为满足集装箱装卸需要,除采用标准货叉外,还应备有顶部起吊和侧面起吊的专用属具。

(6) 为便于对准箱位,应具有货架侧移和左右摆动性能。

为进行装箱和拆箱作业,箱内作业叉车应具有外形尺寸小、轴压和轮压小、自由起升的性能以适应箱内的作业条件;箱内作业叉车应具有货架侧移和货叉侧移的性能,使叉车不移动位置,依靠货架或货叉的移动来对准货位;同时,由于箱内作业时活动空间小、通风条件差,叉车应能防止污染、减少噪声;箱内作业叉车应配备多种属具,如推出器、夹包器、圆桶夹等,以满足不同形状货物的装卸要求。

2. 集装箱正面吊运机

集装箱正面吊运机与叉车比较,具有机动性强、稳定性好、轮压较低、堆码层数高、堆货场利用率高等优点,是比较理想的货场装卸搬运机械。

集装箱正面吊运机主要由车架、支承三脚架、伸缩臂架和吊架组成金属架构,采用内燃机驱动整机的前进与后退。臂架伸缩机构和俯仰机构使用频繁,采用液压驱动,使整机操作灵便、平稳。转向机构多采用叉车式的转向机构,并装有多种操作保护装置,从而使其工作安全可靠。按其结构形式可分为单臂架集装箱正面吊运机和双臂架集装箱正面吊运机两种。

（1）单臂架集装箱正面吊运机。其起重臂架为箱形单臂架结构，用两根变幅油缸支撑，工作稳定，制造工艺简单。当吊运倾斜的集装箱时，可利用吊具与臂架间的自由摆动进行对位。但由于吊具与臂架是单支点连接，吊运装载重心偏移的集装箱时，要通过横移吊具保持其平衡，且当吊运机行走时，若路面不平，容易导致摇摆。

（2）双臂架集装箱正面吊运机。其起重臂是由两个小断面的臂架代替一个大断面臂架，每个小臂架可分步伸缩，也可同步伸缩，臂架由变幅油缸支撑，其结构、液压系统和控制系统均比较复杂。由于是双臂架，吊具连接是双支承，稳定性好。遇有集装箱偏重或路面不平，也不会引起吊具摆动。可通过两臂采用不同的高度而使吊具起吊倾斜的集装箱，也可使集装箱转动一定角度。双臂正面吊运机受力简单，单油缸支承不存在同步问题；结构简单，制造容易。采用双臂架时，为使吊具能旋转较大角度，在平衡梁下安装有吊具旋转机构，因而整个吊具高度较大。

（五）集装箱吊具

集装箱吊具的作业对象是集装箱，为了迅速准确地进行装卸作业，要求吊具与集装箱能准确对位，自动连接、脱开，自动伸缩等，吊具应适用多种箱型，确保安全作业。为使吊具结构能满足集装箱的吊装需要，吊具上装有旋锁件与集装箱连接，集装箱上均装有与旋锁件相配合的角件。集装箱吊具的外形尺寸一般按国际标准集装箱设计，我国集装箱吊具还需满足国家标准集装箱的吊装需要。

采用起重机械从上部起吊集装箱时，吊具上与集装箱顶角件相配合的旋锁件插入集装箱顶角件的吊孔中，通过液压或手动操纵，把旋锁件转动90°，使吊具与集装箱4个角件锁紧后，方可起吊；当集装箱在卡车、拖挂车、铁路车辆和船舶上堆放，需固定其位置时，则采用在这些车辆的相应位置上装设与集装箱底角件相配合的旋锁件，固定时将旋锁件插进集装箱4个底角件孔中，转动90°，锁紧即可。

1. 集装箱吊具的类型

集装箱吊具按平衡机构分自动式平衡机构和固定式平衡机构两种。自动式平衡机构能使重心偏移的集装箱通过自动调节机构保持水平，以便起吊。在特殊情况下，需要斜向起吊时，也可将原来平衡的集装箱通过装有可移动重心的装置使吊具倾斜。平衡机构一般是采用油压方式自动调节的，动作迅速、操作简单。固定式平衡机构是固定在集装箱吊具上的一种自动平衡机构，其作用与自动式平衡机构相同。

集装箱吊具按照工作动力分液压式和手动式两种。液压式集装箱吊具上装有油泵，油泵驱动各工作构件的油缸，从而使吊具完成伸缩、导向爪上下和旋锁开闭等动作。集装箱吊具的工作动力一般采用液压式。手动式集装箱吊具用手牵引绳索完成连接机构的锁闭，具有机构简单、操作方便、成本低廉等优点，但只适用于小型集装箱场和仓库等地的作业。

2. 集装箱的起吊方式

集装箱的起吊方式与起重机械的工作方式有关，通常有以下几种：

（1）上部四点起吊。将起重机的钢丝绳分别与集装箱吊具四角上的滑轮组穿绕，主要适用于集装箱门式起重机、集装箱装卸桥和集装箱跨运车的装卸，具有钢丝绳受力均衡、起吊平稳等优点。

（2）上部单点起吊。将集装箱吊具的四角钢丝绳集中在一起，由起重机卷绕而起吊，主要适用于动臂式起重机，如门座式起重机、汽车起重机、轮胎式起重机等。

（3）叉车顶吊架起吊。在叉车的门架上装有一个可以升降的顶吊架，顶吊架的4个角装有旋锁与集装箱上的4个角件自动接合。正面吊运机也常采用顶吊架起重。

（4）叉车货叉举升。对于底部有叉孔的集装箱，可采用叉车货叉插入叉孔内举升集装箱。要求叉车的货叉有足够的长度，货叉应全部插入叉孔中。货叉插入长度一般不小于集装箱宽度的2/3。

集装箱吊具的选择，取决于起重机的类型、所装卸的集装箱数量以及箱型变化情况等因素。在各种集装箱混装的情况下，为了缩短更换吊具时间，多采用伸缩式吊具，在同一箱型装卸量大的情况下，往往采用配备多种共用吊具进行更换更为合适。

三、美军装备装卸搬运设备

（一）叉车

现代战争速度快，消耗大，要求物资靠前供应，因而野战装卸搬运装备的作用就显得格外重要。美军特别重视研制在不具备港口条件下岸滩与陆地上进行搬运作业的装卸搬运机械，装卸搬运装备具有系列化、配套化、规模化等特点。美军用于野战条件下搬运作业的主要装备有越野叉车、越野起重机、整装整卸车和手动搬运机具等。其中，以越野叉车使用最为广泛，装备有 6K、I0K、50K、M4K-B、M6K-B、M13K、72-31M、M72-31F 等型号的越野叉车和 6K 伸缩臂越野叉车等。6K 伸缩臂越野叉车比 4K 型作业效率提高 3～4 倍。20 世纪 90 年代初，美军开发并装备了 ATLAS 全地形越野叉车，该车具有良好的技术性能和机动性。

1. 6K 伸缩臂越野叉车

该叉车为 20 世纪 90 年代初装备的车型，它提高了 2.43 m 集装箱的装、掏箱效率。主要用于从军用货箱及 ISO 集装箱内卸下标准托盘。该车较之以往使用的 4K 越野叉车的主要优点是可不进入集装箱。因此，无论集装箱在何种位置，该车均可操作。其吊臂可旋转 50°，无论在何位置该车均可操作，平均循环时间只需 1 min，提高作业效率 3～4 倍。

2. 10K 越野叉车

该叉车主要用于在前方机场从 K 型装货机和货运飞机上卸下空军 463L 专用托盘（2.24 m×2.7 m），该车为连杆前移式越野叉车，也可为平板车装卸托盘。涉水深度 1.52 m。

3. 50K 越野叉车

该叉车具有滑架侧移和门架侧倾等装置，可从顶部装卸长度为 6.09 m、10.66 m、12.19 m 的集装箱，并同时搬运 2 层集装箱。涉水深度 0.52 m，可在滩头作业，在沙滩地具有较高的通过性和泥地牵引性，其后桥的摆动可使轮胎与任何地面接触。

4. ATLAS 全地形越野叉车

为克服传统叉车在作业适应性上存在的不足，提高野战条件下物资装卸作业效率，美军装备了可适应多种作业工况的多功能 ATLAS 伸缩臂叉车，并在海湾战争中一次性投入 400 台，用于集装箱的掏、装箱作业，取得了显著的军事经济效益。

ATLAS 叉车主要用于野战条件下集装箱内托盘集装物资的掏箱、装箱作业和对汽车装载的箱装、托盘集装物资进行装卸作业，也可作为普通野战叉车对各类集装物资及成件物资进行装卸、拆码垛和短途搬运作业，并可用作短途牵引车。ATLAS 叉车的基本结构由底盘和工作机构组成。底盘以柴油机为动力，双桥驱动，四轮转向。工作机构由可伸缩式三节臂、摆动式折臂和货叉架组成。

ATLAS 伸缩臂叉车的功能包括：双桥四轮驱动，牵引力大，越野能力强；具有两轮转向、四轮转向和蟹行 3 种转向方式，可根据需要切换，对作业场地适应性好；伸缩臂可进行最大仰角为 45°的角度变幅，使最大起升高度达到 9 m；折臂可以摆动，使工作机构进行集装箱作业时能顺利叉取上层货物；货叉具有横移功能，方便叉取货物时的货叉对位；货叉具有自动和手动调平功能，在变幅和折臂过程中能始终保持货叉水平，容易进叉并保证货物安全；整车可进行±9°调平，用于叉取与地面不平的货物，或在倾斜坡面负载行驶；配有大小两件货叉，小货叉用于进行集装箱掏、装箱作业，大货叉用于堆码空集装箱和大件物资。

ATLAS 伸缩臂叉车的特点：

（1）伸缩距离长。通过三节伸缩臂结构，最远作业距离为 7.3 m。伸缩臂叉车的这一特点使叉车可以不靠近货物进行作业，在野战条件下有河流或其他障碍时也能完成作业。

（2）具有可摆动的折臂机构。对集装箱或汽车运输物资进行作业时，由于上层货物作业空间小，必须将工作机构的高度变小才能顺利进叉。通过折臂可实现这一功能，从而满足掏、装箱作业要求。折臂机构也是 ATLAS 伸缩臂叉车与一般叉车的区别所在。

（3）最大起升高度高。由于伸缩臂可作最大仰角为 45°的变幅，使其可以达到较高的作业高度。对两个高度差比较大的平台间装卸作业，伸缩臂叉车可以完成传统叉车不能完成的作业任务。

（4）配有多种属具，并可快速更换。这种叉车可配备各种属具，如大、小两类货叉分别适应不同物资对象，也可配备铲斗、油桶抓具等工作装置。工作机构油管连接采用快换接头，更换属具只需几分钟。

（5）可用作小型吊车。该车底盘和伸缩臂结构与轮胎起重机相似，在额定起重量范围内可用作吊车，对有些无法进叉的货物进行作业。

（6）可进行短途牵引。该车具有较大的对地附着力和较强的越野能力，可用作短途牵引车。

5. M4K-B 越野叉车

该叉车是目前正在美军服役的越野型箱内作业叉车，是为 ISO 集装箱内装、卸物资而设计的。货叉能自由提升、侧移，较大的侧移量能方便地在集装箱内进行掏、装箱作业。该叉车配有牵引杆，可牵引；驾驶室具有倾翻保护和下落物体保护功能，以满足国际上各种通用设备需要；为满足空投和直升机运输，专门设计有标准的系捆装置和支架；装有高通过性宽断面轮胎、标准传动装置和防空灯；具有货叉液压旋转和前、后桥摘断功能。该叉车为全轮驱动，工作机构为门架式，转向方式为铰接折腰转向，传动方式为吸力机械传动。

6. M6K-B 铰接式越野叉车

该叉车一端与载重车相连，具有动力旋转、侧移和货叉间距调节的特点，现装备美国海军。

7. M13K 铰接越野叉车

该叉车主要用于美国空军，是针对 C-130 运输机而设计的，可由 C-130 运输机运输，可装卸搬运美军小型组合式集装箱和大型空箱集装箱。

8. 72-31M 越野叉车

该叉车用于美海军陆战队。该车臂长 1.22 m，最大速度为 39.9 km/h，最小转弯半径为 6 m，最大起重量为 4 500 kg。

（二）起重机

1. 14 t 轮胎式集装箱起重机

在野外条件下，14 t 轮胎式集装箱起重机可对 20 ft 标准集装箱实施装卸作业，最大起重量 14 t，并可用 C-130 战术运输机实施空运。

2. 40 t 越野式集装箱起重机

40 t 越野式集装箱起重机编配在军械和运输分队中，越野性较强，可由铁路、水路、公路运载。

3. 140 t 汽车式集装箱起重机

起重机底盘为 12 ft×6 ft，臂长可在 70～130 ft 范围内调节。在岸滩后勤作业中，该起重机负责将远洋船上集装箱和其他类型的物资吊装到驳船上，或者直接在滩头将过驳物资从驳船上卸载。当实施滩头作业时，必须在车下垫上木块以防止车辆下陷；当实施远程运输时，必须实施分解。

4. 250 t/300 t 车载式起重机

起重机底盘为 12 ft×6 ft，臂长可在 70～130 ft 范围内调节。起重机用于固定港的船上，在海岸后勤区域，在靠近驳船、码头、浮动平台旁的船上进行集装箱的装卸作业。

5. 越野集装箱跨车

越野集装箱跨车可自行装载、运输、放下和堆垛箱式活动房屋及装运质量为 30 t 的集装箱。该跨车主要用于从登陆船上卸下 ISO 集装箱，经岸边和陆地将其运到海岸后勤作业编组区。越野集装箱跨车可把集装箱放到地上，或堆垛，或放在平板半拖挂车上经公路运输。越野集装箱跨车是解决海上集装箱转载、运输的设备，是越野集装箱堆垛机和越野集装箱起重机的补充。

（三）自保障车辆

1. 托盘化装载系统

托盘化装载系统是一种能够进行快速自动装卸货物的军用运输车辆。托盘化装载系统由 3 部分组成：具有自装卸能力的牵引车、有效载荷 16.5 t 的拖车和一个可拆卸的装货平板。车辆采用 500 马力[①]的底特律柴油发动机、自动变速器和轮胎中央充放气系统，整车的越野机动性较强，具有全天候工作能力。该系统是战场弹药配送系统的关键组成部分，可以高效快捷地实施长途、短途弹药运输。

2. 20 ft/40 ft 集装箱侧面吊

该款设备采用柴油机驱动，不但可以对 20 ft/40 ft 标准集装箱进行自装卸，还可以对其进行运输，最大起吊量 30 t，其特有的伸缩式吊臂可对 20 ft、35 ft、40 ft 的集装箱进行装卸作业，美陆军装备 20 ft 集装箱侧面吊，空军装备 20 ft 和 40 ft 集装箱侧面吊。该装备可由 C-5

---

① 1 马力 = 0.735 kW。

和 C-17 运输机进行空运。

3. 随车吊

美军随车吊主要有 M1084 运输车和 M1086 长轴距货车。用于运送物资和人员，自身的有效载荷为 4.54 t。该车尾部装有液压随车吊，起吊质量为 1.1 t 时，最大起吊高度为 14 ft；起吊质量为 2.25 t 时，最大起吊高度为 7 ft。该随车吊既可以进行随车控制，也可以进行遥控。

（四）辅助器材

1. 集装箱吊具

集装箱吊具专门与越野型集装箱起重机或者 140 t 汽车式集装箱起重机配合使用，分为 20 ft 和 40 ft 两种，用于装卸 20 ft/40 ft 标准集装箱。

2. 集装箱装卸装置

集装箱装卸装置是托盘化装载系统中装载操作子系统上的一个部件，通过该部件的使用可以使 20 ft 集装箱无须使用框架式集装箱装载的条件下，直接装载、运输和卸载。

3. 集装箱滚装托盘

集装箱滚装托盘是一种北约的标准装备，该托盘通常装入 20 ft 集装箱中进行运输，可承载各类型物资。在没有相关卸载设备的条件下，通过使用集装箱滚装托盘可以真正意义上实现"工厂-散兵坑"的物资配送过程。

该托盘总重 16 t，有效载荷 14.5 t，可装入 20 ft 标准集装箱内，且不需要任何垫料，可使用装卸设备直接将其从集装箱中拖出。将其 A 型梁折叠后可在 8.5 ft 的标准集装箱内叠装 6 层进行运输。

4. 活动装载跳板

可以使用 1.8 t 叉车为固定在拖车上的 8 ft 宽的集装箱进行装、卸货使用。跳板长 36 ft（含 6 ft 的水平段），质量约 2.7 t，跳板高度可从 45 in 调节到 65 in。为了弥补安全方面的不足，有的装载跳板增加了 12 in 高的边围。

5. 滑板卸货

为迅速取出集装箱内的物资，美军已经研制了滑板系统。该系统由聚乙烯滑板和拉出滑板的夹持装置组成。装箱前将滑板铺在集装箱地板上，然后装入弹药，取货时通过夹持装置将滑板及其上的弹药整单元拉出（单元质量可达 20 t），可用多种方法提供拉力，如绞盘、拖杆等。

思考与练习

1. 简述装卸搬运的地位与作用。
2. 简述装卸搬运系统设计原则。
3. 装卸搬运系统的物流分析方法有哪些？
4. 论述装卸搬运系统的物流分析方法。
5. 简述美军装卸搬运装备的发展趋势。

第六章
装备物流信息系统设计

信息技术在军事领域的广泛应用,为装备物流的发展与变革提供了强大的动力。装备物流信息系统是装备物流高效运行的重要技术支撑,通过装备物流信息系统可消除供应"迷雾"和降低战场需求"迷雾",实现对保障资源和保障能力的可知、可视、可控,科学筹划装备物流保障力量,适时、适地、适量为部队提供优质、高效、可靠的装备保障。

第一节 装备物流信息系统概述

一、装备物流信息系统基本概念

1. 装备物流信息的概念

信息是指能够反映事物内涵的知识、资料、情报、图像、数据、文件、语言、声音等,是事物的内容、形式及其发展变化的反映。装备物流活动中必需的信息称为装备物流信息,它与装备物流的计划、筹措、运输、仓储等环节都有密切的关系,在装备物流活动中起着神经中枢的作用。

在装备物流活动过程中,不断产生着反映装备物流活动的各种信息,包括计划、调拨数量、价格、库存数量等信息。此外,装备物流系统需要与外界进行广泛的信息交换。装备物流信息对整个装备物流系统起着相互衔接的作用,对装备物流活动起着支持作用。通过装备物流信息的指导,能够保证各项装备物流活动正常运转。通过信息传递,装备物流系统不再是各个独立活动的组合,而是有着密切联系的有机整体。

2. 装备物流信息系统的概念

装备物流信息系统是由计算机、应用软件及其他设备组成,并通过通信网络连接起来的互通互联用于加工和处理装备物流信息的信息系统。装备物流信息系统是通过对与装备物流相关的信息进行加工处理来实现对装备物流的有效控制和管理,并为装备物流管理人员及其他保障管理人员提供战略及运转决策支持的人机系统。装备物流信息系统是提高装备物流运转效率、降低物流总成本的重要基础设施,也是实现装备物流信息化管理最重要的基础设施。

装备物流信息系统主要有两类信息管理:一是调控活动信息管理。调控活动包括装备保障机关总体的安排调度与需求计划,具体为战略计划、能力计划、物流计划、生产计划、采购计划、申请计划、分配计划等。调控活动流程是整个装备物流信息系统架构的支柱。战略、能力、物流、生产、采购、申请分配等计划指导装备资源从采购到送货过程中的分配与调度。上述计划在装备物流中的具体实施便构成装备保障部门主要的增值活动，而正是这些增值活动为保障部门带来了优化的保障能力。尽管调控活动中的各项计划工作是相对独立的，计划周期也各不相同，但如果各项计划出现不一致、失调或扭曲，则会造成运转的低效率和库存的过量或短缺。例如，对战略计划缺乏充分的理解与贯彻会导致生产和物流库存的不协调；同样，如果不充分估计到生产、采购和物流能力限制，也会导致系统的应变力差和低效率；各项计划工作不协调的另一个典型后果是过高的安全库存量设置。装备物流信息系统的一个重要作用就是帮助实现各项计划的一致性。二是物流运转活动信息管理。物流运转活动包括订单的产生与跟踪、库存配置、产成品在各级仓库之间和仓库与最终用户指定地点之间的运输以及采购、申请等。装备物流运转活动中的信息流主要包括下级单位申请和本级部门采购订单的接收与发送、处理及相关的物资运输调控。主要的物流运转活动包括申请管理与订货处理、分发运作、库存管理、物资运输、采购等。

二、装备物流信息系统主要特点

装备物流信息系统强调从系统的角度来处理装备物流活动中的问题，把局部问题置于整体之中，寻求整体最优化。它能把装备物流相关信息及时、准确、迅速分发到装备物流各个环节中，提高保障水平。装备物流信息系统与一般物流信息系统相比较，具有以下特点：

1. 安全性要求更高

信息安全对于军事行动来讲就是生命。在信息技术高速发展的今天，信息安全显得尤其重要。装备物流信息系统集中了整个装备保障资源的分布情况、布局情况，武器装备的数量、质量，还有所有装备的动态信息、流向、流量等，装备物流信息中蕴含整个军事行动的意图及国防实力，因此必须高度重视装备物流信息安全性问题。

2. 稳定性要求更好

装备物流信息系统的稳定性是指数据库、网络系统、硬件设备、应用环境、软件系统等，都具有良好的稳定性。战时装备物流信息系统面临着并发的巨大用户访问量，网络信道面临着堵塞的严峻考验。如何保证系统在峰值的巨大压力下仍能提供正常、稳定、可靠的服务，对网络应用系统、计算机系统、服务器等提出更高要求。恶劣的战场环境和复杂的电磁环境，对装备物流信息系统的容灾能力也提出更高的要求。因此，装备物流信息系统必须具备在特殊条件下保证正常运行的能力。

3. 集成能力要求更强大

当前，我军不同部门针对不同专业开发了很多业务信息系统，各系统缺乏统一规划和统一的设计标准，缺少统一的开发规范，各信息系统开发采用不同的语言，运行在不同的硬件平台和操作系统之上，采用不同的数据库和数据标准。因此，要建立装备物流信息系统平台，整合这些系统，就必须具有强大的集成能力。

4. 适度开放性

物流管理信息系统必须具有适度的开放性。根据系统熵理论，系统只有在开放的条件下才能从环境中引入负熵流，来抵消系统内部自发的熵增过程，从而使系统保持有序运行。因此，装备物流信息系统只有不断地与外界进行信息、物质和能量交流，才能使装备物流信息系统充满活力。系统适度开放包括装备物流信息系统各子系统之间的开放性、装备物流信息系统和地方物流信息系统的开放性等。

三、装备物流信息系统建设目标

装备物流信息系统建设的总体目标是：有效整合装备物流信息资源，综合集成装备物流相关业务管理信息系统，衔接和贯穿装备物流管理全过程，建立军地一体化的装备物流信息系统，达到装备保障需求及时获取，在储在运装备物资及其物流过程可视、可控，满足信息化条件下多样化军事任务适时、适地、适量的精确保障需求。

建立装备物流信息系统是为了达到快速准确掌握信息，实时准确判断和决策，实现精确保障的目的。对于我军的装备物流信息系统，实现装备物流的"全程可视化"是建设的最终目标。全程可视化是指充分利用现代通信技术、计算机技术、网络技术、卫星定位技术和可视化技术等实现装备物流保障需求、保障资源和保障过程的全方位可视化管理，以便于对装备物流进行实时的有效决策和控制。

1. 资源信息可视化

要实现装备物流可视化，必须了解我军所拥有的装备和物资，了解装备储备结构和布局，以及储备数量、质量和品类等；必须了解我军运力资源，包括车辆、舰船、火车、飞机的数量和性能参数、分布情况等；必须了解我军港口、码头、机场的位置和作业能力；必须了解我军物流资源现状，包括工厂、交通运输线路、后备资源和保障力量等。这些信息是装备物流的基础，没有这些信息的可视，也就不会有装备物流的可视化。

2. 需求信息可视化

装备物流是供需双方之间的中间环节，供方是起点，需方是终点，只有起点或只有终点是无法进行装备物流保障的。仅仅掌握保障资源信息而不了解实际需求，也无从进行保障；仅仅了解部队需求而不了解物资资源也无法进行保障。因此，要求装备物流信息系统必须时刻掌握部队有什么和需求什么等信息，才能实现装备物流的可视化。

3. 保障过程可视化

对于装备物流来讲，物流资源和需求信息在物流保障活动开始后，是相对静止的信息，而在保障过程中，在运装备物资的情况却是相对动态的。动态信息的失控往往会给装备物流保障带来严重损失，因此对于动态信息的把握和控制，是装备物流的重要环节。装备物流物资采集、运输、仓储、包装、分配等一系列物流过程的可视化，是装备物流保障需求和保障资源之间的一道可视化"桥梁"。物流保障过程的可视化，除了包括在运装备物资和载体在不同时刻、不同环境下的信息可视化，还涵盖物流保障过程中控制过程的可视化。

4. 保障规律可视化

装备物流资源信息、需求信息、保障过程信息，处于一个连续动态变化过程中，因此对装备物流的信息把握也是动态的过程。装备物流的任务和最理想的目标是实现供应和需求的适时匹配，是实现部队供应曲线和需求曲线的完美重叠，尽管这在现实中是不可能的，但曲线越接近，系统越完美。通过对装备物流资源信息、需求信息、保障过程信息的掌握，通过历史数据和数学模型相结合，将装备物资消耗规律、分布规律、流通规律等实现可视化，为适时管理、控制和决策提供有力的支持。

四、装备物流信息系统发展趋势

现代装备物流是军事物流与信息技术相结合的产物，是现代军事和国防事业建设和发展的重要组成部分。适应信息化战争要求，必须从战略的高度重视并推进装备物流事业的发展。目前许多国家都在构建现代化的装备物流信息系统，主要呈现以下几个方面的发展趋势：

1. 装备物流信息标准化

装备物流信息标准化是不同物流系统之间信息交流与处理的标准协议或规则，它是跨兵种、跨系统、跨行业和跨地区的物流运转桥梁，只有实现装备物流信息标准化，才能顺利实现不同单位间、不同地区间、不同供应链系统间、不同物流软件系统之间的信息交流，才能提高整个装备物流供应链的保障效率，削减物流资源占用的成本和开支，最终完成物流系统集成和资源整合的目的。

装备物流信息标准化是军事物流标准化的重要组成部分，也是实现军事物流信息化的关键。我军军事物流标准化建设始于 20 世纪 80 年代，通过 40 多年的建设，已取得显著成绩，颁布了一定数量和规模的军事物流标准。随着军队信息化建设以及信息技术的快速发展，装备物流信息化标准建设正在加快，军队相关研究机构在标准化方面取得了许多研究成果，这些对于推进装备物流信息标准体系的形成，加快现代装备物流体系建设，都具有重要作用。

2. 装备物流信息处理自动化

随着信息技术的发展，电子物流系统得到迅猛发展。电子物流的功能十分强大，它能够实现系统之间、部门之间以及资金流、物流、信息流之间的无缝链接，而且这种链接同时还具备预见功能，可以在上下游厂家和装备部门间提供透明的可见性功能，帮助装备部门最大限度地控制和管理库存。同时，由于全面应用客户关系管理、计算机电话集成、地理信息系统、全球定位系统、互联网、无线互联技术等先进的信息技术手段，以及配送优化调度、动态监控、智能交通、仓储优化配置等物流管理技术和物流模式，电子物流提供了一套先进的、集成化的物流管理系统，从而为装备保障部门建立敏捷的供应链系统提供了强大的技术支持。

电子物流是利用电子商务技术优化物流管理，首先完成装备保障部门内部业务流程一体化，然后再向部门外的生产厂家、运输公司等合作单位延伸，实现信息共享，最终达到生产、采购、库存、供应、消耗以及财务和人力资源管理的全面集成，使物流、信息流、资金流发挥最大效能，把理想的物流运转变为现实。对装备物流管理机构来说，开展电子物流可以获得如下效益：

（1）改善对筹措、供应、库存、消耗的管控。

（2）降低成本和无效存货。

（3）减少装备及零配件紧缺情况。

（4）更好地响应装备物流需求。

（5）与生产厂家、上下级部门建立更快、更方便、更精确的电子化联络方式。

（6）实现信息共享和管理决策支持。

3. 装备物流信息管理可视化

装备物流信息具有量大、分布广的基本特点。信息范围涉及装备物流的各个领域的各个方面，装备物流服务的对象及其节点遍布全国，这就需要有性能较高的信息处理机构与功能强大的信息收集、传输和存储能力。因此，必须集中协调贯穿于装备物流各环节的信息，实现物流信息可视化，对装备物流资源进行全面"可视"监控，对部队机动、装备运输等保障活动进行全程"可视"跟踪，实时掌握部队需求、装备物流资源、保障状态等各方面的情况。这样，既可以有效地减少和避免浪费，更重要的是能够大大提高装备物流管理的快速反应能力和应急保障能力，提高装备物流保障的效率和效能。

装备物流信息可视化的核心是在装备保障过程中，有效利用各种信息技术，并拆除各部门和成员间的信息壁垒，通过信息公开和信息共享，使部队需求情况、库存报告、订货计划、生产计划、生产进度、运输安排、在途物资等关键信息，从装备保障的一个节点开放地、自动地流向另一个节点，即在参与装备保障的企业与企业之间、军队采办部门与企业之间，以及军队保障系统内部的部门与部门之间实现信息共享，保证对分布信息源的受控访问以及支持对分散的功能活动进行协调和调整，从而实现装备物流信息的统一管理。

第二节 装备物流信息系统关键技术

随着信息技术在我军的广泛应用，装备物流保障领域的信息技术含量急剧增加，信息技术对我军装备保障的发展起到巨大的推动作用。本节主要阐述信息识别与采集技术、信息传输与跟踪技术、信息存储与管理技术、信息处理与决策支持技术。

一、信息识别与采集技术

信息识别与采集技术是应用识别装置，通过被识别物品和识别装置之间的接近活动，主动地获取被识别物品的相关信息，并提供给后台的计算机处理系统来完成相关后续处理的一种技术，又称为自动识别技术。信息识别与采集技术是以计算机技术和通信技术的发展为基础的综合性科学技术，是信息数据自动识读、自动输入计算机的重要方法和手段。

（一）条码识别技术

条码识别技术是研究如何将计算机所需的数据用一组条码表示，以及如何将条码所表示的信息转变为计算机可读的数据，具有采集和输入数据快、可靠性高、信息采集量大、使用灵活、采集自由度大、设备结构简单、成本低等优点。条码按维数可分为一维条码和二维码。

1. 一维条码技术

一维条码是由一组排列规则的条、空及对应字符组成的标记，用以表示一定的信息，并需要通过数据库建立起条码与商品信息的对应关系，当条码数据被传送到计算机上时，由计算机上的应用程序对数据进行进一步的操作和处理。普通的一维条码在使用过程中仅作为识别信息，它所对应的商品信息通常需要对数据库的查询来得到。一维条码可分很多种，按条码的长度可分为定长和非定长条码；按排列方式可分为连续型和非连续型条码；按校验方式，可分为自校验和非自校验条码；按条码应用，可分为商品条码、物流条码和其他条码等。商品条码包括 EAN 码、UPC 码；物流条码包括 128 码、ITF 码、三九码、库德巴码等。EAN 条码系列是国际物流及商业通用的条码符号标识体系，主要用于商品贸易单元的标识，具有固定的长度；UPC 条码主要应用于北美地区；交插 25 码主要应用于包装、运输领域；

EAN-128 条码是由国际物品编码协会和美国统一代码委员会联合开发、共同推广的一种主要用于物流单元标识的条码，它是一种连续型、非定长的高密度条码，可以表示生产日期、批号、数量、规格、保质期、收货地等许多商品信息；库德巴码主要用于血库、图书馆等单位，用于物品的跟踪管理。

2. 二维码技术

二维码是用某种特定的几何图形按一定规律在平面（二维方向上）分布的黑白相间的图形记录数据符号信息的。它在代码编制上巧妙地利用构成计算机内部逻辑基础的"0""1"比特流的概念，通过使用若干个与二进制相对应的几何形体来表示文字数值信息。通过图像输入设备或光电扫描设备自动进行条码识读以实现信息自动处理。二维码能够在横向和纵向两个方位上同时表达信息，因此它能在很小的面积内表达大量的信息。

二维码根据构成原理和结构形状的差异，可分为两大类型：一类是堆叠式二维码（行列式二维码），编码原理是建立在一维条形码的基础上，采用多层符号，在一维条码高度的层叠，与一维条码技术兼容，典型代表有 PDF417、CODE49、CODE 16K 等。另一类是棋盘式或矩阵式二维码，矩阵式二维码是建立在计算机图像处理技术、组合编码原理等基础上的一种新型图形符号自动识读处理码制，以矩阵的形式组成，点代表"1"，点不出现代表"0"，点的排列组合确定了矩阵码所代表的意义。典型代表有 QR Code、Data Matrix、Code one、Maxi code、汉信码、龙贝码等。

（二）射频识别技术

射频识别技术（RFID）是一种非接触的自动识别技术，基本原理是利用射频信号和空间耦合（电感或电磁耦合）或雷达反射的传输特性，实现对被识别物体的自动识别。RFID 系统一般包含电子标签和阅读器两部分。电子标签是射频识别系统的数据载体，电子标签由标签天线和标签芯片组成。依据电子标签供电方式的不同，电子标签可以分为有源电子标签、无源电子标签和半无源电子标签。相对于其他识别技术来说，射频识别技术具有非接触识读、识别无"盲区"、抗恶劣环境能力强、可识别高速运动物体、抗干扰能力强、保密性强、环境适应性强、可同时识别多个识别对象等突出特点。目前，射频识别技术在车辆自动识别管理、货物跟踪、管理及监控、高速公路收费及智能交通系统、仓储、配送等物流环节，以及电子钱包、电子票证、生产线产品加工过程自动控制、动物跟踪和管理等方面得到了广泛的应用。

1. 射频识别系统构成

典型的 RFID 系统主要由电子标签、阅读器、中间件和应用系统软件组成。

1）电子标签

电子标签是 RFID 系统的核心部分。标签中保存有约定格式的电子数据，在实际应用中，无线标签附着在待识别物体表面。存储在芯片中的数据，由阅读器以无线电波的形式非接触地读取，并通过阅读器的处理器进行信息解读并进行相关的管理。电子标签由标签芯片和标签天线两部分组成；标签天线的功能是收集阅读器发射到空间的电磁波，和将芯片本身发射的能量以电磁波的方式发射出去；标签芯片的功能是对标签接收的信号进行解调、解码等各种处理，并把电子标签需要返回的信号进行编码、调制等各种处理。

2）阅读器

阅读器的基本任务是触发作为数据载体的电子标签，与电子标签建立通信联系并且在应用软件和一个非接触的数据载体之间传输数据。在 RFID 系统的工作程序中，应用系统软件向阅读器发出读取指令，作为响应，阅读器和电子标签之间就会建立起特定的通信。阅读器触发电子标签，并对触发的电子标签进行身份验证，然后电子标签开始传送要求的数据。因此，阅读器的基本任务就是触发作为数据载体的电子标签，与这个电子标签建立通信联系并且在应用软件和一个非接触的数据载体之间传输数据。这种非接触通信的一系列任务包括通信的建立、防止碰撞和身份验证等，均由阅读器进行处理。

3）中间件

中间件是介于应用系统和系统软件之间的一类软件，它使用系统软件提供的基础服务（功能），衔接网络上应用系统的各个部分或不同的应用，以达到资源共享、功能共享的目的。RFID 中间件是一种面向消息的中间件，其功能不仅是传递信息，还包括解译数据、安全性、数据广播、错误恢复、定位网络资源、消息与要求的优先次序以及延伸的除错工具等服务。RFID 中间件屏蔽了 RFID 设备的多样性和复杂性，能够为后台业务系统提供强大的支撑，从而驱动更广泛、更丰富的 RFID 应用。RFID 中间件的技术重点研究的内容包括并发访问技术、目录服务及定位技术、数据及设备监控技术、远程数据访问、安全和集成技术、进程及会话管理技术等。

4）应用系统软件

应用系统软件是针对不同行业的特定需求开发的应用软件，它可以有效地控制阅读器对电子标签信息进行读写，并且对收集到的目标信息进行集中的统计与处理。应用系统软件可以集成到现有的电子商务和或其他管理信息系统中，与企业资源计划（Enterprise Resource Planning，ERP）、供应链管理（Supply Chain Management，SCM）等系统结合以提高各行业的生产效率。

2. 射频识别系统应用

1）现代物流与供应链管理

电子标签技术应用在物品的流通环节，可以实现物品跟踪与信息共享，彻底改变了传统的供应链管理模式，提高了企业运行效率。具体应用方向包括仓储管理、物流配送、零售管理、集装箱运输、邮政业务等。近年来，一些大型企业认识到电子标签在物流和供应链方面管理的优势，帮助企业大幅提高货物、信息管理的效率，还可以让销售企业和制造企业互联，从而更加准确地接收反馈信息、控制需求信息、优化整个供应链。

2）生产管理和过程控制

在生产流水线上（汽车制造、家电生产、纺织服装等）应用 RFID 技术可以实现自动控制、监视，以提高生产率、改进生产方式、节约生产成本。例如，德国宝马汽车公司在装配流水线上应用射频技术，尽可能大量地生产用户定制的汽车，用户可以从上万种内部和外部选项中选定自己所需车的颜色、引擎型号和轮胎式样等。然后，根据用户提出的要求式样定制生产。

3）公共安全

在公共安全领域可以通过应用 RFID 技术加强管理，如医药卫生、食品安全、危险品管理、防伪安全、煤矿安全、电子证照、动物标识、涉及公共卫生安全门禁管理等。电子标签具有成本低和难以伪造等特点,在商品上使用电子标签,可以有效制止假冒伪劣商品。例如,中国铁路车号识别系统在投入应用期间在 55 万节车厢上安装了电子标签,较好地杜绝了"以旧换新"等侵吞国家财产的行为;上海市将电子标签用于气瓶防伪,在电子标签中存储气瓶的出厂日期、报废日期等信息,有效地避免了气瓶超期服役现象。

4)交通管理

利用 RFID 技术对高速移动物体识别的特点,可以对运输工具进行快速有效的定位与统计,方便对车辆的管理和控制。具体应用方向包括公共交通票证、不停车收费车辆管理及铁路机车车辆相关设施管理等。

(三)其他识别与信息采集技术

1. 生物特征识别技术

生物特征识别技术以生物技术为基础,以信息技术为手段,将生物和信息这两大技术融合于一体。人的生物特征是唯一的(与他人不同),因而能够用生物特征识别技术来鉴别身份。用于识别的生物特征应具有以下特点:广泛性——每个人都应该具有这种特征;唯一性——每个人拥有的特征应该各不相同;稳定性——所选择的特征应该不随时间的变化而发生变化;可采集性——所选择的特征应该便于测量。

2. 磁条(卡)识别技术

磁条(卡)识别技术应用了物理学和磁力学的基本原理。磁条就是一层薄薄的由定向排列的铁磁性氧化粒子组成的材料(也称为涂料),用树脂粘合在一起并粘在诸如纸或者塑料这样的非磁性基片上。数字化信息被存储在磁条中,类似于将一组小磁铁头尾连接在一起,磁条记录信息的方法是变化小块磁物质的极性。带有解码芯片的识读器能够分辨出磁条内的这种磁性变换,并将它们转换回字母和数字的形式以便由计算机来处理。

3. 智能卡识别技术

智能卡识别技术是一种通过嵌在塑料卡片上的微型集成电路芯片来实现数据读写、存储的 AIDC 技术。在中国,智能卡最广为人知的称呼是"IC 卡",这是英文"Integrated Circuits Card"的缩写,译为"集成电路卡"。根据所封装的 IC 芯片的不同,IC 卡可分为存储器卡(Memory Card)、逻辑加密卡(Memory Card with Security Logic)和 CPU 卡(CPU Card)3 种。

4. 图像识别技术

随着微电子技术及计算机技术的蓬勃发展,图像识别技术得到广泛的应用和普遍的重视,现已广泛应用于遥感、文件处理、工业检测、机器人视觉、军事、生物医学、地质、海洋、气象、农业、灾害治理、货物检测、邮政编码、金融、公安、银行、工矿企业、冶金、渔业、机械、交通、电子商务、多媒体网络通信等领域。

二、信息传输与跟踪技术

信息传输与跟踪技术主要依靠通信网络,实现各保障要素间无缝隙连接,不仅是信息互通共享的"纽带"和"神经",更是信息系统的重要组成部分。

(一)电子数据交换技术

电子数据交换技术(Electronic Data Interchange,EDI)是通过计算机网络传输标准化的电子数据文件来代替纸质文件,实现高效业务管理的一项重要手段。通过 EDI 可以消除信息交换中大量重复数据缓慢、复杂的处理,达到提高装备物资出入库效率、实现合理化管理、降低库存和成本、减少纸张单据和错漏、最大限度减少人工参与的目的。EDI 就是一种数据交换的工具和方式,参与 EDI 交换的用户按照规定的数据格式,通过 EDI 系统在不同用户的信息处理系统之间交换有关业务文件,达到快速、准确、方便、节约、规范的信息交换目的。

EDI 作为开展电子贸易的一种信息交互手段,对于提高贸易活动的效率,降低贸易成本,提高经济效益发挥着重要作用。主要体现在以下几个方面:

(1) 实现无纸贸易。采用 EDI 后,纸质文件和表格均可由计算机完成,不仅处理和传递速度快,还不易出错,便于反复处理,大大节省了成本。

(2) 变革贸易方式。EDI 介入企业的采购、生产、规划、会计及运输等环节,会引起企业内部结构及运行机制的改变,使贸易伙伴间的业务处理环境更趋协调,促进了资金流动、库存、成本和客户服务等方面的改善。

(3) 节约时间与提高效率。利用通信网络可以在几秒钟内完成全部单据和票证的传送,比起传统的邮寄、传真方式大大节省了时间,可以在短时间内完成作业活动,缩短事务处理周期,提高作业效率。

(4) 提高数据传输的准确性。由于数据在传输过程中无须人工干预,因而提高了信息的准确性。

(5) 提高企业竞争能力。贸易活动是基于信息基础之上的活动,信息传递速度的提高,有利于快速捕捉市场信息,对客户作出快速响应,提高客户服务水平,从而增强企业的市场竞争能力。

(二) 卫星导航定位技术

卫星导航定位技术是利用卫星在全球范围内实时进行定位、导航,称为全球导航卫星系统(Global Navigation Satellite Systems,GNSS)。全球导航卫星系统主要包括美国的 GPS 系统、中国的北斗卫星导航系统、俄罗斯的 GLONASS 系统和欧洲的 Galileo 卫星导航系统等。目前,全球卫星导航系统已进入国民经济各部门,应用领域遍及海、陆、空、天,在军、民两个市场发挥着越来越大的作用,并开始逐步深入人们的日常生活。随着北斗导航系统的组网成功,卫星导航定位技术在装备保障的应用将越来越广泛,并对装备物流信息化的发展起到巨大的推动作用。

全球定位系统(Global Position System,GPS)能连续、实时、高精度、全天候为全球用户提供三维地理位置、三维速度和时间的导航信息,具有在海、陆、空进行全方位实时三维导航与定位能力。全球定位系统在物流领域具有广阔的应用前景,尤其对物流运输车辆的定位、监控和指挥调度已日渐成熟。当前,GPS 在物流可视化的应用主要集中在两个方面:其一,用于运输装备和车辆本身可视化管理,如自动定位、自动导航和跟踪调度;其二,用于运输物资的可视化管理,如在铁路运输网上,实时收集全路列车、机车、车辆、集装箱及所运物流物资的动态信息,实现列车、物资的可视化追踪管理。随时准确地实现对货车、货车动向以及车载物资的全部信息的高度"可视"。

(三) 地理信息系统

地理信息系统(Geographic Information System,GIS)是多学科交叉的产物,综合了数据库、计算机图形学、地理学、几何学等技术,以地理空间数据为基础,采用地理模型分析方法，适时地提供多种空间的和动态的地理信息，是一种以地理研究和决策服务为主的计算机技术系统。从技术和应用的角度，GIS 是解决空间问题的工具、方法和技术；从学科的角度，GIS 是在地理学、地图学、测量学和计算机科学等学科基础上发展起来的一门学科，具有独立的学科体系；从功能的角度，GIS 具有空间数据的获取、存储、显示、编辑、处理、分析、输出和应用等功能；从系统学的角度，GIS 具有一定的结构和功能，是一个完整的系统。目前，GIS 技术已经相当成熟，并得到广泛应用，军事地理信息系统在装备保障领域得到广泛的应用。

三、信息存储与管理技术

信息存储与管理技术是综合运用以计算机为主的硬件和软件平台，对各种信息进行综合计算、整理转换、推理分析、存储更新、上报下达、显示输出的技术。主要有数据库技术和管理信息系统等。

（一）数据库技术

数据库技术是 20 世纪 60 年代后期产生和发展起来的一项计算机数据管理技术，它的出现和发展使计算机应用渗透到人类社会的广阔领域。数据库的建设规模和性能、数据库信息量的大小和使用频度已成为衡量一个国家信息化程度的重要标志。目前，数据库研究领域中最热门的几个研究方向包括信息集成、数据流管理、传感器数据库技术、分布式数据库技术、实时数据库技术、网络数据管理、DBMS 自适应管理、移动数据管理、微小型数据库、数据库用户界面等。

大型复杂的信息系统大多以数据库为核心，因而数据库系统在计算机应用中起着越来越重要的作用。展望未来，今后的数据库技术的发展方向是：XML 文件管理强化技术、强化的数据库压缩技术、虚拟环境下的数据库群集技术、虚拟数据库自动化管理技术、并行数据库（MPP）技术、微小型数据库技术、空间数据库技术、数据库移植技术等。

（二）管理信息系统

管理信息系统是一个以人为主导，以科学的管理理论为前提，在科学的管理制度基础上，利用计算机硬件、软件、网络通信设备以及其他办公设备进行信息的收集、传输、加工、存储、更新和维护，以改善工作的效益和效率为目的，支持管理高层决策、中层控制、基层作业的集成化的人机系统。信息系统将信息技术、信息和用户紧密连接在一起，全面地协调信息、信息技术和用户之间的关系，以求得信息建设的成功，这是其首要任务。

管理信息系统的概念是发展的，最初许多倡议者设想管理信息系统是一个单一的高度一体化的系统，它能处理所有的组织功能，但也有人怀疑先进的计算机系统能否解决定义不清楚的管理判断过程。随着时间的推移，这种高度一体化的单个系统显得过于复杂，并难以实现。管理信息系统的概念转向各子系统的集成，按照总体计划、标准和程序，根据需要开发和实现一个个子系统。这样，一个组织不是只有一个包罗万象的大系统，而是一些相关的信息系统的集合。有些组织所用的信息系统可能只是相关的小系统，它们均属于管理信息系统的范畴，但不是管理信息系统的全部，如统计系统、数据更新系统、状态报告系统、数据处理系统、办公自动化系统、决策支持系统等。

四、信息处理与决策支持技术

信息处理与决策支持技术是指基于一定的目的,对于所收集的信息以一定的方法(算法)处理后,能得到隐含在信息中有意义的内容(信息)。信息处理与决策支持技术主要是运用决策支持系统进行辅助决策,保证作战决策科学与及时。决策支持系统(DSS)的目标就是要在人的分析和判断能力的基础上,借助计算机与科学方法支持决策者对半结构化和非结构化问题进行有序的决策,以获得尽可能令人满意的客观的解决方案。决策支持系统目标要通过所提供的功能来实现,系统的功能由系统结构决定,不同结构的决策支持系统功能不尽相同,大致体现为:决策支持系统能为决策者提供决策所需的数据、信息和背景资料,帮助明确决策目标和进行问题的识别,建立或修改决策模型,提供各种备选方案,并对各种方案进行评价和选优,通过人-机对话进行分析、比较和判断,为正确决策提供有益帮助。

(一)数据挖掘技术

数据挖掘是指通过算法在大量数据中搜索隐藏信息,并识别出有效的、新颖的、潜在的、有用的信息,以及最终挖掘出可理解模式的高级处理过程。数据挖掘通常与计算机科学有关,通过统计、在线分析处理、情报检索、机器学习、专家系统和模式识别来实现上述目标。它利用数据库技术对数据进行前端处理,再利用人工智能方法从处理后的数据提取有用的知识。基于数据挖掘的装备物流信息系统的关键技术主要包括数据仓库和数据挖掘。

数据仓库是来自多个源的数据的存储库,它可通过 Internet 将不同的数据库连接起来,并将数据全部或部分复制到一个数据存储中心。数据仓库倾向于一个逻辑概念,它建立在一定数量的数据库之上,这些数据库在物理上可以是分开的。数据仓库通过 Internet 打破地域界限,将它们合成为一个逻辑整体,把一个海量的数据库展现在用户面前。数据仓库管理系统的一项重要工作是对传统数据库进行提取、清理和转载。

数据挖掘技术是整个系统的难点和重点,主要涉及模式模型和挖掘算法。目前,已形成多种数据挖掘方法,如分类知识发现、数据总结、数据聚类、关联规则发现、序列模式发现、依赖关系或依赖模型发现、异常发现、趋势预测等。各种方法均有一定的优点,也有其不足。几种技术并不是单一地使用,而是根据实际情况综合地加以应用。现在一些流行的数据挖掘工具一般包括了几种方法,如 IBM 公司 Almaden 研究中心开发的 QUEST 系统,SGI 公司开发的 MineSet 系统都是多模式的挖掘工具。

(二)物流仿真技术

仿真技术是利用计算机技术和仿真模型对实际系统进行模拟实验研究的一种科学方法。物流系统包括许多相互联系、相互制约并受外界环境影响的参数。因此,可以通过仿真技术建立物流模拟系统,模拟物流的可能运行状态和过程来确定和优化物流中的可控参数值,对物流系统进行合理规划、管理与控制,使物流系统方案最优、费用最低、效能最大、效益最好。仿真技术是实现装备物流规律可视化的关键技术之一,仿真技术可以使系统分析更加客观、形象、真实,更能体现随机因素的影响。仿真技术在装备物流可视化领域的应用,主要可以归纳为以下几方面:

1. 物流系统规划与设计

在物流系统规划与设计阶段,可以通过仿真技术建立模拟的物流系统,对实际的物流系统进行规划与设计，反复模拟系统的可能运行状态，并以此为依据不断修正和完善物流系统设计方案，改进不合理的设计方案和投资，最大限度上避免浪费，提高物流系统效能和效益。科学运用仿真技术，可以形象地反映物流系统在各种参数变化时的运行效果，向管理人员提供有力的系统规划与设计依据。

2. 物流管理控制与调度

物流管理包含在生产、包装、运输和储存等各个流通环节，只有各环节最大限度地相互匹配和衔接，才能最好地发挥物流管理的效能和效率。在实际的物流管理中，如何有效地协调各个节点的能力和容量至关重要。要解决物资供需矛盾，必须以及时、准确的物流为保证，有效协调物流的各个节点和流通环节。通过仿真技术，可以动态地模拟物流在仓储环节的各个状态，提供物资储量和流量的决策数据，如模拟物资出入库和库存的实际状况，合理控制入库、出库数量和时机。运输是物流系统最复杂、变化最大、最难描述的环节，可以将仿真技术用于物流运输环节，提高运输效能，如合理调度运输工具、优化运输路线、保障线路高效通畅等运输问题，均可以通过仿真技术建立的运输模型将物资运输状态、道路堵塞情况、物料供应情况等动态地表现出来，进行有效的运输效能评价，并提供各种决策和调度数据，以便形成最优化运输方案。

3. 物流成本估算

通过仿真技术，还可以对物流全过程及物流成本进行模拟。在物流模拟过程中，物流的每一个操作都可以通过仿真推进记录下来，可以简便、直观、科学地计算和统计物流时间和成本，还可以建立起成本与系统规划、成本与库存控制、成本与运输策略之间的联系，从而用成本核算的结果来评价物流系统的各种策略和方案，保证系统的经济性。

第三节　装备物流信息系统需求分析

装备物流信息系统需求分析也称装备物流信息系统逻辑设计，其主要任务是在现行装备物流信息系统的基础上建立一个满足用户需求的新系统的逻辑模型，实际上就是绘制新系统蓝图。装备物流信息系统需求分析是一个反复调查、分析和综合的过程，为下一阶段进行物流方案设计、解决"怎么做"提供依据。

一、装备物流信息系统需求分析概述

（一）需求分析的目的和任务

需求分析的目的是要回答新系统将要"做什么"这个关键问题。在这一阶段要集中精力，认真分析用户的需求，用科学的方法来表达新系统的逻辑方案，建立新系统的逻辑模型。逻辑模型通常采用图、表等形式来定义系统。逻辑模型仅确定系统"做什么"，完成什么样的任务，而不涉及具体物理设备，不考虑由什么物理设备构成，用什么设备实现、怎样实现等问题。这样，有利于需求分析人员纵观全局，抓关键，不陷入细节，从而保证物流信息系统开发方向的正确性和合理性。

解决"系统应干什么"的问题是系统需求分析人员的任务，为此需求分析人员必须与用户密切协作，这是系统需求分析工作的重要特点之一。通过协作完成以下任务：

（1）根据现实业务工作和现行信息系统各自特点，认真调查和分析用户需求。所谓用户需求，是指目标系统必须满足的所有功能要求、性能要求、可靠性要求、安全保密要求，以及开发费用、开发周期、可使用的资源等方面的限制。弄清哪些工作交由计算机完成，哪些工作仍由人工完成，以及计算机可以提供哪些新功能。从逻辑上对目标系统的功能作出规定，也就是回答"系统应干什么"的问题，而不必考虑具体的物理实现。

（2）构建逻辑模型。逻辑模型包括业务流程图、数据流图、数据字典和基本加工说明等。逻辑模型不仅在逻辑上表示目标系统所具备的各种功能，而且还表达出系统输入、输出、数据存储、数据流和系统环境等关系。逻辑模型只告诉人们目标系统要"干什么"，而不考虑系统"怎么干"的问题。

（3）编写系统说明书。系统说明书是系统分析阶段的最后成果，它是通过一组图表和文字说明来描述目标系统的功能。

（二）需求分析的主要内容

需求分析的主要内容包括系统初步调查、可行性分析、系统详细调查、组织结构分析、业务流程分析和数据流分析等。

1. 系统初步调查

系统初步调查是指先投入少量人力、物力和财力，对系统进行初步分析，根据初步分析结果，再决定是否开展进一步工作。初步调查的内容主要包括以下几方面：用户需求分析，现有装备物流单位的基本状况，管理方式和基础数据状况，现有信息系统的运行状况等。

2. 可行性分析

可行性分析是指根据装备物流信息系统环境、资源等条件，判断所提出的信息系统项目是否具有开发的可能性。在对组织的基本情况有所了解的情况下，针对装备物流信息系统的目标，系统需求分析人员可以开始进行可行性分析。可行性分析可从以下3个主要方面着手：一是技术可行性，从现有技术条件的角度，分析系统开发、实现用户预期目标的可能性；二是经济可行性，对开发项目的成本与效益做出评估，即新系统所带来的经济效益是否超过开发和维护所需要的费用，判断该项目在经济上是否合适；三是社会可行性，主要指系统开发和应用所产生的效果对社会组织或者人文环境有哪些影响，是否能够适应社会发展，被社会接受。例如，与项目有直接关系的管理人员是否对于项目抱有支持态度，如果有各种误解，甚至抱有抵触态度，那应该说条件还不成熟，至少应该做好宣传解释工作，项目才能开展。再如，有的组织的管理制度正在变动之中，这时信息系统的改善就应作为整个管理制度改革的一个部分，在组织总目标和总的管理方法确定之后，再着手启动项目。

3. 系统详细调查

系统详细调查是指在系统开发具有可行性并已正式立项后，再投入一定的人力、物力、财力展开大规模、全面的系统业务调查。与初步调查不同，详细调查重点在于分析系统内部功能结构，包括组织机构、业务流程、数据流、数据存储及组成等。系统详细调查应注意合理确定调查范围。详细调查的范围应该包括组织内部信息流所涉及领域的各个方面，可以概括为以下9个方面：组织机构和功能业务；组织目标和发展战略；工艺流程和产品构成；业务流程和工作形式；数据与数据流；管理方式和具体业务的管理方法；决策方式和决策过程；可用资源和限制条件；现存问题和改进意见。以上9个方面可以根据实际情况进行增减。

4. 组织结构分析

组织的构成通常可用组织结构图来描述。它是一张反映组织内机构设置情况和各机构之间隶属关系的树状图。一般运用矩形块表示机构的名称，一个矩形块代表一个机构，最高层只有一个矩形块，用来表示最高层组织管理机构。机构名称或机构职责通常用文字标注在矩形框中；同级别的机构在图中处于同一层次上，不同层次管理机构的隶属关系用连线来表明。

5. 业务流程分析

业务流程图是对业务流程分析结果的具体表达。一般情况下，业务流程采用自上而下的方法分析，先画出高层管理的业务流程图，然后逐级向下分解，再对每一个功能描述部分进行细分，画出详细的业务流程图。

6. 数据流分析

清晰的数据流是系统开发的基础之一。数据流分析是以数据为研究对象，把在组织内部流动的数据抽象独立出来，舍去具体的组织机构、信息载体等，单独考查在实际业务流程中数据的流动过程。数据流分析的目的是发现和解决数据流通中的问题，这些问题包括数据流不畅、数据前后不匹配、数据处理过程不合理等。问题产生的原因有的属于系统管理问题，有的属于数据处理流程问题，有的可能属于调查中理解有误。数据流分析主要内容包括数据的流动、传递、处理、存储等。

（三）需求分析的难点

随着装备物流信息系统复杂性的提高及规模的扩大，需求分析在装备物流信息系统开发中所处的地位愈加突出，其工作难度也逐渐加大。装备物流信息系统需求分析的难点主要体现在以下几个方面：

（1）用户群急剧增长。装备物流活动是在众多机构协同控制下的装备物资保障行动，装备物流信息系统涉及众多部门、众多业务领域，这将使需求分析工作量显著增加。

（2）需求分析更加复杂。随着用户群急剧增长，用户需求出现多种多样的发展态势，不同的用户会提出不同的需求；相同的用户会因为文化背景不同或观念不同，也提出不同的要求。这将增加需求分析的难度。

（3）交流障碍。需求分析涉及人员较多，如系统用户、技术专家、需求工程师和项目管理员等，这些人各有不同的知识背景，处于不同的角度，扮演不同的角色，造成了相互之间交流困难。

（4）需求不完备性和不一致性。由于各种原因，用户对问题的陈述往往是不完备的，有时还可能存在自相矛盾。需求分析如何去伪存真，消除矛盾，面临严重困难。

（5）需求易变性。装备物流信息系统属于社会科学领域，本身就存在许多不确定性，需求发生变动是一个极为普遍的现象。当一个用户需求发生变化时，尚且容易调整需求分析结果；当众多用户发生变化时，调整需求分析结论将是一件难事。

克服以上困难可采用以下方法：

（1）加强领导协调力度。由于用户群体广，必须有行政领导负责组织协调，并通过行政手段获取不同用户的需求。

（2）项目的参与者必须加强沟通和协调。软件设计人员应尽量使用通俗的语言与用户进行交流；用户应积极主动地配合软件设计人员开展工作。

（3）扎实推进。开发人员必须花费足够的时间和精力了解用户的需要，确保在需求分析阶段提出的逻辑模型完整、准确，数据流表述清晰。

（4）借助需求分析工具，辅助完成需求分析任务。

二、装备物流信息系统需求分析过程

装备物流信息系统需求分析过程可分为 8 个关键阶段：确定系统目标、分析用户群、分析用户需求、形成用户需求说明、设计系统界面、设计逻辑模型、完成系统需求分析报告和形成文档。

1. 确定系统目标

目标是否明确，目标确定得是否合理，对于信息系统开发是否成功具有决定性意义。确定系统的目标是需求分析或系统分析的首要任务，即明确系统做什么。

系统目标可分为战略目标和战术目标。战略目标即长远目标，一般指 5~10 年，甚至更长时间的目标；战术目标即近期目标，常常是指满足当前系统急需的某些目标。系统的目标和组成系统各子系统的目标将构成目标体系，系统总目标不是组成其各子系统目标的简单之和，这与系统功能不是组成其各子系统功能的简单之和一样。

2. 分析用户群

任何信息系统都是为特定用户服务的，需要特定用户对其使用和操作。用户群是指构成使用信息系统的所有用户的集合。只有明确用户群，才可能使需求分析目标更明确，调查对象更清楚，研究问题更有针对性。

对于类似"装备物流信息平台"这样的庞大系统，其用户群更是非常大。为了便于进一步深化需求分析，需要对用户群进行分类。根据用户层级，可分为宏观指挥决策用户子群、中观管理控制用户子群、微观执行用户子群等；按照系统提供的功能，可分为指挥、决策、控制用户子群，业务管理用户子群，计划实施用户子群等；还可根据装备供应与需求的保障关系，分为装备供应用户子群和需求用户子群，其中供应用户子群包括战备储备装备供应用户子群、周转装备供应用户子群、应急采购装备供应用户子群等，需求用户子群包括军队需求用户、地方政府需求用户等。按照目前装备物流相关业务，可分为军队装备采购计划用户子群、装备采购用户子群、后方仓库管理用户子群、装备交通运输用户子群等。在用户群明确的基础上，才可以进行有针对性的用户需求分析。

3. 分析用户需求

充分满足用户要求是一个成功的计算机系统的重要标志，需求分析的主要任务是研究用户对系统的要求。用户需求主要包括系统功能需求、输入输出要求、操作方式需求、用户界面需求等。

用户尽量用书面的形式提出需求，但在实际工作中，用户往往没有充足的时间进行书面陈述，这时应注意倾听他们的口头陈述，做好记录，随时总结。要尊重和虚心听取用户的陈述，因为用户有着丰富的管理知识和经验，他们掌握着系统开发的有价值信息，他们是系统的最终使用者。开发者切忌自以为是，应充分与用户沟通，充分理解用户愿望。在信息系统整个开发过程中，开发者应想用户之所想，急用户之所急，相互信任、团结、协作，这是取得开发成功的保证。

4. 形成用户需求说明

系统分析员在充分占有用户资料的基础上，应进行用户原始资料分析，澄清某些模糊的要求，着手撰写用户需求说明，以文字方式表达用户需求。系统需求分析人员在完成用户需求说明初稿之后，应提交用户，征求用户意见，并进行适当修改。

用户需求说明生成是一个反复多次征求意见的循环过程，直到用户对需求说明没有修改意见时为止。每执行一次这一过程，就可使用户与系统分析人员之间的距离拉近一些，最终使用户需求说明能够真正反映用户的客观要求。

5. 设计系统界面

根据用户需求说明，可做出系统界面。界面应全面、准确地反映出用户需求说明中的内容。这项工作过去做起来很麻烦，现在许多计算机语言都有此功能，做起来很容易。系统界面可以更直观地反映用户需求，便于征求用户意见，不断修改完善。

信息系统分析人员与用户在对信息系统的需求认识上，往往存在距离，有时甚至距离很大。习惯上，信息分析人员会以自己的想法去理解用户需求，而用户也会按自己的表述方式表达需求，这样就会在需求的理解上存在差距。因此，需要通过用户需求说明、系统界面等形式，加强系统分析人员与用户之间的沟通，经过多次反复，缩小或消除双方在需求理解上的差距。对于系统需求人员来说，这是一个对用户需求认识的不断深化、不断细化、逐步求精的过程。

6. 设计逻辑模型

在用户需求说明和系统界面基础上，系统分析人员还需要进一步分析，给出系统的逻辑模型，画出系统的数据流图。"用户需求说明－系统界面－数据流图"的研究过程，是一个不断加深理解、不断深化认识、不断明确系统需求的过程，其最终目标是准确、清晰、客观地表达用户需求，为系统后续研发奠定坚实的基础。

7. 完成系统需求分析报告

需求分析阶段的成果是系统需求分析报告，该报告采用图文结合的方式，综合用户需求说明、系统界面、逻辑模型、数据流图等研究成果，准确地描述系统需求，其主要内容包括用户需求说明、系统功能界面、系统逻辑模型、系统的数据域。后两项是在前两项工作基础上利用专用工具得到的。

需求分析报告应先征求用户意见，如果用户没有修改意见，则作为设计的依据。如果用户还有意见，应视情进行不同程度的调整，直到用户没有修改意见为止。

8. 形成文档

文档是用户、信息系统开发人员以及信息系统开发人员之间相互沟通、协调一致工作的依据。通过文档可以进行技术审查、管理审查。文档是信息系统软件的重要组成部分，各阶段的成果都应以文档的形式记录下来。

三、装备物流信息系统组织结构分析

组织结构是指组织内部根据分工协作和领导隶属建立的有序运行的各组成要素及其关系的总和。从担负物资流通职能的性质出发，商业物流组织结构基本由业务经营部门、职能管理部门和行政事务部门构成。业务经营部门是指直接参加和负责组织物流业务活动的机构。职能管理机构是指对业务进行指导和监督的机构，如计划、统计、财务等部门。行政管

理机构是指间接地服务于经营业务和职能的行政事务机构，如保障性服务、人事管理、安全保卫和法律咨询等机构。

物流组织结构主要研究物流组织在整个组织中扮演的角色。典型的物流组织结构包括以下4种：

1. 顾问式

顾问式结构是指物流部门在组织中只是作为一种顾问的角色，它只负责物流的整体规划、分析、物流工程设计和协调，提供决策参考意见，但不负责物流活动的具体运作管理。在这种结构中，物流部门对具体的物流活动没有管理权，物流活动仍分散在各个业务部门。

2. 直线式

直线式结构是指物流部门对所有物流活动具有直接管理权和指挥权。这种组织结构需要物流管理信息系统支撑，需要物流管理人员具备较高的业务能力，物流部门既要对物流活动进行规划和指导，又要负责具体物流运作。这种组织结构的特点是适应一体化发展要求，但是物流管理部门相对庞大，需要处理的事情错综复杂，对管理人员综合素质要求较高。

3. 直线顾问式

物流部门对物流执行部门和顾问部门均实行垂直式领导，具有指挥和命令的权力。在物流部门的统一领导下，处于上层的顾问部门负责物流系统分析、规划和设计，并向物流部门提出改进建议；处于下层的是物流执行部门，负责物流业务的日常运作。顾问部门对物流执行部门没有管理权。直线顾问式结构的特点是：既具有直线式结构的直接集中控制物流执行部门的优势，又可发挥顾问部门的作用。

4. 矩阵式

矩阵式物流组织结构是将物流活动作为若干部门共同控制和管理的过程，在统一组织计划和协调下，按照分工协作的方式共同管理物流活动。物流部门把每一个完整的物流过程当作一个项目管理，物流具体实施仍由原来所属各个部门垂直管理。这种组织结构的特点是有利于优化组合，充分发挥各部门、各专业人员的优势；既有利于纵向集中指挥控制，又有利于横向协调。

四、装备物流信息系统业务流程分析

流程分析是装备物流信息系统需求分析的主要任务。装备物流信息系统业务主要包括采购管理、运输管理、仓储管理等流程。

1. 采购管理业务流程

采购管理业务流程是指军队采购管理活动所必须经过的业务环节及其先后次序。采购管理业务流程是采购行为规范化的具体体现，也是加强采购管理的重要手段。规范的采购管理必须按一定的程序来组织。军队采购管理业务流程通常包括采购任务分析、采购计划拟定、组织实施采购、履行采购合同、进行质量验收、集中支付资金和协调售后服务等环节。

2. 运输管理业务流程

一般装备运输管理的业务流程包括以下方面：一是根据配送理念，在拟定运输计划之前需要对货运单进行分解和合并。二是确定运输方式和运输路线。根据货物类型和要求的紧迫性合理设置运输方式，对于时间要求紧迫且距离较远的货物，宜选用汽车与飞机联运方式；

对于时间要求不十分紧迫的货物，可采用汽车与铁路联运方式；在距离较近且公路交通条件较好的情况下，可采用汽车直达运输方式等。三是测算运费，确定承运人。利用运费定价表，测算运输费用。然后，选择合适的物流公司进行谈判，确定承运人。四是运输回执。货物送达后，需要承运人及时反馈信息，同时，通过货物需求方核实货物情况，确保准确、及时掌握运输合同履行情况。五是运输结算。在承运人完成货物运输合同并收到货物需求方确认的回执后，由承运人开具运输发票，采购机构通知财务部门支付运输费用。

3. 仓储管理业务流程

军用装备仓储管理业务流程主要包括装备入库管理、储存管理、出库管理等。

入库管理是指军用装备仓库管理人员根据入库凭证或供货合同的规定，接收运抵仓库的装备，并对军用装备进行验收、记账及建立装备物资档案。

储存管理是指对入库储存的装备进行科学的存放规划、堆垛码放、维护保养、轮换更新、清仓盘点等活动。存放规划就是根据系统科学理论，对入库物资进行合理分类和存放，最大限度地利用库房空间，并便于平时检测、快速取放。仓库一般实行按区分类的库位管理制度，储存装备应当按装备使用特性、储存特性等确定其分区、库位、货位，做到既能够充分利用仓库空间，又能够满足装备保管的要求。

出库管理是指仓库管理人员根据上级业务部门的出库指令，对装备进行准备、搬运、装载发运等作业过程。具体操作步骤包括核对出库凭证、取货、出库、装车、记账清点等。

第四节　装备物流信息系统设计

系统设计是基于系统需求分析，系统需求分析的主要任务是明确系统做什么，系统设计的主要任务是解决系统如何做的问题。系统设计是根据系统需求分析产生的逻辑模型，选择一个适当的信息系统平台，设计出能在该平台上运行的物理模型，满足系统需求分析要求。

一、装备物流信息系统设计概述

（一）装备物流信息系统设计目标

装备物流信息系统设计的目标就是将系统需求分析阶段所提出的反映部队信息需求的系统逻辑方案转换成可以实施的基于计算机和通信系统的物理方案。在保证实现系统逻辑模型的基础上，从保证系统的变更性入手设计一个易于理解、容易维护的系统，尽量提高系统的各项性能指标，如系统运行效率、可靠性、灵活性、通用性和实用性等。具体来说，要达到以下目标：

（1）必须满足部队工作的要求，这是衡量装备物流信息系统设计工作的首要标准。信息系统是为部队提供信息服务的系统，衡量信息系统质量的重要指标是系统满足部队需要的程度，因此开发信息系统必须以部队为核心。

（2）系统能够适应不同的部队、不同部队管理方式的需求，即系统具有较强的通用性。

（3）系统分析与设计要充分考虑管理方式的改变和整体管理信息系统的接口安排，使系统具有较强的可扩展性。由于部队的环境可能发生变化，可能对系统提出新的功能要求，所以装备物流信息系统开发必须使系统具有开放的、便于操作的接口，使系统便于扩充，适应各种变化。

（4）装备物流信息系统的设计要简单合理、实用高效，应具有较强的可维护性和可移植性。

（二）装备物流信息系统设计原则

装备物流信息系统设计是一项十分复杂的工作。由于军队是一个庞大的系统，因此装备物流信息系统数据量大、数据结构复杂、数据来源分散、保密性要求高，及时地采集、处理和传递这些数据是一件十分烦琐的工作。随着军事任务拓展，编制体制调整，保障对象增多，装备种类、型号不断增加，要求信息系统能不断地适应环境的改变，适应应急信息处理需要，这将对设计工作提出更高的要求。

装备物流信息系统设计是一项集体的创造性劳动，要有严格的组织计划，设计人员相互间要密切协作、加强交流，以保持系统设计工作的连续性。装备物流信息系统的设计应遵循以下原则和要求：

（1）熟悉国家有关部门和军队制定的关于物流和装备保障工作的各种法令和规范。系统设计必须符合物流有关计算机应用与信息系统建设标准化的要求，物流信息的统计方法应符合国家统计局及军队有关部门的规定，重要报表应使用专用程序文件，采用统一固定的报表方式输出。

（2）在进行系统设计时，应遵循系统的观点，采用结构化设计思想与方法，整个系统应有统一的数据代码、统一的数据组织方式。要充分认识到系统内各部分之间的相互联系与相互制约关系，以最少的输入数据满足系统各部分的数据处理和信息输出要求，使一次输入得到多次运用。同时，尽量采用软件工程化设计的新技术、新方法。

（3）系统应按模块化的形式设计，以便于系统调试和维护，增强系统的适应性、灵活性和实用性。

（4）在系统设计过程中，要分阶段进行。各阶段界限清晰、目标明确，自上向下，逐步细化地设计。

（5）在进行装备物流信息系统设计时，要考虑与同级业务信息系统及上级业务信息系统的接口关系，实现不同子系统之间的信息共享，并在软、硬件配置上留有进一步发展的余地。

（6）在信息处理速度上必须满足军队管理工作要求，并有较好的可恢复性、可自检性。统计数据汇总时应充分保持数据的独立性、完整性。

（7）装备物流信息系统应采取一定的保密措施，建立完善的数据维护体系，确保数据及时、准确、安全、可靠。

（8）系统要有较好的实用性，确保军队各级部门使用方便。装备物流各种业务信息系统必须操作简便、易于掌握，应尽可能采用代码输入，减少汉字输入量，做到快速、可靠。

（三）装备物流信息系统设计的评价标准

装备物流信息系统设计的好坏直接决定目标系统的质量与实用性。在保证实现系统逻辑模型的基础上，系统设计应尽可能地提高各项性能指标。这些性能指标包括：

（1）部队需要满足度。信息系统的功能包括系统是否解决了部队希望解决的问题，是否有较强的数据校验功能，能否能进行所需要的运算，能否提供符合部队需要的信息输出等。

（2）系统工作效率。系统的工作效率是指系统的处理速度等与时间有关的指标，以及系统的存储效率等与空间有关的指标。例如，联机处理系统的响应时间，批处理系统的处理速度。在实时录入、成批处理的过程中，常用标准时间内处理的业务个数来表示系统的工作效率。影响系统工作效率的因素很多，包括系统的硬件及其组织结构、人机接口设计的合理性、计算机处理过程的设计质量等。

（3）系统可靠性。系统的可靠性是指系统在运行过程中，受外界干扰时的抵御能力与恢复能力，通常包括软、硬件运行的连续性和正确性，检错、纠错能力。在运行过程中系统难免遇到各种干扰，这些干扰有人为的，如病毒、无意的错误操作；有自然的，如断电、火灾等；有无意的，如输入错误等。系统在不同干扰下不应发生崩溃性瘫痪，并具有很强的系统重新恢复能力和数据的安全与保密性能。提高系统的可靠性有多种途径，如选择可靠性较高的设备、采用硬件结构冗余设计、设置故障检测等。一个成功的装备物流信息系统必须具备较高的可靠性，如安全保密性、检错和纠错能力、抗病毒能力等。

（4）系统工作质量。系统的工作质量是指系统所能提供的各种信息是否准确、丰富、实用，人机界面是否清晰、直观、形象，操作是否方便，以及各种形式的表格和图形是否符合用户要求等。系统的工作质量直接影响系统的使用效果，必须引起注意。

（5）系统可维护性。系统的可维护性是指修改和维护系统的难易程度。对于管理工作中所用信息系统而言，由于系统环境不断变化，部队会对系统提出某些新的要求，系统需要不断地被修改、扩充与完善。一个可维护性好的系统应具有较好的可维护性和较长的生命周期。

（6）军事经济性。系统的军事经济性是指系统的效费比。系统的军事经济效益表现为保障能力提高、保障时间缩短；系统的费用一般包括系统开发和运行所消耗的人力、物力和财力。一个成功的物流信息系统应具有较高的效费比。

以上 6 项指标是相互联系、彼此制约的，甚至在一定程度上是相互矛盾的。例如，为了提高系统的可靠性而采取了各种校验和控制措施，这样就会延长机器的数据处理时间，降低系统的工作效率，也会使成本提高。不同的系统其目标和功能不一样，对上述指标的要求可有所侧重。

二、装备物流信息系统设计方法

装备物流信息系统的设计涉及计算机应用技术、功能划分、建模技术、数据结构等各方面知识，可以借助某些成熟的设计方法来帮助实现系统设计。目前常用的设计方法有结构化设计方法和模块化设计方法。

（一）结构化设计方法

结构化设计方法是信息系统使用最广的一种设计方法，适用于软件系统的总体设计和详细设计，特别是将一个复杂的系统转换成模块化结构系统时，该方法具有优势。在使用过程中，可将结构化设计方法与结构化分析方法及编程阶段的结构化程序设计方法前后衔接起来。

1. 结构化设计的基本思想

结构化设计的基本思想是：使系统模块化，即把一个系统自上而下逐步分解为若干个彼此独立而又有一定联系的组成部分。结构化系统设计是用一组标准的准则和工具帮助系统设计人员确定系统应该有哪些模块，用什么方式连接在一起才能构成一个完整有效的系统。

任何一个系统都可以按功能逐步由上而下、由抽象到具体，逐层将其分解为一个多层次的具有相对独立的模块所组成的系统。模块化可以使整个系统设计简单，结构清晰，可读性、可维护性增强，有利于提高系统的可运行性，同时也有助于物流信息系统的开发和管理。

2. 结构化设计方法的特点

结构化设计方法具有以下特点：

（1）模块相对独立、功能单一。结构化设计的基本思想是将系统设计成由多个相对独立、功能单一的模块组成的结构。任何一个复杂的系统，都可按照"自顶向下"的原则将系统分解成若干个功能模块，形成层次结构。由于模块之间相对独立，每一模块就可单独地被理解、编写、测试、排错和修改，从而有效地防止错误在模块之间扩散蔓延，有利于提高系统的可维护性和可靠性，减少系统研制开发工作量。

（2）块内联系大，块间联系小。"模块内部联系要大，模块之间联系要小"，这是结构化设计中衡量模块"相对独立"性能的标准。事实上，块内联系和块间联系是同一件事的两个方面。系统中各组成成分之间是有联系的，若把联系密切的成分组织在同一模块中，块内联系高了，块间联系自然就少了。反之，若把密切相关的一些组成成分分散在各个模块中，势必造成很高的块间联系，这将影响系统的可维护性。因此，在系统设计过程中一定要以结构化设计的模块性能标准为指导。

（3）便于描述，易于理解。结构化设计方法使用的描述方式是模块结构图，用结构图来表达最初方案，清晰明了。结构化设计方法有基本的设计策略，即将数据流图转换成结构图，并运用一组基本的设计原则对最初方案进行优化。

（二）模块化设计方法

将一个信息系统设计成由若干子系统组成的方法称为模块化。采用模块化设计方法的基本思想是系统分解方法，将系统设计成由相对独立、单一功能的模块组成的结构，以系统的逻辑功能和数据流关系为基础，根据数据流图和数据字典，借助于一套标准的设计准则和图表工具，通过"自上而下"和"自下而上"的反复，把系统逐层划分成多个大小适当、功能明确，具有一定独立性且容易实现的模块，从而把复杂系统的设计转变成多个简单模块的设计。

1. 模块设计内容

模块设计的目的是建立一套功能完整的模块处理体系作为系统实施的依据。模块设计以系统需求分析阶段和系统总体设计阶段的有关结果为依据，制定出详细、具体的系统实施方案。

模块设计内容可以分为总控系统和子系统两个部分。总控系统部分的设计与总体设计中的系统总体结构图相对应，主要内容包括系统主控程序的处理方式，确定各子系统的接口、人机接口以及各种校验保护、后备手段的接口等。子系统部分的设计主要是对子系统的主控程序、交互界面、各功能模块和子模块的处理过程，包括数据输入、运算、处理和输出，其中对数据的处理部分应给出相应的符号和公式。

2. 模块设计原则

模块设计是一项复杂烦琐的工作。随着设计系统不断增大，模块的复杂性也迅速上升，设计难度相应增大。为了确保设计工作顺利进行，功能模块设计一般应遵循以下原则：

（1）模块的划分要求是模块的内聚性强，模块具有相对独立性，模块间的联系相对较少。

（2）模块之间的耦合要求是只能存在上下级之间的模块调用关系，不能有同级之间的横向关联。

（3）联结调用关系是只有上下级之间的调用，不能采用网状关系或交叉调用。

（4）整个系统呈树状结构，不允许有网状结构或交叉调用关系出现。

（5）所有模块都必须严格地分类编码并建立归档文件，以利于系统模块的实现。

（6）适当采用通用模块，有助于减少设计工作量。

（7）模块的层次不能过多，一般不超过 7 层。

3. 模块设计内容

模块的具体设计包括确定模块的联结方式，划分模块的功能等内容。模块联结方式有 5 种：按功能和数据流程联结、按模块特征相联结、按控制关系相联结、公共联结、内容联结。结构化系统设计中，模块一般是按功能划分的，通常称为功能模块。对于一个结构比较好的系统设计来说，模块一般比较小，基本上反映的是某一管理业务中局部性和单独性的功能。功能模块的划分能够较好地满足上述所有原则，而且还能够最大限度地减少重复劳动，增大系统的可维护性和提高开发工作的效率。

4. 模块设计工具

模块设计工具包括结构图和输入–处理–输出图（IPO 图）。所谓结构图，是指描述系统功能层次和功能模块关系的图，通常是树形结构。模块结构图主要关心的是模块的外部属性，即上下级模块、同级模块之间的数据传递和调用关系，而不关心模块的内部。用结构图进行功能模块设计的主要内容包括变换分析、事务分析和混合结构分析。变换分析是按照模块设计的原则，以功能聚合作为模块划分的最高标准，得出事务处理的模块结构。事务分析是根据事务处理的分类，将数据流程图分解为模块结构图。混合结构分析是以变换分析为主，以事务分析为辅，首先找到系统输入、主加工的输出，用变换分析法设计模块结构图的上层，然后根据数据流图各个部分的特点，适当进行变换分析和事务分析，就可以导出模块结构图。

IPO 图主要用于配合结构图来详细说明每个模块内部的功能。IPO 图的设计可因人因具体情况而异，但无论怎样设计，其中都必须包括输入（I）、处理（P）、输出（O），以及与之相应的数据库和数据文件在总体结构中的位置信息等。

5. 模块处理流程设计

模块处理流程设计是系统设计的最后一步，也是最详细地涉及具体业务处理过程的一步，它是系统实施阶段程序设计和编程的基础。模块处理流程设计是指用统一的标准符号来描述模块内部的具体运行步骤，不但要设计出每个模块及其它们之间的连接方式，还要具体地设计出每个模块内部的功能和处理过程。

模块处理流程的设计是在系统处理流程图的基础上，借助于 IPO 图来实现的。通过对输入、输出数据的详细分析，将处理模块在系统中的具体运行步骤标识出来，形成模块处理流程图，作为程序设计的基本依据。

三、装备物流信息系统数据库设计

装备物流信息系统数据库设计是系统设计与开发的重点。数据库设计的任务是在给定的硬件环境、操作系统等环境下，建立数据及其应用系统，使之能有效地收集、存储、操作和管理数据，创建一个性能良好的数据库模式，满足系统运行和部队的各种需要。

数据库设计是数据库在应用领域的主要研究课题。在数据库领域内，常常把使用数据库的各类系统统称为数据库应用系统（DBAS）。一般用于管理的信息系统可以建立在文件系统上，也可以建立在数据库管理系统上，既可以是数据库应用系统，也可以不是数据库应用系统。数据库应用系统通常是指以数据库为基础的信息系统，因此严格来说，数据库设计是数据库应用系统设计的一部分。在实际使用中，这两个概念往往区分不太明确。

（一）数据库设计内容与方法

1. 数据库设计的任务

数据库设计是指根据用户需求研制数据库结构的过程。具体地说，数据库设计是指对于一个给定的应用环境，构造最优的数据库模式，建立数据库及其应用系统，使之能有效地存储数据，满足用户的信息要求和处理要求，也就是把现实世界中的数据，根据各种应用处理的要求，加以合理地组织，满足硬件和操作系统的特性，利用已有的数据库管理系统（DBMS）来建立能够实现系统目标的数据库。

2. 数据库设计的内容

数据库设计包括数据库的结构设计和数据库的行为设计两方面的内容。数据库的结构设计是指根据给定的应用环境，进行数据库的模式或子模式的设计，包括数据库的概念设计、逻辑设计和物理设计。由于数据库模式是各应用程序共享的结构，是静态的、稳定的，一经形成通常情况下是不容易改变的，所以结构设计又称为静态模型设计。数据库的行为设计是指确定数据库用户的行为和动作。由于在数据库系统中，用户的行为和动作指用户对数据库的操作，这些要通过应用程序来实现，所以数据库的行为设计就是应用程序的设计。用户的行为总是使数据库的内容发生变化，是动态的，因此行为设计又称为动态模型设计。

现代数据库设计的特点是强调结构设计与行为设计相结合，是一种"反复探寻，逐步求精"的过程，其从数据模型开始设计，以数据模型为核心展开，数据库设计和应用系统设计相结合，建立一个完整、独立、共享、冗余小、安全有效的数据库系统。

3. 数据库设计方法

数据库设计方法目前可分为直观设计法、规范设计法、计算机辅助设计法等。

1）直观设计法

直观设计法也叫手工凑试法，它是最早使用的数据库设计方法。这种方法依赖于设计者的经验和技巧，缺乏科学理论和工程原则的支持，设计的质量很难保证，常常是数据库运行一段时间后又发现各种问题，这样再重新进行修改，增加了系统维护的代价。因此，这种方法越来越不适应信息管理发展的需要。

2）规范设计法

现实世界的复杂性导致了数据库设计的复杂性。只有以科学的数据库设计方法为基础，在具体的设计原则指导下，才能保证数据库系统的设计质量，减少数据库系统运行后的维护费用。目前常用的各种数据库设计方法都属于规范设计法，都是运用软件工程的思想和方法，根据数据库设计的特点，提出各种设计准则与设计规程。这种工程化的规范设计方法也是在目前技术条件下数据库设计最实用的方法。

3）计算机辅助设计法

计算机辅助设计法是指在数据库设计的某些过程中模拟某一规范化设计的方法，并以人的知识或经验为主导,通过人机交互方式实现设计中的某些部分。目前许多计算机辅助软件工程工具可以自动或辅助设计人员完成数据库设计过程中的很多任务。

(二) 数据库设计步骤

数据库设计是涉及多学科的综合性技术,而且是庞大的工程项目。数据库设计的特点之一是硬件、软件和管理等技术的结合;特点之二是数据库设计应和应用系统的功能设计相结合,也即在整个设计过程中要把结构设计和行为设计密切结合起来。数据库设计质量的好坏直接影响系统中各个处理过程的性能和质量。

目前设计数据库系统主要采用的是以逻辑数据库设计和物理数据库设计为核心的规范设计方法。其中,逻辑数据库设计是根据用户要求和特定数据库管理系统的具体特点,以数据库设计理论为依据,设计数据库的全局逻辑结构和每个用户的局部逻辑结构。物理数据库设计是在逻辑结构确定之后,设计数据库的存储结构及其他实现细节。

通过分析、比较与综合各种常用的数据库规范设计方法,我们将数据库设计分为以下 6 个阶段,数据库系统的三级模式结构也是在这样一个设计过程中逐渐形成的。

(1) 需求分析。进行数据库设计首先必须准确了解与分析用户需求(包括数据与处理)。需求分析是整个设计过程的基础,也是最困难、最耗费时间的一步。需求分析的结果是否准确反映了用户的实际需求,将直接影响到后面各个阶段的设计,并影响到设计结果是否合理和实用。

(2) 概念结构设计。准确抽象出现实世界的需求后,下一步应该考虑如何实现用户的这些需求。由于数据库逻辑结构依赖于具体的数据库管理系统,直接设计数据库的逻辑结构,会增加设计人员对不同数据库管理系统的数据库模式的理解负担,因此在将现实世界需求转化为机器世界的模型之前,我们先以一种独立于具体数据库管理系统的逻辑描述方法来描述数据库的逻辑结构,即设计数据库的概念结构。概念结构设计是整个数据库设计的关键,它通过对用户需求进行综合、归纳与抽象,形成一个独立于具体的数据库管理系统的概念模型。

(3) 逻辑结构设计。逻辑结构设计是将抽象的概念结构转换为所选用的数据库管理系统支持的数据模型,并对其进行优化。

(4) 数据库物理设计。数据库物理设计是为逻辑数据模型选取一个最适合应用环境的物理结构(包括存储结构和存取方法)。

(5) 数据库实施。数据库实施阶段,设计人员运用数据库管理系统提供数据库语言及其宿主语言,根据逻辑设计和物理设计的结果建立数据库,编制与调试程序,组织数据入库,并进行试运行。

(6) 数据库运行和维护。数据库应用系统经过试运行后即可投入正式运行。在数据库系统运行过程中必须不断地对其进行评价、调整与修改。

四、装备物流信息系统代码设计

代码是一组或者一个有序的易于计算机和人识别和处理的符号,这些符号可以是数字、字母,或者由数字和字母混合而组成。代码设计是指将系统中具有某些共同属性或者特征的信息归并在一起,以便于利用计算机进行识别的符号。

(一) 代码设计目的

装备物流管理离不开装备物流信息的编码，编码与代码是两个既有联系又有区别的概念。代码是指有一定信息概念的具体符号，而编码则是指由某一种符号系统表示的信息转换为另一种表示信息的符号系统的过程。信息编码可使客观存在的事物变成便于计算机识别和处理的统一代码。简而言之，编码是代码的编制过程。

一般来讲，编码工作应尽可能从上而下地统筹进行，否则很容易出现矛盾，从而失去代码的价值。在一个业务系统中，可以有系统内的标准代码，称作内码。内码在信息系统的建设中起着十分重要的作用，它是系统内部进行信息交换的标识。在编好内码的同时，又必须留有国家或军队统一代码的数据项，以便在对外进行数据交换的过程中使用。

(二) 代码的作用

编码和代码是信息系统工作的基础。任何信息都是通过一定的编码方式，以代码形式输入并存储在计算机中的。如果没有比较科学的、严谨的代码体系，信息系统的工作质量和效能就会受限。代码的作用可概括为以下几个方面：

（1）鉴别。鉴别是代码最基本的功用。在信息分类编码标准中，一个代码只能唯一地表示一个分类对象，而一个分类对象只能有唯一的代码。

（2）分类。代码通常按分类对象的属性分类，并赋予不同类别，因此代码可以作为分类对象类别的标识。

（3）排序与索引。由于代码是按分类对象产生的时间、所占空间或其他方面的顺序关系进行分类的，因此代码可以作为排序和索引的标识。

（4）专用含义。代码可提供一定的专门含义，如数学运算符、分类对象的技术参数、性能指标等。

(三) 代码设计原则

代码设计一般应遵循以下原则：

（1）唯一性原则。虽然一个编码对象可能有很多不同的名称，也可按照不同方式对其进行描述，但在一个分类编码标准中，每一个代码仅代表唯一的实体或属性；反过来，每一个实体或属性只用唯一的代码来表示。

（2）标准化和规范化原则。考虑装备物流信息系统与各级军队管理部门通信和联网的需要，应尽可能利用国家和军队的标准代码。在一个代码体系中，所有的代码结构、类型、编写格式必须保持一致，以便于信息交换和共享，并有利于系统的更新和维护工作。

（3）易识别原则。代码既要便于管理人员使用时的识别和记忆，又要便于计算机识别、分类，尽量不要使用易于混淆的字符。

（4）适用性和可扩充原则。代码要尽可能地反映对象的特点，以便于识别和记忆。考虑到系统的发展和变化，编码时应留有一定的空间，留有足够的备用代码，以满足扩充和增加新的代码的需要。

（5）合理性和简捷性原则。代码设计必须与编码对象的分类体系相对应，在不影响上述原则的前提下，代码应尽可能简单，以节省计算机存储空间，方便输入，提高处理效率，减少差错。

（四）代码设计步骤

装备物流信息系统编码的任务就是在系统调查与分析的基础上，确定系统内需要代码的实体，给出代码结构和编码规则，并对所有编码对象实施编码，从而建立统一的代码体系。其步骤如下：

（1）确定编码对象。根据调查分析，在基本数据项中选出需要编码的对象并加以汇总。常见的编码对象包括军队各级单位、设备、物资等。

（2）分析编码对象。分析编码对象的特征以及代码使用频率、变化周期、追加和删除情况等。

（3）代码结构设计。按照国家、军队对信息系统开发的要求，遵循国家和军队相关标准，若没有相关标准代码或其他明确规定，则要参照国际标准化组织的编码标准，确定其代码结构的类型和具体的结构形式。

（4）校验位设计。对需要加校验位的代码，设计其检验位的计算方法。

（5）编制代码表。按照代码结构及编码规则，对每一类代码实体的所有编码对象赋予具体代码值，从而得到代码清单。

（6）建立代码体系。将所有手编代码，以实体为单位转换成由计算机存储的代码对照表文件。代码设计的结果包括代码对照表文件目录、存储文件以及关于代码结构及编码规则的说明等。

五、装备物流信息系统输入/输出设计

输入/输出设计是装备物流信息系统设计中的一个重要环节，它对于系统使用的方便性、安全性和可靠性都是十分重要的。好的输出结果可以为管理者提供简捷、明了、有效、实用的管理和控制信息，而好的输入方式是获得好的输出结果的重要保证。

（一）输出设计

系统实施是从输入到输出，而系统设计的过程是从输出设计到输入设计。这是因为输出结果直接与使用者相联系，没有好的输出结果就不会有好的系统应用。从这个意义上讲，系统输出将直接影响系统的应用价值，是系统开发的目的和评价系统开发成功与否的标准。输出设计的根本目的是使系统能够提供充分满足部队需要的有用信息。

1. 输出设计要求

为了提高系统的规范化程度和编程效率，在输出设计上应尽量保持不同输出内容和格式相统一。对于相同的输出内容，无论是采用显示器、打印机、文本文件还是数据表格文件，都应具有同一性或者类似的格式。输出设计应尽量符合使用者的习惯和要求，某些公文类的文本文件输出必须符合特定规范。输出设计的基本原则是有效、可靠、实用和经济。

2. 输出设计内容

输出设计内容包括输出格式设计、输出设备选择和输出介质确定，以及确定数据的输出格式。系统输出内容确定应主要考虑以下两个方面：一是信息使用者的类型，如使用者的阅读习惯、对输出结果的使用方式、对输出量的要求、输出结果使用的有效期、保管方法等；二是输出信息的内容，包括输出的项目、数据类型、精度、数据来源和生成算法。

3. 输出形式设计

系统输出形式主要包括报表、图形、文本等。报表是以表格的形式输出，是数据处理系统中用得最多的信息输出形式。尽管输出报表的种类多种多样，但是任何报表都是由表头和表体组成的。表头包括表头标题、单位名称、输出时间、项目名称等。表体是系统输出的各种变动数据。屏幕表格和打印表格设计方法基本相同，一般来说，屏幕表格长度和宽度有限，对于大型表格需要分屏显示。报表设计相对烦琐复杂，可以利用制表工具软件实现。物流信息系统用到的图形信息主要有直方图、圆饼图、曲线图、地图等。图形信息在表示事物的变化趋势、进行多方面比较等方面有较大优势。通过对大量历史数据进行处理，可以生成比较直观的图形，供用户使用。文本通常表现为报告的形式。报告格式设计应注意以下几点：一是格式规范，符合行文要求；二是结构清晰，逻辑性强；三是标题醒目，直接点题；四是内容精练，语言流畅。

（二）输入设计

输入设计是整个系统设计的关键环节之一，它的根本任务是保证将正确的信息输入到系统中，所完成的功能是将系统外的信息转换成机内信息。输入是信息系统进行工作的出发点，是信息处理的"源"。只有正确地输入系统需要的信息，才能保证系统输出有价值的结果。如果输入信息错误或输入的信息质量不高，就不可能希望系统输出高质量的、有价值的结果。一个好的输入设计能对系统应用起到积极的促进作用。

1. 输入设计基本原则

输入设计应遵循以下基本原则：

（1）尽量减少输入工作量。输入工作量增加不仅浪费人力、物力，而且还会增大输入错误率。因此，在输入设计中，应尽量控制输入信息总量。在输入数据时，只需输入最基本的数据，其他信息可以通过计算、统计、检索等方法由系统自动产生。

（2）避免输入错误。输入设计中应采用多种输入校验方法和有效性验证技术，减少输入过程中的错误。在输入原始数据时，应采用双人联合工作方法，一个人负责读，另一个人负责输入。读数据的人语言应当标准，同时通过屏幕帮助校验。在设计系统的输入方式时，应尽量利用已有的信息资源，通过计算机程序直接转录，以避免人工输入错误。

（3）尽量简化输入过程。在输入设计中，要尽量简化输入过程，尽量避免不必要的输入步骤。要仔细验证现有步骤是否完备，是否可以进一步提高效率，并提供便于查错和纠错的输入功能。

2. 输入方式设计

输入方式主要根据总体设计、数据库设计和用户类型进行设计。常用的输入方式有以下几种：

（1）键盘输入。键盘输入方式主要适用于常规、少量的数据和控制信息的输入，以及原始数据录入。对于大批中间处理数据输入，该方式不太适用。

（2）数模/模数转换输入。该方式直接通过光电设备对实际数据进行采集，并将其转换成数字信息，既省事又安全可靠。

（3）网络数据输入。使用网络可以安全、可靠、快捷地将异地数据输入系统。网络传送数据输入方式有多种，如利用数字网络直接传送数据、利用电话网络传送数据等。

（4）移动存储器数据输入。利用移动存储器传送数据是一种非常方便的输入数据方式，经常被用在主系统和子系统之间的数据连接上。

（三）用户界面设计

输入/输出界面是人和计算机联系的主要接口，操作者通过屏幕显示与计算机对话，向其输入数据，控制计算机处理过程，并通过界面将处理结果输出。因此，人机界面设计非常重要。用户界面有以下3种主要方式：

1. 菜单方式

菜单是常用的界面形式，信息系统功能通过菜单直接显示在屏幕上，使用者可以根据需要选择操作。菜单的形式可以分为下拉式、弹出式或按钮选择方式。菜单选择的方式可以通过移动光标、选择数字或直接用手在屏幕上选择等多种方式。

在进行菜单设计时一般应结合用户思维习惯，使使用者能够很方便地找到所需要的功能，并很快进入系统。除非少数重要操作，一般不设计多次确认操作。但是，对于具有重要影响的输入操作，有必要设计让使用者进行确认，防止误操作导致不可挽回的后果。例如，执行删除操作时，就有必要进行确认；为了便于识别，在设计时两个邻近功能的菜单应考虑使用对比色调明显的颜色，以使它们之间的变化更加醒目；在系统中常常用下拉式菜单来描述系统与子系统的功能关系，下拉式菜单的好处是系统功能表述清晰，使用方便、灵活。

2. 会话管理方式

人机对话几乎毫无例外地被应用在各种用户界面中。例如，当使用者操作错误时，系统向使用者发出提示和警告性的信息；当系统执行操作指令遇到两种以上的可能时，系统会提醒使用者进一步说明；运用系统进行定量分析时，分析结果通过屏幕向使用者发出控制性的信息等。在决策支持系统中常常会遇到大量的、具有一定因果逻辑关系的会话，这类会话往往反映一定的因果关系，具有一定的内涵。前一次人机会话的结果，决定了下一步系统将要执行的动作以及下一句问话的内容。这种会话常常被设计成数据文件中的一条条记录，在系统运行时首先接收使用者对会话的回答，然后执行相应的判断语句。如有必要，系统再通过简单推理从会话文件中调出下一句会话，并显示在屏幕上，依次下去，直到最终问题得到满意的解决。

3. 提示方式与权限管理

一种操作提示方式是比较流行的用户界面设计方式，它是把要点显示在屏幕的旁边，方便使用者操作。另一种操作提示方式是将整个系统操作说明书全输入系统文件中，并设置系统运行状态指针。当系统运行操作时，指针随着系统运行状态来改变，当使用者按求助键时，系统则会立刻根据当前指针调出相应的操作说明，并可根据请求进行进一步详细提示。

操作权限管理是用户界面设计的重要内容之一，通过设置系统进入口令和建网时定义该节点级别来实现。对于单机系统的使用者来说，只需简单设置系统的上机口令即可。

思考与练习

1. 简述装备物流信息系统基本概念。
2. 装备物流信息系统需求分析的目的与任务是什么?
3. 简述装备物流信息系统需求分析过程。
4. 简述装备物流信息系统设计目标有哪些。
5. 论述装备物流信息系统数据库设计内容与方法。

第七章
装备物流管理工程与技术

装备物流是装备保障领域的军事物流活动,具体是指装备通过生产、筹措、运输、储存、包装、加工(修复)、调拨、供应等环节及相关信息活动,最终抵达部队使用或消耗以及报废与回收处理,实现装备时间和空间转移的全过程。本章主要阐述了装备保障过程中储存、运输等管理工程与相关技术。

第一节 装备储备策略与技术

一、装备储备概述

(一)装备储备基本概念

装备储备是指装备本身及与其配套的保障物资器材,自生产出来到供应部队使用之前所进行的一系列保管活动与过程。也可以说,是在保证装备及配套物资质量和数量的前提下,根据一定规则,在一定时间内将装备以及配套物资存放在一定场所(仓库)的管理活动。

(二)装备储备主要功能

1. 通过储备的"空间效应"满足装备物流的"时间需求"

装备是非常复杂的系统,无论是设计生产还是运输维修,都需要一个相对较长的时间,而战争对装备的需求往往是短时间的、大批量的,如果完全采用"按单生产"的及时制物流模式,就无法满足军事需求。在不同的地域,相对分散地配置装备储备,可以有效地发挥装备储备的"空间效应",以换取对装备物流需求的"时间效应",大大缩短装备物流运转的时间,为装备保障和参与训练与战斗赢得"时间优势",同时也在第一时间满足了装备物流的"空间"需求。

2. 通过储备的"增值效应"满足装备物流的"质量需求"

现代装备储备的概念已经远远超出单一的"仓储功能"的概念。在装备储备环节,既可以进行装备的再加工,将零散的"配件"组装成整合"装备",也可以进行再包装,通过托盘化、集装化处理,使装备具有单元化的特点,以便于储备和运输,还可以通过贴条码或配装其他信息化装置,融入全军装备管理系统中,使装备物流实现全程"可视",提高装备物流的水平,确保装备物流的"质量效益"。

3. 通过储备的"规模效应"满足装备物流的"数量需求"

现代高技术战争对装备的需求时间短、数量大。在短时间内完成大规模的装备物流流转，具有很大的难度。因此，无论是平时训练还是战时保障，在军事需求发生之前，就生产和储备一定规模的装备，并适当提前分散预置，可以通过储备的"规模效应"来满足装备物流的"数量需求"。

4. 通过储备的"蓄能效应"满足装备物流的"调节需求"

装备储备具有非常强的"蓄能效应"，装备仓库也被称为装备物流的"蓄水池"。平时，装备储备在各级仓库，持续供应能够满足装备使用和维修的需要。战时，雄厚的装备储备能够保证装备源源不断地运到战场，满足战时装备保障的需要。但是，无论是平时还是战时，在实际运行过程中，装备支援的方向和数量要经常发生变化，才可以满足部队的需要。为此，通过储备的"蓄能效益"可以有效地完成装备物流的"调节需求"。当原来的供应对象发生变化时，或者保障任务发生变化时，装备物流可以通过仓库的调节功能，及时改变物流方向或选择新的装备仓库实施保障，满足新的任务要求。

（三）装备储备的原则和要求

1. 装备储备的原则

（1）实物仓储与技术仓储相结合。随着部队现代化建设水平的不断提高，装备型号不断增加，需要装备器材的品种越来越多，数量越来越大。为了满足装备训练和维修的需要，必须仓储一定数量的实物装备及器材，但实物仓储装备及器材的效用是相对固定的，它需要占用相应的储备设施和管理人员，存在着储存费用高、品种相对固定的问题。同时，由于受军费和装备更新换代的制约，不可能大数量、大规模地仓储装备及器材。为此，必须坚持实物仓储与技术仓储相结合的原则，以提高装备及器材的运用效能和军事经济效益。

（2）军队仓储与地方仓储相结合。许多国家十分重视民用仓储功能的开发，建立了军民结合的仓储网络。为了适应国家和平时期经济建设的要求，提高装备及器材仓储的军事经济效益，应采取军民兼容性的仓储策略，实行军民结合、联网兼容的形式，完成通用物资的仓储工作。这样，不仅有利于国家经济建设和装备发展的需要，而且比单独的军队仓储具有更广泛的保障能力。

（3）集中与分散相结合。随着部队现代化建设的不断发展，装备及器材消耗的构成越来越复杂，品种和数量越来越多。例如，每个仓库均采取全面仓储的方式，势必造成人力、物力和财力的浪费，要根据装备及器材资源的情况，采取根据需求分别储存的方式，科学确定各级仓库的装备及器材仓储的品种和数量，从而减少流通环节，降低流通费用，提高装备保障能力，有利于战时迅速形成综合保障能力。

（4）局部利益和整体利益相结合。如何正确处理局部利益和整体利益的关系问题，是各级装备及器材管理部门经常遇到的一个突出问题。作为主管部门，要全面考虑各使用单位的情况，科学地确定各种装备及器材的仓储定额。作为装备及器材的消耗单位，不能停留在希望本单位储备的装备及器材品种多一些、数量大一些的观念上。各级装备及器材管理部门，要不断更新观念，以全局为重，实现局部利益和整体利益的统一。

（5）平战结合。装备及器材仓储是为了满足平时、战时装备维修的消耗需求。在谋划装备及器材仓储时，要根据平时、战时装备及器材的消耗特点和规律，在仓储数量、仓储结构、仓储布局、仓储方式、科技发展等方面，进行综合分析，确定合理的装备及器材仓储。

2. 装备储备的要求

（1）合理的数量。装备储备数量的合理性是指装备储备要符合装备的消耗规律和流通规律，能够保证部队完成作战训练任务的需要。储备过多，装备不能及时周转，既造成积压浪费，也造成资金积压和仓储费用的增加。储备过少，不能满足装备使用、维修的需要，影响部队作战训练任务的完成。因此，应该根据实际需要和装备流通状况，通过科学的运筹核算，制定一个储之合理、备之适度的装备储备的数量界限，并采取各种有效的控制办法，使装备储备经常保持在合理的数量范围之内。

（2）合理的结构。装备储备结构是指不同类别、品种、规格的装备在储备数量上的比例关系。装备储备结构是否合理，关系到供应保障能力，也是影响装备周转速度的重要因素。合理的装备储备结构要依据装备的消耗结构、消耗类型、装备本身的特点、装备供求情况等因素来确定。

（3）合理的时间。装备储备的时间是否合理，对装备的周转速度和使用效益有重要影响。合理确定装备储备时间，应该综合考虑以下因素：一是装备储备时间的确定要以及时满足部队需要为前提。各种具体的需求总是表现为一定时间上的需求，这就要求装备储备与部队需求在时间上紧密衔接起来。二是装备储备时间的确定要考虑装备生产周期的影响。装备储备量随着装备的调出、消耗，需要不断得到补充、更新，而这种补充和更新受到装备生产周期的制约。在此期间，装备储备量应能满足各种正常消耗的需要。三是装备储备时间的确定应考虑无形消耗的影响，以装备的使用价值不受损失所能允许的时间为限度。一方面，由于科学技术的发展，新产品不断出现并投放市场，使库存的老产品价值降低，产生无形消耗。另一方面，超过装备性能允许的储备期限，装备就会因物理、化学性能的变化，逐渐失去使用价值。因此，要根据无形消耗对储备时间的影响，合理确定储备时间。

（4）合理的空间。装备储备的合理空间，表现为各级装备物流管理机构的合理分工和装备保障地区的合理布局。各级装备物流管理部门，要根据各自的职能、保障的范围等因素，明确分工，形成纵向的梯次配备。装备储备在地区的合理布局，要综合考虑装备消耗量的大小、装备来源、交通运输条件等因素，本着便于管理、减少中转、相对集中、避免重复、利于调运、降低费用等原则统筹安排。

二、装备储备策略

装备储备的合理性集中体现在仓储结构、仓储数量、仓储布局以及仓储调控等方面。在装备储备的范围、规模、时间、布局和储存方式等重要决策中，所采取的一系列对策称为装备储备策略。

（一）装备储备构成

目前我军的装备储备，根据其任务可划分三级储备，即战略储备、战役储备和战术储备。

1. 战略储备

战略储备是为保障部队完成战略任务要求而进行的装备储备，主要用于保障战略动员、扩编和战备预备队的需要，以及对主要战役方向上的重点支援。担任战略应急保障任务的仓库，其装备储备还用于应付突发事件。战略储备是装备储备必不可少的组成部分，未来战争突发性强，装备消耗快，搞好战略装备储备工作具有重要的现实意义。

2. 战役储备

战役储备是为保障部队完成战役任务需要而进行的装备储备，主要用于保障本战区作战需要，必要时也可作为各个战区之间的相互支援。当战役方向已经明确时，该方向上的战役装备储备就成为主要的补给源，其储备数量是否充足，储备结构和布局是否科学合理，直接关系到装备供应能否顺利进行，甚至影响战役进程和战争的结局。

3. 战术储备

战术储备是战术部队为满足一定时间内的作战需要，按上级规定的标准而储备的装备，它由集团军、师（旅）、团的移动储备和加大储备两部分组成。

在我军历次边境作战中，三级储备的方式对我军夺取战争胜利起到了重要作用。它不仅满足了平转战的紧急动员和作战部队快速集结的需要，而且对实施战中补给和重点支援、有效完成装备保障任务也起到了积极作用。

（二）装备储备布局

装备仓库是装备的储存供应基地，其布局和位置的设置从根本上影响着装备保障效能的发挥。因此，科学设置装备仓库的布局是非常重要的。装备储备布局的确定原则主要有以下几个方面：

1. 符合军事战略部署

《孙子兵法》中关于物资储备有一句名言："军无辎重则亡，无粮食则亡，无委积则亡。"对于现代军队和现代战争，装备物资储备是一项复杂的系统工程，对保障部队作战所起的作用与日俱增。正是由于装备储备的重要和复杂，装备仓储基地或装备仓库的设置显得尤为重要。

装备仓库按其担负的任务通常划分为战略装备仓库、战役装备仓库和战术装备仓库。战略、战役两类装备仓库在布局、规模上应根据国家总的军事战略方针进行统一规划，并结合各战区、各战略方向的部队布置、作战方案等全面考虑。既与战略、战役方向的可能作战任务、兵力部署相适应，又与国家的总体重工业布局相结合，使装备仓库的储备以满足战时装备的供应为目标，以搞好平时装备的储备为根本，通过合理地设置装备仓库，最大可能地发挥装备仓库的军事效益。

2. 考虑交通运输条件

快速保障是现代战争的突出特点之一。具有依靠后方仓储强有力的战略支援和快速有效的保障，才能保证部队具有持续作战能力。把装备仓库储存的装备快速运送到作战部队，其连接纽带就是运输工具和运输条件。

3. 充分利用自然地理环境

现代战争装备消耗具有不可替代性和高额消耗特征，作战双方都力求首先破坏或攻击对方的装备储备基地，切断对方的装备供给。随着侦察技术、精确制导武器的不断发展，发现和摧毁装备储供基地（装备仓库）的可能性也越来越大。因此，借助于自然屏障，更好地隐蔽和防护装备仓库是装备仓库设置时必须考虑的因素之一。为此，仓库的位置应选择在有较好屏障的山区或丘陵地带，依山附势建设仓库；装备库房应以洞库为主，不仅利用山体做防护屏障，减少库房被破坏的可能，还便于伪装防护，减少被发现的可能。

（三）装备储备规模

装备储备规模，简而言之，就是装备储备量的多少。储备量大，可使战时装备保障有雄厚的物质基础，但可能会造成平时装备占用资金过多，造成经济效益低下，战时则不便于部队机动，甚至会成为负担；储备规模小，虽然经济效益明显，但又可能造成战时装备数量不足，直接影响作战。建立适当的储备规模，就是要在满足部队需求的前提下，争取较高的经济效益，在两者之间建立一种恰当的平衡关系。

装备储备量的确定是一项重大研究课题。最佳装备储备量不是固定不变的，随多种影响因素的变化，应不断调整储备量。确定装备储备量时，以下原则可供参考：

1. "以储保供，以供调储"原则

"以储保供，以供调储"就是以装备的平时储备来保证战时的装备供应，以战时装备的供应需求来不断调整装备的储备规模。也就是说，一方面，战时装备的保障供应必须立足于平时的装备储备，而不能依赖战地临时筹措；另一方面，平时装备储备量要能够满足战时消耗需求，根据战争可能性及战役战斗类型及时调整储备量，确保装备的储备有一个科学的范围。

2. "立足当前，着眼未来"原则

谋划最优装备储备，应当结合当前形势和我军装备生产、储备及供应现状，研究现代战争装备消耗的特点与规律，综合分析影响装备储备量的各类因素。在此基础上，还必须充分预测未来战争装备的发展变化，使装备的储备既能满足战争突发时的保障需求，适应当前一个时期的战略需要，又能顺应装备技术发展的需求变化趋势。

3. "保障重点，兼顾一般"原则

装备的储备在类别上、区域分配上都必须有所侧重。装备品种多、数量大、功能多样，对功能先进的新型装备和关系战争全局的重点装备应实行重点储备；对一般装备则以满足需求为原则，实行足量储备。

（四）装备储备结构

各类装备构成了装备储备体系，在装备储备体系内部，各类装备之间构成了一定的比例关系，这种揭示储备的各类装备之间数量比例关系的特性称为装备储备结构。简而言之，就是各类装备之间的数量关系。

如果按储备的性质和用途来划分，那么装备储备体系由战略储备、战役储备和战术储备所组成。由于各类装备在战时发挥功能不同，用途不同，作战时的消耗也不一样。合理确定装备储备结构，可以使装备在整体上处于配套优化状态，避免了因缺少某类或某种装备而造成比例失调、导致军事行动难以进行的弊端，对于最大限度满足部队需求、高效经济地实施装备保障具有重要的军事意义。装备储备结构的确定原则包括以下几个方面：

1. 区域结构配套原则

区域结构配套原则就是在某一战区或战略方向上按照作战中装备的需求状况，从储备结构上进行优化并形成配套，以求装备在品种和数量上达到科学合理。在不同的战区，由于作战对象不同，武器装备的运用和作战模式也不一样，使得战中装备消耗需求有其自己的特点。按照区域结构配套原则谋划装备储备结构，符合"就近、快速、高效"的保障原则，可以有效保障本战区的装备需求，适应现代战争对装备保障的要求。

2. 梯次结构配置原则

梯次结构配置，就是对各类装备由作战一线到战略后方所处的位置，按照战术、战役、战略三级储备形成梯次配置的结构状态。这种战备上的纵深梯次配置，是我军装备储备历史上形成的宝贵经验。实践证明，这种储备方式是具有我军保障特色而且也是十分灵活的有效储备。在未来高技术条件下的局部战争中，我军作战部队或扩编部队不仅需要在战争初期的短时间内补充大量装备，而且在战争进程中因装备消耗量大还需要及时补充。科学实施梯次结构配置，可以弥补应急保障和持续保障能力较弱、平转战周期较长的缺点。

三、装备储存技术

装备储存主要是指通过特定场所储存和保管装备物资的行为，是对有形物品提供存放场所、存取装备过程和对存放装备的保管、控制的过程。装备储存技术主要有储存堆码技术、环境监控技术以及自动化立体储存技术等。

（一）储存堆码技术

装备堆码要综合考虑装备种类及属性（易碎性、易燃性和摆放指向性）、包装外形及尺寸、堆码先后及上下布局要求、空间利用率等要求，采用优化仓储、集装方法确定最佳堆码方案，提高储运空间的利用率和储运效率。

（二）环境监控技术

在装备储存过程中，重点是保证储存质量、维持装备的使用价值。各种材质的装备在某些环境条件下会发生腐蚀、霉变及老化等，使其使用价值受损。同时，装备储存还面临着防盗、防火等一系列安全问题。利用环境监控技术可以及时获得装备储存环境的各项信息，应适时采取措施进行调整控制，使得装备始终处于最合适的储存环境中，最大限度地维持其使用价值。

同时，还可以第一时间得到环境的异常变化并及时作出反应，如出现火情和非法进入等。目前对装备储存环境的监控主要包括以下几个方面：

1. 视频监视

在装备储存区适当的位置安装摄像头，将储存区出入道路和重点部位都纳入摄像头的拍摄范围，通过摄像头对进出装备储存区的所有人员、车辆进行图像采集，经计算机压缩处理变成视频监视，值班人员通过视频监视可以实时掌握储存区的情况，及时发现可疑迹象并报警。视频监视可以录像保存以备日后调查使用。

2. 温湿度监控

装备储存对环境的温湿度有各自不同的要求。例如，一般的装备只有湿度要求，不能大于40%RH；一些精密装备储存则要求恒温恒湿。温湿度监控是通过温湿度传感器动态监测环境的温度、相对湿度和绝对湿度，并能自动控制恒温恒湿空调或除湿设备的运行。

3. 烟火探测监控

装备的储存过程中，可能会由于空气干燥、气温偏高、库房线路短路甚至人为原因而引发火情，如果火情没有被及时发现并得到有效控制，后果将不堪设想。对烟火的监测通常使用烟雾探测装置，将探测装置的输出信号传输到计算机上，一旦发现有烟火征兆，计算机一面控制灭火装置进行紧急扑火，一面向外发出警报，以便人员得到火情警报后采取进一步措施以确保装备的储存安全。

4. 非法入侵报警

任何进入装备储存区的人员都应是得到相应的允许或授权，凡未经管理人员允许或授权擅自进入储存区的行为都属于非法入侵。对非法入侵要及时发现并作出反应，以保证装备储存的安全。非法入侵监测是利用传感器监测储存区的门窗及其附件的状况，一旦发现有未经授权试图擅自闯入的行为，就立即发出警报显示闯入者的位置，所使用的传感器包括声、光、振动等传感器。

（三）自动化立体储存技术

自动化立体仓库主要由机械和控制两大部分构成。机械部分包括货架、输送部分和码垛部分等；控制部分包括传感器、条码阅读器、计算机网络通信和数据库等。

自动化立体仓库的管理和控制系统是管理和控制立体仓库物流和信息流的综合系统，主要包括计算机管理系统、后台监控系统、可编程逻辑控制器（PLC）控制系统等。计算机管理系统是操作员直接使用的界面，处理仓库的物流数据，通过与后台监控程序的配合完成入库和出库作业，并进行账目管理，包括成批量、多品种入库管理、出库管理、入出库退货管理、费用分摊、信息查询、统计报表、金额核算、库房管理、系统服务等。后台监控系统采用仓库管理监控级和实时控制级二级联网的在线联机自动控制，具有入出库作业自动控制、作业状态位置监视、故障自动报警以及位置、状态、外形和安全的自动检测功能，并具有仿真动画效果。PLC控制系统采用工业型可编程逻辑控制器（PLC）和交流变频调速器作为控制单元，有手动、半自动、单机自动、联机自动等多种控制方式。

自动化立体仓库的主要分类有以下几种：

（1）托盘单元式自动仓库。采用托盘集装单元方式保管装备的自动仓库，是自动仓库最广泛的使用形式，也就是通常所说的"自动仓库"。

托盘单元式自动仓库一般由巷道堆垛起重机、高层货架、入出库输送机系统、自动控制系统、周边设备和计算机仓库管理系统等组成。根据高层货架与建筑物之间的关系不同，可以分为：整体式自动仓库，即由货架顶部支撑建筑屋架，在货架边侧安装墙围，货架与建筑物成一整体；分离式自动仓库，即货架与建筑无关，呈独立、分离状态。根据自动控制的方式不同，可以分为：单机设定，自动运转；单机设定，红外通信，自动运转；计算机遥控设定多台单机，自动运转；计算机脱机/联机/实时自动控制。

（2）拣选式高层货架仓库与单元-拣选式（自动）仓库。拣选式高层货架仓库是由拣选式巷道堆垛起重机和高层货架为主组成的仓库。拣选式巷道堆垛起重机没有货叉伸缩机构，而有带司机升降、拣选的司机室和作业平台。它适用于多品种小件物品的零星入出库作业，如维修配套件仓库、标准件库、劳保库。单元-拣选式（自动）仓库，堆垛起重机既有货叉的伸缩机构，又有随载货台一起升降的司机室，因而既能实现单元托盘货物的入出库作业，又能实现零星的拣选作业。

（3）箱盒式自动仓库，即采用箱盒单元方式保管装备的自动仓库。箱盒单元货物要比托盘单元货物外形尺寸小、质量轻，适用于存放小型物料，以及一次入出库量较少的自动仓库。

（4）高架叉车仓库，即由高架叉车和高层货架为主组成的仓库。因为高架叉车向运行方向两侧进行堆垛作业时,车体无须直角转向,而使前部的门架或货叉作直角转向及侧移,这样作业通道大大减少。此外,高架叉车的起升高度比普通叉车要高,从而大大提高了空间利用率。高架叉车又称无轨堆垛机,与有轨堆垛机相比,可多巷道共用一台,适用于巷道高度较短、入出库作业频率较低的仓库。在多巷道、多台高架叉车的仓库,有时还配套使用条形码识别、无线传输、自动识别等装置。

第二节　装备仓储管理与优化

一、装备仓储管理

仓储管理是指对在库装备数量和品质进行的管理,以防止装备数量出现短缺和质量发生变化,提高劳动生产率,减少在仓储作业过程中的保管、装卸、包装费用以及装备损耗,加快装备在仓储过程中的作业时间。

(一) 装备仓库的分类与功能

1. 仓库类型

装备仓库种类繁多,性能各异,知识密集,技术复杂。根据它们的构造、原理、性能、用途和保障体系分工的不同,装备仓库可划分为多种类型。

按仓库储存规模(储量)可分为大型仓库、中型仓库和小型仓库。通常,储量在 5 万 t 以上的称为大型仓库,储量在 3 万～5 万 t 的称为中型仓库,储量在 3 万 t 以下的称为小型仓库。

按仓库担负的任务可分为战储仓库和周转仓库。战储仓库主要担负各种战备装备的储备任务,它又分为战略装备储备仓库和战役装备储备仓库。战储仓库一般储量较大,配置在战略(战役)纵深、地形比较隐蔽、交通方便的地域。周转仓库平时担负一定的装备供应和周转任务,一般具有收发频繁、供应任务量大的特点。

按储存装备种类可分为装甲器材仓库、军械仓库、弹药仓库等。

按储存装备种类多少可分为综合仓库和专业仓库。综合仓库指储存两个专业门类以上的装备仓库。专业仓库指储存单一专业物资的仓库,如装备仓库、弹药仓库等。

2. 仓库功能

装备仓库是装备储存和保障的基地。传统的装备仓库经常将大批量的装备在仓库中存放较长时间,而现代仓库更强调装备的动态进出,在仓库中存放尽量少的装备、尽可能少的时间。装备仓库的主要功能是科学地储存、保管和及时有效地供应装备,以及回收和修理废旧装备,以保障部队正常的训练和作战。

(二) 仓储管理的特点和要求

1. 仓储管理的主要特点

(1) 装备管理的稳定性。装备储存具有储存周期长、流动性小、呈相对稳定状态的特点。这一特点,使仓库易于掌握装备数质量变化规律,有利于改进管理方法,提高仓储物资管理水平。

(2) 管理效益的潜在性。装备仓储管理效益体现在军事效益和经济效益两个方面。经济效益是有形的，可以直接量化和直接评估考核，而军事效益难以定量地加以表述，只有在直接完成作战和训练等保障任务时，才能完全体现出来。因此，仓储管理的经济效益和军事效益是完整的统一体，要在确定军事效益的前提下，讲究经济效益。在特定的条件下，为达到一定的军事目的，可以采取一些非常措施，突破通常的人力、物力消耗，以求得最大的军事效益。

（3）保障的时效性。仓库是部队执行作战任务所需装备的直接保障单位，受作战行动的影响和支配，一切工作必须从作战需要出发，由此决定了仓库管理工作有着极强的时效性，既要求仓库一切管理工作必须保质保量完成，又要求一切管理工作必须按时按点完成。

（4）库存装备的专用性。库存装备突出的特征是绝大多数物资器材与民用物资缺少通用性。要求仓库必须建立完备的装备筹措、供应、维修体系，并要求仓储管理必须具有周密的计划性，否则无法保证装备的供应，实施正常的装备保障。

（5）保障任务的艰巨性。仓库装备储备数量大、品种多、保管条件要求高，平时供应和战时保障任务十分繁重。战争初期，仓库要加大储备以满足新建、扩建部队的装备需求，又要及时补给前线作战部队大量的装备消耗；战中，既要大批量地发出装备，又要超容量地接收战略后方前送和就地筹措的装备。

（6）管理活动的机密性。仓储装备的供应和保障，严格受到军队作战行动的制约，装备管理活动也必须具有机密性的特征。尤其是未来作战，军队对后方的依赖性不断增强，仓储装备的保密性就愈加突出。

2. 仓储管理的基本要求

（1）装备管理要切实抓好防潮、防热、防冻、防雷、防洪、防火、防鼠咬虫蛀、防锈蚀霉烂、防丢失损坏、防差错事故等工作。

（2）数据处理要做到信息畅通，数据准确。

（3）管理活动要有章可循，各项规章制度包括物资出入库、检查验收、人员进出库区、各种岗位责任制等。

（4）管理目标要统筹规划，讲究效益。在平时建设和战时保障准备期间，必须对影响仓库管理效益的因素进行认真分析研究，探索仓储管理规律，制订科学而周密的工作计划。

（三）仓储计划管理

仓储计划管理的任务就是根据上级下达的任务，结合装备仓库的仓储能力，制订科学、合理的仓储计划，用以指导各有关部门和各环节的仓储活动，使其密切配合、协调一致，以达到预期的目标和效果，具体包括以下几个方面：

1. 制定管理目标

在调查分析和科学预测的基础上，制定一定时期内装备仓储的管理目标，并通过指标体系的形式体现所要达到的水平。所确定的目标和指标应具备先进性、可行性和实用性的特点。

2. 编制仓储计划

在编制计划的过程中，要根据装备仓储各有关部门担任的任务和完成任务的时机，统筹安排，综合平衡，合理分配和调配资源，使各部门、各环节的工作保持正常的比例关系，从而使各种资源都得到充分利用，取得最佳的效果。

3. 协调与控制

通过协调与控制，及时发现计划执行中的各种问题，采取有效措施，使仓储管理工作按照计划的轨道运行。消除计划执行过程中出现的薄弱环节和不协调因素，及时调整仓储活动过程中不合理的比例关系，实现预定目标。

（四）仓储业务管理

仓储业务管理就是根据仓储计划安排，对仓储过程中的各项业务工作实施组织、指挥、协调和控制的过程，主要包括装备管理、设施设备管理、财务管理、人员管理、安全管理、信息管理6个方面的内容。

1. 装备管理

装备管理是对仓储装备收、管、发所进行的计划、组织、指挥、协调和控制等一系列活动的总称，主要包括入库管理、保管保养、数质量管理、出库管理等。

2. 设施设备管理

设备和设施是完成装备仓储任务不可缺少的物质技术基础。从某种意义上说，设备设施的完善程度决定着装备仓库的仓储能力和水平。随着科学技术的发展和仓储机械化、自动化的逐步实现，仓储的设备种类越来越多，技术性越来越强，设施更趋完善。因此，设备设施管理已成为装备仓储业务管理的重要一环。

3. 财务管理

财务管理是仓库为实现其职能所进行的经费获取、分配和使用等一系列计划、组织、调节和监督的经济活动。仓库财务管理包括三类内容，即预算经费管理、预算外经费管理和装备计价管理。

4. 人员管理

人员管理是业务管理的重要一环。装备仓储过程中的各项管理工作是各类人员有计划地利用财、物、信息的活动，包括仓库机关的管理、仓库分队的管理以及仓库人员的培养与使用等内容。

5. 安全管理

安全是实现仓储正常管理的前提，是仓储工作其他各项管理活动的保证。仓库安全管理包括装备安全管理，设备安全、技术作业安全管理以及仓库消防管理等内容。

6. 信息管理

在装备仓储管理过程中，对相关数据和信息的管理工作就是仓库信息管理，它是研究如何建立仓库的信息管理系统并充分发挥其作用的一种管理方法，主要内容包括信息的获取、加工处理、存储、传递、控制和利用等。

二、装备库存控制

如何根据装备储存定额的要求和需求的变化，使装备储存库存数量既不因缺货而影响装备保障任务的完成，也不因库存量过多而造成积压浪费，是装备的库存控制所要解决的问题。对库存量的大小进行的调整和控制，称为库存控制。

（一）库存控制的基本要求

加强对装备库存物资的数质量管理，是装备物流管理机构的重要任务。对库存装备实施有效控制，对于全面提高装备储备的管理质量具有重要意义。概括地讲，装备储存库存控制的总体要求是：通过有效的方法，使装备库存量在满足装备保障需求的条件下，保持在经济合理的水平上。

（1）数量准确，满足储备定额规定。装备库存数量要在规定的上下限范围之内，一旦超过规定的上限或下限，要采取措施加以调整。在这种动态变化的全过程中，都必须做到数量准确无误。

（2）质量优良，符合技术要求。各类装备在长期储存过程中，由于受到储存环境的影响，往往会引起质量变化，装备品种不同，变化速度也不一样，应通过有效的管理手段和技术措施，使各类储备装备处于良好的技术状态，符合有关技术规定。当质量指标已经接近临界点时，应采取有效措施加以控制调整。尽量延缓装备的质量变化，延长储存期限，是装备储备管理工作的重点。因为只有这样，才能避免装备的浪费损失，提高储备效益。

（3）结构合理，满足储备规划要求。装备储备规划对储备结构的规定，是经过科学分析、综合论证得出的结论。因此，要逐步使储备结构趋于合理，向规划的要求标准步步逼近。尤其是当装备储备中的若干重点装备数质量发生变化时，更及时采取措施加以补充或调整。

（二）传统的库存控制策略和方法

传统的库存控制是典型的静态库存控制，是基于满足用户需求和降低成本的目标而建立的，因此其核心就是根据库存装备的需求特点，在实现一定的客户服务水平的条件下，使年总库存成本费用为最小，主要是解决两方面的问题，即订货量和订货点的问题。下面重点介绍订货点法库存控制策略。

1. 订货点法库存控制策略

订货点法库存管理的策略很多，最基本的策略有 4 种：连续性检查的固定订货量、固定订货点策略，即 (Q, R) 策略；连续性检查的固定订货点、最大库存策略，即 (R, S) 策略；周期性检查策略，即 (t, S) 策略；综合库存策略，即 (t, R, S) 策略。

2. 库存控制方法

（1）ABC 分类法。ABC 分类法是库存控制的基本方法之一，它是由美国 GE 公司创立的。其主要思想是根据库存装备的价值来划分其重要程度，考察企业库存资金以什么样的程度集中在各类装备上，并根据这种集中程度，对不同类别的装备分别采取不同的库存管理措施。这种库存控制方法灵活、简单、易用，长期以来为许多企业所采用。

（2）定期库存控制法。定期库存控制是以固定订货周期（相邻两次订货时间间隔，在我军实际保障过程中为 1 年）为基础的一种库存量控制方法。它通过对库存量的定期检查，对低于最高库存量的器材，采取按固定的时间间隔及时提出订货，而每次订购器材的数量——订购批量，是根据需要订购时的实际库存和下一个进货周期（相邻两次进货的时间间隔）的预计需要量而定，使库存量补充至一定数量。

（3）定量库存控制法。定量库存控制法，是以固定订购点和订购批量为基础的一种库存控制方法。这里，订购点是指提出订购时预先确定的一个最经济的库存控制标准量。因此，定量库存控制就是采用经常查对库存量，随时掌握库存量变化动态，当库存量等于或低于订购点库存量时就提出订货，且每次订货数量相同。

（4）计划订购装备的控制方法。计划订购装备的订货与供货的主要特点是，供需双方签订订货合同，由供方按合同供货周期和合同规定的数量分批供货，需方不能预先确定具体的进货日期，也不能及时调整每次的订购量。由于供货主要受供货条件的限制，所以不能完全套用上述定期库存控制和定量库存控制方法。对于计划订购装备的库存量，一般可采用最高、最低储备量控制法。最高、最低储备量控制法，是以确定的装备储备定额为依据，使库存量保持在最高储备量和最低储备量之间的范围内。为此，应对库存采用定期或经常检查的方法，发现装备实际库存量低于保险储备量时，及时采取下列措施：一是组织人员到市场采购；二是清点合同，向供货单位催货；三是向有关部门求援。当发现装备实际库存量超过装备储备定额或因维修任务变更使某种装备储备变得不需要时，要采取变更或撤销供货合同的办法，或将装备转给其他单位，或更改原合同的装备型号、规格等。

（三）供应链管理环境下的库存控制

供应链管理环境下的库存控制是供应链管理的重要环节，从供应链的角度上管理库存，使库存管理的目的发生了改变，即以物流控制为目的的传统库存管理转变为以过程控制为目的的库存管理。这种新的库存管理思想对企业的组织行为产生重要影响，组织结构将更加面向过程。供应链是多个组织的联合，通过有效的过程管理可以减少乃至消除库存。

1. 供应商管理库存

长期以来，流通环节中的每一个部门都是各自管理自己的库存，零售商、批发商、供应商都有各自的库存，各个供应链环节都有自己的库存控制策略。由于各自的库存控制策略不同，因此不可避免地产生需求的扭曲现象，即所谓的需求放大现象，无法使供应商快速地响应用户的需求。在供应链管理环境下，供应链各个环节的活动都应该是同步进行的。供应商管理库存能够打破传统的各自为政的库存管理模式，体现供应链的集成化管理思想，适应市场变化的要求，是一种新的有代表性的库存管理思想。

2. 联合库存管理

联合库存管理是在分销中心基础上形成的一种"风险分担、互利合作"库存管理模式。联合库存管理是一种基于协调中心的库存管理方法，是解决供应链系统中由于各节点企业相互独立库存运作模式导致的需求放大现象，提高供应链同步化程度的一种有效的库存控制方法。

联合库存管理思想最先体现于地区分销中心，地区分销中心的实质是将分销商的部分库存转移过来进行管理，从而减轻了各个分销商的库存压力。分销中心就起到了联合库存管理的功能，分销中心既是一个商品的联合库存中心，同时也是需求信息的交流与传递枢纽。从分销中心的功能得到启示，对现有的供应链进行扩展和重构，就形成了基于协调中心的联合库存管理模式。

3. 多级库存优化与控制

多级库存的控制是一种对供应链资源全局性优化的库存管理模式。多级库存控制的方法主要有两种：一种是非中心化（分布式）策略，另一种是中心化（集中式）策略。非中心化策略是各个库存点独立地采取各自的库存控制策略，这种策略在管理上比较简单，但是需要更多信息共享。中心化的库存策略是各个库存点通过协调的方法获得库存的优化，但是这种策略在管理上协调的难度比较大。

三、装备储存优化

（一）储存结构优化

1. 装备储存结构的作用

在装备管理系统中，揭示各类装备储存品种与数量比例关系的特性，称为装备储存结构。装备物流管理机构要掌握装备供应的主动权，必须根据需求规律的变化而调整装备储存结构，使之利于装备供应。研究装备储存结构的作用，体现在以下几个方面：

（1）有利于保障供应，提高保障质量。合理的储存结构，依据装备消耗规律，对各类储存装备的品种、数量关系规定了一定的比例，使整个装备储存处于配套优化状态，避免了因缺少某种装备而导致装备保障难以进行的弊端，提高了保障质量。

（2）有利于科学管理，提高经济效益。合理的装备储存结构，为装备物流管理机构决策提供了科学的依据。根据储存结构要求，有计划地筹集各类装备，适当地确立储存规模和兴建相适应的储存设施，可以增强装备管理工作的主动性，加速装备周转，减少装备积压，提高装备管理的整体效益。

2. 影响装备储存结构的因素

影响装备储存结构的因素很多，归纳起来主要有以下几项。

（1）军事战略方针和装备发展变化。军事战略方针是指导军队建设和作战的总指导思想，它具有统筹军队建设全局的作用。确定装备储存的合理结构，必须紧紧围绕军事战略方针。同时，装备不断更新换代，给装备的消耗带来了极大的影响。因此，分析研究装备储存构成，不能忽视装备的发展这一至关重要的影响因素。

（2）装备本身特点和消耗规律。装备本身的特点，如理化性质、储存周期等，决定了装备的储存条件和要求。装备消耗规律揭示了装备消耗时品种和数量的比例关系。因此，在研究装备储存结构时，必须注意装备本身的特点、装备消耗规律、装备使用环境和条件等因素的影响。

3. 确定最佳储存结构的方法

合理的装备物流储存结构，是指按照此结构储存各类装备，既能够满足部队平、战时的消耗，又与我军的保障能力相适应。某类装备储存过多，比例偏大，不仅会造成该类装备的积压浪费，而且对整个装备仓储能力带来影响，使仓储效益下降。

谋划最佳装备储存结构，一般采用定性分析与定量分析相结合的研究方法。其基本方法有以下几种。

（1）意见综合法。通过座谈会、个别征询、信函等各种形式，收集各方面有关人员（装备管理人员、装备维修管理人员等）的意见，加以综合分析，从而作出储存结构的预测。这种方法通常在缺乏完整资料的情况下使用，是一种定性分析方法。

（2）专家估测法。与第一种方法类似，由主持者将有关资料预先分头交给专家们，让他们进行评估推算，汇总后求得最佳储存比例。采用此种方法的要求，一是选聘有代表性的专家，二是所送材料应齐全准确，三是参评人员不可互相通气。此种办法适应于高层次机关决策使用。

（3）数理统计法。根据历史资料和装备消耗特点，运用数学统计方法，寻求装备储存结构的变化规律，从而确定最佳比例。

（二）储存数量优化

合理优化储存数量就是要合理确定装备的库存量。装备储存对装备流通具有积极的作用，也有消极的影响，关键恰恰就在这个"量"上。因此，正确地确定装备储存定额，合理保持各类装备库存量，对于保障部队需要，提高装备管理效益，确定合理的装备订货时机和订货数量，都具有十分重要的意义。

1. 影响库存量的因素

装备储存的数量是在一定条件下确定的数量标准的高低，既受装备保障时的种种条件和因素制约，又要受来自装备资源补充方面有关因素的影响，并随着这些条件和因素改变而改变。因此，研究装备的合理库存量，就要分析装备保障及其他有关条件和因素改变对库存量的影响。由于装备储存的种类很多，涉及的影响因素也很多，在这里只能就一些共同的主要因素进行分析。

（1）装备保障的规模。装备储存的库存量，首先同该机构所保障单位的规模有着依存关系。具体来说，装备的库存量同所保障单位的规模和性质有关：规模越大，装备的库存量也大；对于相同规模的单位，装备消耗的数量与单位承担的任务成正比，任务越重，装备的库存量就越大。

（2）装备供货的时间间隔。装备供货的时间间隔是指第一次购买供货与第二次购买供货时间的间隔期限。它同装备储存量也是成正比的关系，即购买供货时间间隔越长，装备的库存量就越多，反之则越少，而购买供货时间间隔的长短，受装备生产周期、供应体制、使用的运输工具及其运输距离等因素的制约。

（3）装备本身的特点。装备单价的高低在装备保障中的重要程度，有无可代用的装备以及装备自然属性方面的特点（如储存寿命的长短），也是影响储存数量的重要因素。价格高的装备、储存寿命短的装备，库存数量应低一些；装备保障中较次要、可代用的装备，也可减少储存量。

（4）管理水平的高低。装备物流管理机构和维修单位的管理水平高，消耗定额制定的先进、合理、准确，需求量确定比较准确，直达供应和中转供应搭配恰当，仓库设置布局合理，维修单位计划性强、协调控制能力高等，都有利于降低装备储存量。

（5）交通运输条件的状况。交通运输业的发达程度与装备储存量的大小有着密切的联系。这是因为，交通运输工具现代化程度越高，装备运输速度就越快，获得装备的时间就越短，储存量就可相应减少；交通运输网越发达，货物直达供应的比例就大，装备在途停滞的数量和时间就相应减少，装备储存量也就相应减少。

此外，装备库存量的大小还受其他因素的影响，如经费资金条件、合同执行的可靠程度、仓库的储存能力、作业能力等。

2. 确定库存量的方法

确立装备库存量，可采用定性分析法和定量分析法，下面介绍几种方法。

（1）历史推演法。它是建立在对装备消耗规律基础上，经过分析判断而形成结论的方法。其要点是：首先收集大量的历史资料和装备消耗的数据，整理出基本规律；然后推断今后某一段时间区段内的装备消耗，从而确定装备库存量。具体方法可以采用一元回归法预测装备消耗量，进而确定装备库存量。此种方法简便易行，关键在于收集的资料要齐全，而且越准确越好。

（2）经济订购批量法。它是以某种装备一次进货数量或称一个"批量"为依据来确定该种装备储存定额的方法。它是从经济的观点出发，在各种库存情况下，选择订购批量，使得库存费用最低，此订购批量称为经济订购批量（EOQ）。

经济订购批量理论广泛运用于各种各样的库存模型，以确定最经济的订购批量。它可用于确定型，也可用于随机型。在用于确定型时，不但可以确定订购量，而且可以确定订购周期，既解决了什么时候订货的问题，又可以解决订多少货的问题。因此，经济订购批量理论运用于确定型，已基本上可以确定订购策略。

（3）综合分析法。采用定性分析与定量计算相结合的方法，综合分析谋划装备库存量，其基本程序如下：

① 确定研究目标。主要是正确判定装备库存级别、装备库存类别、研究结果的精度等。

② 广泛收集有关资料，进行统计计算。主要收集装备消耗定额与储存定额、装备保障任务、经费情况、装备库存情况等资料，然后经过反复核实，加以归类整理，进行必要的统计计算。

③ 综合分析、合理确定库存量。第一，要依据装备保障任务和装备消耗定额情况，确定装备初步需求量；第二，运用数理统计的方法，分析研究影响装备消耗的各种辅助因素，确定各自的相关系数，对装备初步需求量进行适当的修正；第三，综合评估有关因素（如仓储能力、资金情况等）对装备库存的影响，确定装备库存量。

④ 进行全面审核，确定最优库存量。成立有权威性的审核小组，吸收专家和实际工作者参加，从不同的角度，对装备库存量进行综合评议审定，最后确定最优库存量。

应当指出的是，近年来，国内外军事仓储领域的专家们都对最优储存量问题进行了大量研究，至今尚未取得令人满意的成果，本书所介绍的几种方法，是对该问题的初步探索，还需继续深入研究，使之更趋完善。

（三）储存布局优化

装备储存布局是指储存装备在各供应环节之间、供应机构与使用单位之间、地区之间的配置数量及其比例关系。研究装备储存布局的目的，是通过优化储存装备在空间的配置，缩短供求之间的空间距离，节约装备流通时间。因此，合理的装备储存布局，能够方便供应，节省运力，有利于提高装备保障能力和装备周转速度，降低装备储存费用。

1. **影响装备储存布局的因素**

装备储存的分布形态主要受以下几项因素制约：

（1）装备管理体制。装备供应层次的多少、装备供应机构的设置、装备的分配形式和供应关系都影响着装备储存布局。

（2）装备的分布情况。在研究装备储存布局时，应围绕装备的分布情况进行。各部队担负的任务不同，其装备配备情况也不尽相同。装备密度大的地区，装备消耗量就大；装备密度小的地区，则装备消耗量相对较小。为满足装备保障需要，装备储存布局必须与之相适应。

（3）交通道路的分布情况。运输是连接储存与消耗的纽带，运输工具和道路条件严重影响着装备供应的效果。因此，在谋划装备储存布局时，应当认真研究交通道路的状况。交通道路四通八达，则运输负荷可以增大；若道路不畅，则运输能力大大减弱，装备储存量应与该地区的交通运输能力相适应。

（4）地理自然环境情况。地理条件和自然环境对装备储存也具有极大的影响。一般来讲，山区仓库虽然隐蔽性好，往往因交通道路困难而影响装备运输；平原地区仓库虽然隐蔽性差，但交通运输却很方便。在冰雪交加、寒冷无比的东北山区，炎热潮湿的南方丛林地带，都给装备储存带来不利影响。谋划装备储存布局，必须对地理自然环境加以重视。

（5）战备装备储存的布局应与军事行动格局一致。战备装备储存的目的是满足作战部队对装备的需求，因此在筹划装备储存总布局时，必须充分考虑部队作战行动的需要。哪些部队在哪些地域展开，需要完成哪些战斗任务，哪个方向的部队需要重点保障等因素对战备装备储存布局起决定性的影响作用。

2. 装备储存布局的优化

研究装备储存布局的过程，实际上是将各类装备储存在分布形态上进行逐步优化的过程。装备管理部门应大力组织有关人员，采取各种有效的方法，使装备储存布局规划得更加先进合理。

装备储存布局，经过多年建设，已经形成一定的规模。在研究布局优化时，必须综合分析装备储存布局的现状，着重研究以下几个问题：

（1）仓库的分布是否构成了网络，仓储中心点位置是否恰当，各网点之间的距离是否合适。

（2）重点装备的储存分布是否合理，重点装备的储存状态、储存环境条件与装备特性是否一致。

（3）各类储存设施、设备是否配套，供应地点与储存地点位置是否优化。

（4）仓储管理人员的知识结构、年龄结构是否合理，是否有利于装备储存的发展。

第三节 装备运输投送与管理

一、装备运输投送概述

装备物流是装备保障系统化的发展。搞好装备物流中的运输投送环节，是保证装备保障各个环节紧密协作、前后衔接的基础，是实施装备保障一体化的关键。

（一）装备运输投送的概念

装备运输投送是装备物流系统中最重要的子系统之一，它是指根据装备的特点和运输投送要求，通过选择合理的运输投送工具和运输投送方式，使装备在生产地与使用地之间实现有效流动的过程和环节。

（二）装备运输投送的地位和作用

装备运输投送是将生产和消耗所处的不同空间连接起来，对实现装备物资从生产到消耗的移动起到了决定性的作用，它在整个装备物流过程中处于核心地位，也是军事斗争和装备保障工作的基础，其主要作用如下：

（1）装备运输投送是连接装备物流环节的纽带。在装备物流体系内部，每个物流环节靠运输投送工作联结成一个有机的整体。运输投送是连接装备筹措、装备储存、装备供应、装备回收等装备物流环节的纽带，是保证装备物流各环节紧密协作、前后衔接的基础，是装备物流一体化的关键要素。

（2）装备运输投送是装备物流的主要内容。在装备物流活动中，运输投送始终处于核心地位，它承担了装备物资在空间各个环节的位置转移，解决了装备供应者和需求者之间场所的分离，是装备物流的中心活动。装备物流的目的就是配合战争的进程，对作战部队提供适时、适地、适量的装备物资保障，与运输投送密切相关。

（3）装备运输投送是实现装备物流合理化的重点。在装备物流活动中，装备运输投送是影响装备物流费用的主要因素之一。通过运输投送的合理组织和管理，可以大大减少运输投送费用，提高装备物流的效益。此外，由于运输投送在整个装备物流中起着纽带和桥梁作用，运输投送水平的提高，使装备物流新的结构体制和新的运行模式得以实现，如虚拟库存机制、零库存战略、准时化战略、供应链管理等，从而降低装备物流总成本，提高装备物流服务水平和保障能力。

（三）装备运输投送的任务和特点

现代战争具有对抗强度大、破坏性强、战斗时间短、物资消耗大等突出特点，而装备始终是作战双方主要的打击对象，装备保障的任务十分复杂和艰巨。运输投送作为重要一环，其担负的任务不但有着自身的特点和要求，也决定着装备维修、装备补充等其他保障环节是否能够顺利地实施与完成。

1. 装备运输投送的任务

装备运输投送的任务具体来说就是实现平时装备在兵工企业、储备仓库和作战部队之间适时、准确、高效地输送，同时还担负着战时根据作战任务、作战决心、作战保障任务和组织计划、上级指示完成的装备输送任务。

2. 装备运输投送的特点

（1）装备使用强度高、损坏及消耗量大，运输投送任务十分繁重。现代高技术战争，投入的装备数量多、质量高，装备使用强度大、对抗激烈。交战双方都将把打击破坏对方的主战装备作为削弱对方作战能力、达成作战目的的重要手段，加之高技术武器装备的破坏威力增大，装备的损坏及其装备物资消耗量大，呈现出明显的高破坏、高消耗特征。装备运输投送机构对损坏装备的后送及所需装备物资的前送补充距离远、时间长，从而使装备运输投送任务更加繁重。

（2）战争节奏快、装备损坏机理多，运输投送时效性强、难度大。现代高技术战争节奏快，对装备打击破坏的手段新、破坏机理多，装备运输投送要求急与难度大的矛盾非常突出。由于现代战争发起突然、节奏加快、进程缩短，加之敌人对整个战场全时空地打击破坏，不仅使战前装备物资准备的总时间明显缩小，而且使装备保障运输投送的有效时间非常有限。装备运输投送必须在有限的时间和严酷复杂的环境下实施快速运输投送，这就对装备物资保障运输投送的时效性提出了更高的要求。

（3）多种作战样式综合运用，运输投送方式更加灵活多变。现代高技术战争，作战空间广阔，多种作战样式和作战行动综合运用，非线式作战和机动作战的地位明显提高，传统的装备运输投送方式将面临新的挑战，运输投送方式将向更加灵活和多样化的方向发展。

（4）运输投送对象和运输投送力量多元，运输投送组织指挥极其复杂。现代高技术战争，装备运输投送对象和运输投送力量多元构成，战场情况变化急剧，运输投送任务的可变性大，使得运输投送的组织指挥极为复杂。

（5）战场环境恶化，运输投送力量生存和运输投送活动受到双重威胁。高技术武器装备的广泛使用，使打击破坏的手段更趋多样，准确性、广泛性和破坏性大大提高，而装备运输投送部（分）队基本上都是在开放性地域活动，活动规律易被敌人掌握，因此运输投送力量的生存及活动将受敌全时空的严重威胁。

（6）超限装备数量多，运输投送难度大。随着装备建设的发展，部队存在大量的超重、超大装备，对装备运输投送提出了特殊的要求。例如，超重装备通过公路运输投送时，必须考虑公路、桥梁的承重能力；超大装备通过铁路运输投送时，必须考虑铁路超限货物承运程序、运行组织手续等。

二、装备运输投送方式

当前，可用于装备物流的运输投送方式主要有铁路运输投送、公路运输投送、水路运输投送、航空运输投送。在和平时期和无紧急、特殊任务时，通常以前三种运输投送方式为主，下面简单介绍一下这几种运输投送方式。

（一）铁路运输投送

铁路运输投送是19世纪发展起来的运输投送方式，被世界各国广泛地运用于长距离、大运量的客货运输投送，是干线运输投送的主力运输投送方式。目前，铁路运输投送是我军实施物资供应时采用的主要运输投送方式，运量约占军队物资供应总量的60%。铁路运输投送因其有专用的运输投送通道、专用车辆及特殊管理方式，具有运送速度快，运送物资量大，受气候影响较小，安全、准时，运输投送费用低廉等特点。同时，铁路运输投送还存在以下不足：灵活性差，只能按一定的路线行进，只能对一些铁路沿线的部队进行装备运输投送；铁路网中的桥梁、隧道等设施容易成为敌人打击的"瓶颈"，战时易遭破坏，修复困难。铁路运输投送主要承担长距离、大数量的运输投送，在没有水运条件的地区，几乎所有大批量装备物资都是依靠铁路，铁路运输投送经济里程一般在200 km以上。

铁路运输投送一般由部队、装备生产部门按作战、训练、列装、调整计划提出装备物资铁路运输投送需求报告，制订完善的装备物资的装载、配载计划，由驻铁路军代表机构负责铁路运输投送的计划、安排。装备铁路运输投送一般采用零担、整车、整列运输投送方式。对于大量装备的运输投送一般采用专列运输投送，便于装载、卸载和运输投送中的安全警戒的组织。对于批量较少、保密性不强的装备物资也可以采用整车或零担的铁路运输投送方式。

（二）公路运输投送

利用公路进行运输投送，是我军装备物资供应时采用的主要方式之一。我国边防线长，部队驻地偏僻分散，远离大中城市，在铁路线未达到的地方，大多采用公路运输投送。公路运输投送的工具主要有汽车、拖拉机、畜力车、人力车等，汽车运输投送是公路运输投送的主要方式。尤其是战时，汽车运输投送可以在恶劣的环境下完成装备物资的运输投送。

汽车运输投送同其他运输投送方式比较，具有其显著的特点：一是机动灵活，使用方便，可实现"门到门"的直达运输投送；二是公路网络比较发达，运输投送网密度较大，路网纵横交错，干支结合，各类装备物资需求点都可以通过公路运输网对其进行保障；三是公路技术要求低，造价相对较低，破坏后易于修复，如有必要，还可以开辟紧急运输道路；四是公路网纵横交错，生存能力强，即使路网遭受打击，也不大可能陷入瘫痪。

汽车运输投送在 500 km 范围内，运输投送费用比铁路运输要低。装备物资运输到战区范围内，应以汽车运输为主，尤其在野战条件下，对集团军以下部队的物资补给更是如此。比起其他的运输方式，使用汽车运输装备物资组织起来十分方便。平时、战时部队可以利用建制内的车辆进行装备物资的运输。另外，第三方物流日益发展，依托专业的第三方物流力量运输装备物资已经成为装备物流运输的一个新的发展方向。

（三）水路运输投送

装备物资的水路运输投送是以船舶和其他浮运工具在海洋、江河、湖泊、水库等水域沿线载运物资的一种运输投送方式。水路运输投送的优点是运载能力大、能耗少、成本低、航线不易破坏；缺点是速度慢、环节多，受自然条件影响大，隐蔽性、机动性差，运输的安全性及准时性低于其他运输方式。

水路运输按航行区域通常分为远洋运输、沿海运输和内河运输。远洋运输是跨越海峡的运输，沿海运输是大陆与岛屿间、沿海各港口间的运输，远洋运输与沿海运输统称为海洋运输。美军近期的几场战争中利用了大量的军用、民用运输船舶进行海洋运输，向海湾地区运送了大量的武器装备和物资，几乎所有重型装备的运输都是通过水路运输实现的，水路运输成为支撑其全球军事战略的主要运输方式。内河运输是在江、河、湖泊、水库和人工水道进行运输，它是近水地域实施部队机动、装备物资供应的重要手段。

在我国东南沿海地区，由于铁路还没有形成网络，而公路运量十分有限，通过沿海运输和利用内陆水系进行内河运输，可将装备物资准时前送到作战一线，对于军事斗争装备物流准备具有重要意义。

（四）航空运输投送

航空运输投送由于具有运送速度快、运输效率高，可以根据任务变化灵活地选择运输路线，不受地理条件的限制，机动灵活性好等诸多优点，一直以来很受各国军队的重视，是装备物流的一种重要运输投送方式。它主要用于重要武器装备或物资的战略投送。通常可以用于航空运输投送的工具主要有气球、飞艇、运输机和直升机等。

航空运输投送的优点：一是速度快，这是当前其他运输方式无法比拟的；二是机动性强，航空运输不受地理条件限制，只要有机场和机场相关设施，即可开辟航线。航空运输的缺点是：单位运输费用大，承运量小，受天气影响大。

三、装备运输投送指挥

（一）领导与指挥

装备运输的构成复杂，涉及面广，没有强有力的统一组织与指挥，势必陷入混乱，无法完成艰巨的运输任务。根据历史经验和现代装备运输的特点，尤其要建立统一的交通运输指挥机构，统一指挥交通运输。我国在平时从中央到各省、市、自治区都建立了交通战备领导小组，战时各战区应在此基础上，建立由战区首长领导的交通运输指挥机构，其主要领导成员还应包括战区司令部、联勤部、装备部、海军基地、战区空军（空军集团军）的领导，以及地方主管交通运输的领导,并应建立精干的办事机构(通常设在战区联勤部)。战区军队、地方各交通运输职能部门,应在战区交通运输机构的统一指挥下,各负其责,组织实施各种交通运输勤务。集团军战役是否建立军地结合的统一的交通运输指挥机构,应因时因地制宜,根据战役的要求而定,不应强求上下完全对口,一般可由后方指挥所统一组织指挥后方的交通运输;必要时,如城市战役、登陆战役也可建立统一的交通运输指挥机构。

(二)运输任务预计

根据作战意图,分析影响装备运输的主要因素以及运输任务的种类、特点和经验等,估计出运输任务量,为周密地拟定运输方案提供重要依据。首先,应根据作战预案的要求,掌握需要输送装备物资的种类数量,并根据我军编制装备和车辆装载标准,参照中外近代战争和演习的经验数据,进行充分的论证,作出装备物资运输总任务量的概略预计。然后,将总运输任务量按不同类型、不同阶段、不同对象和不同范围进行分类预测,以便实施。根据作战指挥机构的意图和装备物资运输指挥机构的指示,从本战区和连接战略后方所拥有的运输手段、运输能力和运输条件出发,合理规定各种运力的使用环节,确定出每项运输任务的运输方式,或各种运输方式在每项运输任务中所占的比例,从而预计出各种运输方式的运输任务量;根据运输任务与战斗任务匹配的原则,通过向上级和有关部门了解,并结合对各战役方向运输量主要影响因素的分析,对各战役方向运输量作出预计;根据装备物资运输必须与战斗各阶段任务匹配的原则,分析战斗准备阶段、实施阶段和结束阶段中运输任务的特点和内容,预计各阶段运输任务量;根据总部下达的前送计划(或通报),或向统帅部交通运输指挥机构进行了解后,预计中央性运输量(指战略后方向战区内实施的运输量),根据战区关于部队输送以及战区后勤关于前送后送的指示和计划等,预计出区域性运输量(即战区范围内实施的运输量)。

(三)运输能力分析

对各种交通线路、运输工具、运输人员、运输保障体制、运输组织、民用资源、敌方破坏、自然环境等因素进行综合分析,计算出运输能力,结合运输量预计制成"装备运输任务计划书",作为运输计划制订的基础数据。运输能力分析包括运能计算、运能保障程度分析两个方面。运能计算应按战斗方向分别计算,对固定的交通线路还应按其走向(一般分纵向和横向)分别计算,而后加以综合,求出每一战斗方向的运输能力。运能保障程度分析包括每一战斗方向运量与运能之比的分析、铁路公路线路数量的分析以及对装卸能力、倒运能力、渡运能力的分析,各种运输能力之间协调能力的分析计算等。

(四)运输计划制订

运输计划是组织装备运输的基本依据。运输指挥机构和有关运输职能部门,应根据运输任务、运输能力和敌人对交通运输线的封锁破坏及可能造成的影响等,周密制订运输计划。运输计划主要包括运输任务分配计划和运输任务实施计划两个方面。

运输任务分配计划就是要把总的运输任务合理分配给各级运输部门和运输部队以及分配到各种运输方式的计划。在分配运力时,应根据运输任务、各种运力的特点、战区的道(航)路情况等,分清主次缓急,照顾到各方面的需要,把保障重点与兼顾一般相结合。在处理军运与民运关系时,要优先保障军运,同时兼顾民运;要集中运力突击抢运占领阵地部队的装备物资,保障其按时完成战役准备;在分配运输方式时,应根据各运输方式的特点合理安排:铁路运输主要用于战区、方面军战役后方的长距离运输,公路运输通常用于从战役后方到战术后方,或由铁路前方卸载站到作战部队之间的接力运输,水路运输适于地处沿海、江河、水网地区的部队使用,航空运输是完成急需物资运输和危重伤病员后送的理想运输力量,管道运输是实施油料运输的重要手段等。此外,在制订运输计划时还应充分考虑各种运输方式和各种运力的衔接,确定衔接方式、地点、时间和工具等,并对可能出现的紧急情况,准备一定数量的预备运力,一般为运力的 15%~20%。

（五）执行过程控制

装备运输的情况复杂多变,必须加强控制,才能更好地完成任务。装备运输控制的基本目标是满足战役要求和战役装备保障的总体要求,即无论在任何情况下,装备运输都要使之适应作战需要和保证按时按量完成前送任务。为了达到这一目的,应着重注意装备运输的以下几个方面:一是运输的流向、流量是否与计划要求相一致;二是运输的顺序是否符合作战需要和装备保障的轻重缓急;三是运输线路是否合理,能否以最小的消耗,取得最大的运输效益;四是交通运输线是否畅通,有无堵塞、拥挤等现象发生;五是各种运输工具是否正常运行,是否发挥了最大的运输能力;六是各个运输环节是否紧密衔接,各种运输要素是否均衡。

控制的重要方法有两个:一是指令性控制,即严格要求各运输职能部门和部队按计划规定和新命令指示将指定的人员、物资在指定的时间运到指定的地点;二是指导性控制,如通报情况、介绍经验等,指出应当注意的事项,指导运输职能部门和运输部队圆满完成运输任务。

（六）运输活动协调

装备运输活动任务重、参与单位多、牵涉面广,必须不间断地组织协调,才能顺利实施。装备运输的协调应以完成运输任务为目的,围绕着提高交通运输的整体效能进行。一要保持各种运输方式的密切结合和各个运输环节的紧密衔接,如根据铁路运输线的伸缩,组织汽车运输线的缩短或延长,以及适时组织空运等。二要保持各级运输力的比例均衡。下级运输力不足时,应派出运输部队予以加强或增加前送量。三要组织运输部门与有关单位的协作,使运输部门与供应部门、卫生部门等有关单位经常保持联系,各自做好运输准备,以减少待运时间,防止差错,并充分利用回程运输工具,做到前送与后送相结合。四要周密组织防卫力量、抢修力量和运输力量的协同,根据敌人对交通运输线封锁破坏方式、方法和程度,及时调整防卫力量和抢修力量,以保持主要交通运输线的畅通或有较长的通车时间。五是交通运输的保障要适应交通运输发展变化的需要。例如,根据运输流量、流向和敌人封锁破坏情况,加强交通勤务,及时调配装卸力量,并根据交通运输线的伸缩,及时调整加油站、修理站、供应站、医疗站等服务设施,从各个方面保障运输任务的完成。

四、装备运输投送管理

（一）基本原则

在整个装备运输工作的组织管理中,应贯彻实行"及时、准确、经济安全"的总原则,合理调配人力和运力,实现物流目标。

1. 及时

按照供与发的情况,及时把装备从兵工企业运往储备仓库和作战部队,尽量缩短装备在途时间,及时供应部队需要。

2. 准确

在装备运输过程中,切实防止各种差错事故,做到不错不乱,准确无误地完成装备运输。

3. 经济

采取最经济、最合理的运输方式,有效地利用各种运输工具和运输设施,节约人力、物力和动力,提高运输经济效益,降低装备运输费用。

4. 安全

装备在运输过程中,不发生霉烂、残损、丢失、燃烧、爆炸、受敌打击等事故,保证装备安全地运达目的地。

"及时、准确、经济、安全"也称装备运输的"四原则",这四个方面是辩证的统一,必须进行综合考虑,忽视或片面强调任何一方面都是不行的。

(二)主要内容

1. 运输需求与供给分析

(1) 运输需求与供给。运输需求是指在一定时期、一定军事活动中所产生的装备空间位移的需要,是散布在空间不同点上的军事活动之间相互作用、资源劳动力之间相互作用的结果。运输需求通过货运量、货运周转量、运输需求结构等综合进行描述。其中,运输需求结构包括需求的空间分布、时间分布和装备运输的结构。部队需求的空间分布确定货流的方向、流量及其产生地和消失地。时间分布则确定具体时间点上的货运需求量。装备需求结构可通过装备品种来表达,装备品种又可按以下原则进行划分：根据部队需求和各类装备在军事活动中的地位和作用划分；根据各种装备的性质及运量的大小划分；根据各种装备对运输工具和运输条件的要求与影响划分。

(2) 装备运输需求分析。装备运输需求分析是将运输需求与产生运输需求的军事活动进行相关分析的过程。运输量需求分析使我们能定性、定量地了解军事活动和装备物流系统对于运输的需求强度,因而可以进行合理地规划、建设、改进运输供给系统。也就是说,运输需求分析是运输供给分析的基础。

(3) 装备运输供给分析。它是对物资运输系统的供给特征及其输出水平进行相关分析的过程,通过运输供给分析可以了解运输系统的服务水平及其影响因素,把握运输供给与运输需求的平衡情况,从而调整或改进现有运输供给水平,实现运输市场的协调发展。

2. 装备运输计划管理

装备运输计划是装备保障计划的一个组成部分。加强运输计划管理,是顺利完成运输任务的主要保障。

1) 运输计划的种类

按运输方式分为铁路运输计划、公路运输计划、水路运输计划、航空运输计划、联运运输计划、集装箱运输计划。按编制时间分为年度运输计划、月运输计划、旬度运输计划。

2) 编制运输计划的原则

一是要保证重点,统筹安排。编制运输计划,必须有全局观念,正确处理全局与局部、重点与一般的关系，按照轻重缓急安排运输计划的先后次序，对于部队急需的作战装备运输计划，应予以优先运输。二是要组织均衡运输。"均衡运输"与需求密集性、季节性常常是相互矛盾的。作为运输设备，在均衡使用的条件下，效率最高，但作为运输部门，要满足部队需求的前提下才有效益。因此，"组织均衡运输"是指在组织货源，制订运输计划时，要寻找部队的特点与规律，统筹兼顾，按照作战训练要求，尽量组织均衡运输，以充分利用运输能力。三是要做好运量预测。运量预测是准确编制运输计划的前提。要了解装备的品种、规格、数量、流向及其规律性；了解相关部门采购、调拨的数量、时间和去向等。同时，还要掌握各类主要装备运输的历史资料，作为编制运输计划的依据。四是要加强统计分析。运输统计为编制运输计划提供历史资料，也是对运输计划执行情况进行检查监督的重要手段。通过统计进行分析，才能找出运输计划中存在的问题和信息反馈，从而提高计划的准确性。运输统计的基本要求是及时性、准确性和全面性。

3）货运频度计划

货运频度在降低运输总费用、库存费用、运输管理费用等方面起着关键的作用。高频度、低批量的装备运输会产生以下效果：降低总的在途库存、订货批量和安全库存水平及其费用，使收货人在任何时候只需进行少量订货，从而在物流供应链变动时可以有快速的反应能力；由于更频繁地产生一次性货运设置成本（包括文件工作、装卸工作等），使得运输管理成本有所提高。因此，在制订货运频度计划时，应从满足部队需求和费率控制两个方面进行综合考虑，确定货运频度及其实现方式。

4）运输方式和承运者选择

在两点间进行货运时，有多种运输方式和承运者可以选择，影响运输方式和承运者选择的主要因素有运输容量、运输费用、运输距离、服务频率、运输速度、运输时间、运输时间变化性、安全保密性以及用户服务等。考虑上述因素，可以运用因素分析法、权重因素分析法以及层次分析法等进行综合评价选择。

5）运输路径和运输调度计划

在由一点到另一点的装备运输中，存在多个可以选择的路径，合理选择运输路径，可以大大节省运输费用。运输路径的选择通常以数学规划方法实现，其目标可以是总的运输费用最小、路径数最少、总运输距离最短、运输时间最短等，通常都转化为最短运输距离。约束条件包括用户反应时间和时间窗要求、路径平衡、最大路径时间（以限制驾驶时间，保证安全）、运输工具装载量、原终点以及运输基础设施的限制等。由于运输路径通常是在运输方式选择后才能确定，因此在实际工作中最好将运输方式选择和运输路径选择进行联合考虑，以综合确定出合理方案。

运输调度问题比运输路径选择更加复杂，因为运输调度还将考虑更多的约束因素，如服务时间窗口、运输分队大小、某类运输工具或设备下的可行运输路径、途径城市应装载或交付的货物量、基于安全考虑的人员工作与休息时间等。

6）合并运输计划

合并运输的目的是通过削减行程使装备运输费用最低，无论是进货还是出货均可采用合并运输的形式。例如进货时，先零担运输，然后合并为长途整车运输，再应用海运或空运集装箱运输，最后到达目的地，这样使货运的大部分行程的运费较低，从而降低了总的货物运输费用。同样，出货时，首先通过集装箱直接运输到区域分拣中心或集配中心，然后在集配中心根据货物的不同目的地进行分类,再由区域快递公司等完成向区域目的地的运送,这样比物资直接分别进行快递运送节省了大量运费。当然,合并运输在节省运输费用的同时,也提高了库存费用、额外理货费用,并在一定程度上降低了服务水平。但是只要前者足以补偿后者,就可采取合并运输。

7) 装载计划和管理

装载计划的目标是在不超过装载容器的体积、载重等条件下,根据装备货源、运力的情况,将待运的各种装备按照性质、质量、体积、包装、形状、运价等因素合理地配装在一定容积的运输工具里,使装载容器利用率最大。对于同一运输工具,装备装载顺序按其发送的相反顺序进行。物资的装载是一项技术性很高的工作,直接关系到运输工具的利用程度、运费的高低和物资的安全。装载作为运输的第一道环节,直接关系到运输的质量。

3. 装备运输运行管理

1) 发运管理

发运业务是装备运输管理部门按照交通运输部门规定,根据运输计划安排,把装备从产地或起运地运到接收地的第一道环节,是运输业务的开始。装备运输管理部门必须和交通运输部门紧密配合,协调行动,做好发运前的一切准备工作,如落实货源、组织装配、检查包装标记、安排短途搬运及办理托运手续等。特别应该强调发运时间,备货和调车要衔接一致,保证按时调车、按时装车、按时发运。有些装备管理部门和运输部门采用"网络分析法"严密计算发运业务各项工序的时间,按繁简不同、先后次序组织工作,从而可以确定最佳的发运时间。

2) 接运管理

接运业务是指装备运输管理部门在接到交通部门的到货通知后,认真做好接运准备工作,把到达的装备完整无损地接运进来的业务活动。它关系到运输时间、装备质量和能否及时入库和出库转运。

3) 在运管理

即对运输途中的装备、人员、信息等进行可视化实时监控和在线联系,掌握运输计划执行的情况和装备状态,了解出现的问题和困难,并及时提出解决方案,予以正确处理,保证装备能够按照规定时限安全抵达。

4) 中转管理

凡是从起运地到接收地之间不能一次到达,需经过二次运输转换(或两种以上运输工具)的,就要进行中转。中转运输起着承前启后的作用,一方面它要把发来的装备运进来,另一方面,又要把接运的装备发出去。加强中转管理,首先,要衔接运输计划,发货单位必须按有关规定,提前将需要中转的运输计划通知中转单位;其次,要事先做好接运和中转准备工作,装备到达后,及时接卸,及时转出;再次,检查并加固包装,对中转的装备包装要认真检查,凡是发现已经破损的,应该进行加固或更换,以免造成损失;最后,装备管理部门在装备到达后,要及时理货,分批进行,以利中转,避免前后混淆,批次不清,造成错乱,影响中转时间。

5) 运输安全管理

运输安全是运输管理的一项重要工作。装备通过运输后,经过发运、接运、中转等多次装卸搬运和几道手续环节,容易发生事故。装备管理部门和交通部门,必须加强运输安全管理，减少货损货差。第一，建立健全各项运输安全制度，特别是运输安全岗位责任制，并严格执行，努力防止运输事故的发生；第二，要努力处理运输事故，一旦发生运输事故，有关各方面立即进行协商，按照规章制度和合同规定，分清责任，及时进行处理；第三，要划清事故责任，发生运输事故的原因是多方面的，有的属于包装、运输、装卸搬运或其他环节，也有的属于自然灾害，必须实事求是、划清责任，分别记载运输记录或普通记录，作为查询依据。

4. 装备运输组织与设施管理

为了保证装备运输工作的正常开展，必须建立起良好的运输人员队伍和建设运输基本设施，并进行有序的组织管理，以达到资源的优化配置和合理利用。

（1）应建立起科学的组织机构和人员队伍，为装备运输提供决策与管理支持。借鉴装备物流系统中的其他组织，如库存管理组织、供应组织、仓库组织等，开展装备运输组织的建设与管理。

（2）对装备运输设备、设施等进行有效的设置与管理。一是装备装载容器和运输工具的管理。应用条形码技术、RF 标签、RF 通信以及全球定位系统等，实现对运输工具、装备装载容器的识别，从而确定出每一装载容器的具体位置、对应的装载物资，实现装备的可视化管理与控制。二是车场、码头、港口的管理。在所有的装备管理工作中，车场、码头、港口的管理常常是容易忽略的环节。随着通信技术和供应链管理的发展，车场、码头、港口将逐渐转变为具有实时通信功能的集货中心，其管理主要涉及安全的货位装运校验，到站驾驶员的行驶路线引导，智能的泊位分配，先进的装卸、搬运工作计划以及车场、码头、港口装备的定位跟踪与管理等。

第四节 装备供应链管理与技术

装备物流建设是一个涉及面广、建设周期长、组织协调较为复杂的系统工程。在装备物流系统中实施供应链管理，构建筹、储、供一体化管理机制，利用现代信息与网络技术，实现装备物流、信息流和资金流优化整合，可以有效提高系统的应变能力、可靠性和工作效率，取得最大的军事效益和经济效益。

一、装备供应链管理概述

（一）基本概念

1. 装备供应链

装备供应链，是指紧密围绕部队装备作战及保障需求，通过对信息流、物流、资金流的控制，从装备制造原材料或零部件开始，经过生产、包装、采购、储存、运输、补给等环节，最终抵达部队用户，将装备原材料或零部件供应商、装备生产商、装备采办机关、装备使用部队等主体用户节点连成的一个整体功能网链。装备供应链是武器装备"从生到死"的全寿命周期过程的一个完整功能网链。只要存在装备供应活动，装备供应链就客观存在。

由于装备需求的特殊性，装备供应链有以下几个主要特征：

（1）平战需求的差异性。平时，装备需求主要满足部队装备训练和维修需要，装备需求量相对平稳，数量相对较少，分布也较均匀。战时，装备需求随战争规模、战场方向的变化而急剧变化，装备需求量往往在短时间内急剧增加，物流方向朝战场方向高度集中。因此，装备供应链平、战时具有很大的差异性，主要表现为物流规模骤增、需求区域不均衡。

（2）战时高度的时效性。无论平时还是战时，装备需求都可以具体为数、质、时、空的需求。由于装备供应链服务对象的特殊性，装备供应链要求具有高度的战略柔性和快速反应能力，这种快速反应的时效性要求在战时表现得更为突出。由于战争爆发的突然性和高对抗性，战时装备需求的规模大、时效性强，装备供应链的规划与构建，要一切围绕战争和部队需求，突出满足战时需要，尤其是时效性需要。

（3）经济效益的隐蔽性。装备供应链与商业供应链一样存在着内在的经济规律，蕴藏着巨大的经济效益，只不过由于军事特性的掩盖表现得比较隐蔽罢了。从本质上讲，装备供应链围绕满足平、战时部队装备需求运行，这种内在需求决定了装备供应链必须实现军事、经济双重效益，在满足军事需求的前提下，也要充分研究装备供应链中的经济特性，改革装备供应链不合理的管理方式，整合资源、完善供应链成本控制和管理，取得相应的经济效益。

（4）军事效益的突出性。归根结底，无论是平时还是战时，装备供应链的构建都是为军事行动服务的。装备供应链首先考虑的还是军事效益，军事效益是第一位的。装备供应链的规划、设计以及运行，都必须在严密的军事组织指挥下进行，装备的流量和流向均属于军事秘密，装备的流量增大、流向集中，往往与军事行动准备密切相关。另外，战时装备供应链还会受到敌方干扰和破坏，特别是在高技术条件下，这种干扰和破坏还将加剧，装备供应链必须具有一定的自我防护能力和抗干扰能力，装备供应链的军事效益突出。

2. 装备供应链管理

装备供应链管理，是指围绕装备供应链的一系列活动所实施的管理，它以系统的观点对多个职能和多层主体节点进行整合，注重从装备原材料供应商到最终用户的整个流程进行管理，涵盖了装备"由生到死"的全寿命周期过程，是对装备供应链中的物流、信息流、资金流所进行的组织、协调、控制及优化等。

装备供应链管理是装备供应管理理念上的一次重大变革，是一种全新管理思想的注入。一方面，通过装备供应链管理思想的导入，可以对现行装备供应链资源进行有效的整合优化；另一方面，装备供应链管理更是一种战略层面的变革，需要重新审视现有供应链结构和管理机制，依托先进的管理技术特别是信息技术的支撑，大胆进行管理体制和运行模式创新，从战略层面完成装备供应链的重组和变革，以利于更加贴近部队、贴近装备、贴近战场。

装备供应链管理，不同于一般的供应链管理，也不同于军事后勤供应链管理。武器装备具有的鲜明特点，使得装备供应链管理表现出以下不同特点：

（1）以作战部队需求为中心。装备供应链的军事特性，决定了装备供应链管理必须坚持军事效益第一的原则。供应链管理思想的核心之一，就是要求以满足终端客户需求为牵引，提供优质高效的客户服务。针对装备供应链来讲，装备供应链管理必须坚持以战争需求为牵引，以满足部队训练和作战的装备需求为最高目标，提供快速、可靠、高效、柔性的装备需求保障。以作战部队需求为中心，制订周密的保障计划，更加强调满足其作战需求，同时也充分考虑作战部队的多样化需求。

（2）以装备全寿命周期管理为基础。装备管理是基于装备全寿命周期过程的管理，即从装备"出生"直到"死亡"的全系统全过程管理。装备供应链管理，也必然要求遵循装备全寿命管理的工作原则。只有通过实施基于全寿命周期的装备供应链管理，才能真正满足部队装备需求，有效实现装备供应链管理的价值。基于全寿命周期的装备供应链管理，要求必须高度重视装备科研、生产等有关装备优生环节的管理，做好装备供应链的顶层规划与设计，变革现行体制与机制，拓展管理职能范围，优化业务流程，以装备全寿命周期管理为基础，实现装备供应链各环节的无缝链接和全过程优化。

（3）寓军于民，军民一体。装备供应链是一个开放的复杂系统，其前端是由装备供应商和装备供应商的供应商构成的企业供应链，其后端是由战役级、战术级装备管理机构及部队用户构成的军队内部供应链。装备供应链离不开地方物流资源的有力支撑，军地一体化是军事物流发展的必然趋势。装备供应链管理既涉及军队物流系统，也涉及地方物流系统，必须从国家战略和军地整体利益出发，以装备需求为牵引，将军队物流系统与地方物流系统进行有效整合和优化，整体筹划、统一建设、高度融合、协调发展，通过构建战略合作关系和多赢的利益共享机制，使供应链上的各个节点成为一个利益共同体，消除组织障碍，形成一体化管理模式。

（二）装备供应链管理的目标要求

供应链管理的总体目标是适时、适地、适量地满足部队训练和作战装备需求，有效提升装备保障能力和作战能力，实现军事效益和经济效益的统一。围绕装备供应链管理的总体目标，装备供应链管理着重要求提高装备供应链的快速反应能力，降低供应链总成本，提升供应链战略柔性，增强系统协同能力。

1. 提高快速反应能力

现代战争进程加快，战时装备需求的不确定性急剧增大，要求装备供应链具备快速响应战场装备需求的能力，实施及时、准确的装备供应保障，即在正确的时间、正确的地点用正确的装备来满足作战部队的需求。快速供应的本质就是通过各方有效地管理物流、信息流和资金流，并彼此接受这种新的"开放"关系。一方面，装备供应链管理必须高度重视各单元和节点的协调问题，建立一种更加亲密的战略伙伴关系，形成利益共同体，改进与协调各自的业务流程，通过单元与节点间资源、信息共享，获得供应链同步化运作；另一方面，一般意义上的装备供应层次相对较多，过程过于烦琐，装备供应链管理要求减少装备供应的层次和环节，使部队需求能够更加直接快速地传递给采购决策管理部门，通过装备供应链的战略级节点，有效驱动企业供应链的研制与生产，缩短部队需求与装备供应之间的空间与时间差，提高装备供应链快速反应能力。此外，要提高装备供应链快速反应能力，离不开有效的技术支持，供应链流程重组与业务协同必须以技术集成（尤其是信息技术）为基础。

2. 降低供应链总成本

现代战争，装备消耗大大增加，过量的装备消耗必然影响与制约着经济建设，也影响着装备供应效果。在有限的国防经费预算范围内，要求装备供应链必须在确保战斗力和保障力的前提下，不断对装备供应链管理中的信息、资源及各种活动进行集成，从而实现装备保障资源的合理配置，有效降低装备供应保障成本。装备供应链管理必须将装备全寿命周期过程中的每个成员作为一个有机整体，立足于供应链总成本最小化的目标，系统协调供应链的各个节点利益和行动准则，合理控制装备供应过程中的各类投入，实现军事效益和经济效益的最佳平衡。库存管理是装备供应链管理的一个重要环节，库存量是装备供应链总成本的重要影响因素，库存不仅占用了大量的人力、物力和财力，如果一定时间内没有需求，库存装备寿命到期，还要浪费大量人力、物力和财力。实时把握形势发展变化，准确掌握部队用户需求信息，以准确的信息和高效生产能力实现库存虚拟化管理，可以有效减少库存积压与浪费，是降低供应链总成本的重要途径。

3. 提升供应链战略柔性

装备保障需求平时、战时的极大差异性以及国防经费的有限性，决定了装备供应链既要有效降低装备供应链总成本，又要充分满足部队作战和训练的装备需求，况且平时不可能无限制地进行大量装备储备，因此提升装备供应链的战略柔性是装备供应链管理的重要目标之一。一方面，要求构建军民一体化的装备保障体系，将装备供应链的保障资源融入地方保障资源建设中，寓军于民，依托民间力量建立强大的战时装备资源动员动用能力；另一方面，装备研制生产周期较长，在科研上要加强技术储备，不断研发高新技术装备，在生产上要建立强大的应急生产能力和产能扩张能力。

4. 增强系统协同能力

供应链管理的核心思想要求供应链各个主体和节点之间保持高度的战略协同。装备供应链的各级管理机构应加强协调，相互配合，减少内耗和资源浪费，提高军事效益和经济效益。装备供应链管理涉及地方原材料供应商、军工生产企业、军内各级装备管理机关和部队用户等多类型多层次主体，其利益和价值取向有所不同，要构建完善的一体化协作机制，实现军内外系统的有效战略协同。在军队内部供应链中实施集成战略和协作战略，通过消除各职能部门间的障碍，充分共享军事装备供应信息，实现军事装备物流过程的透明化，提高部队服务水平。在军队外部供应链中，军队需求方和供应商之间，要立足长远、风险共担，加强信息共享和业务交流，降低交易成本，降低储备规模，通过合作产生最大的军事效益和经济效益。信息共享是装备供应链有效运行和高度协同的技术基础，系统中的各个单元和节点都必须保证信息安全和无缝链接，实现装备供应链系统的有效整合，发挥其最大的功效。

（三）装备供应链管理的主要内容

供应链管理的具体内容包括：战略性供应商和用户合作伙伴关系管理；供应链产品需求预测和计划；供应链设计（各主体节点、资源、设备等的评价、选择和定位）；各主体节点内部与主体节点之间物料供应与需求管理；基于供应链管理的产品设计与制造管理、生产集成化计划、跟踪和控制；基于供应链的用户服务和物流（运输、库存、包装等）管理；资金流管理（汇率、成本等问题）；基于 Internet 的供应链交互信息管理。

由于装备的特殊性和装备供应管理实施的要求、环境不同，装备供应链在遵循一般供应链管理的基本思想和原则的同时，在具体内容、具体方法和途径上有所不同。装备供应链管理的主要内容包括：基于装备供应链的物流管理，基于装备供应链的信息流管理，基于装备供应链的资金流管理，装备供应链业务流程重组，装备供应链合作伙伴关系管理，装备供应链风险管理和装备供应链绩效评价。

二、装备供应链物流管理

物流是装备供应链的核心流，物流管理是装备供应链管理的重要内容，物流运行状态是否良好直接影响装备供应链管理的效率、效果和效益。基于装备供应链管理的总体思想和原则，科学规划装备物流活动意义重大。

（一）主要特点

与传统物流管理相比，基于装备供应链的物流管理具有以下特点：

（1）更加强调供应链节点之间的信息共享与并行处理。基于装备供应链的物流管理，广泛通过先进的信息技术，实现供应链节点之间的信息共享，克服传统物流管理信息逐级传递和放大的"牛鞭"效应，节点成员之间能够及时获得需求信息，并建立良好的信息并行处理机制，消除一切不增加价值的程序和时间上的浪费，提高快速反应能力。

（2）更加强调供应链节点之间的战略合作与共赢。一方面，要求装备供应链上的各个节点更加关心各自的核心资源和能力，将非核心业务外包给上下游节点，集中优势资源和精力。另一方面，更要加强供应链节点之间的相互沟通与合作，通过信息共享和共赢的合作机制，充分实现供应链整体能力的提升。

（3）更加强调供应链总成本的降低。基于装备供应链的物流管理，通过虚拟库存、联合库存管理和及时配送等供应链管理手段，着眼于减少供应链库存和供应链总成本。

（4）更加强调物流柔性。基于装备供应链的物流管理，通过军地一体化合作机制，强化生产能力和产能扩充能力，提高装备战略投送能力，充分提高物流柔性，以满足装备平、战时需求的极大差异性。

（二）重点环节

基于装备供应链的物流管理，除了包装、储存、装卸搬运、运输等物流环节外，还有3个重点环节区别于一般性环节，从供应链的角度，影响着装备物流管理的实施效果。

1. 研制论证环节

传统装备供应管理仅仅是从部队接收装备或者是军工企业生产开始，而未充分考虑装备研制论证对装备供应链的影响。然而，如果在装备研制论证阶段，不充分考虑装备的物流特性，将为装备后续的流通和供应链管理造成严重困难和影响。因此，从装备供应链的角度出发，以装备全寿命周期管理为基础，将研制论证纳入装备供应链管理的重要环节，将物流特性融入早期论证与设计，在装备供应链源头上把握好方向与质量，对于切实提高装备供应链管理水平非常重要。

2. 生产加工环节

生产加工环节是装备供应链中的一个重要环节，生产加工效果的好坏，在很大程度上影响着装备供应链运行的效果。强化军工企业的建设与管理，越来越受到装备供应部门的重视。节约物资原料，提高加工工艺；改进生产技术，提高产品质量；加强计划管理，强化企业内物流，是军工企业的重要目标任务。这一环节的主体不仅包括国内的军工企业，还有国外的部分军工企业，除了要求严格评估生产单位实际能力（包括技术能力、生产能力等），确保生产加工质量外，还要注意相关信息保密工作，确保生产加工安全。

3. 回收环节

回收是装备供应链物流管理的最后一个环节。回收环节对于节省经费、减少消耗、降低环境污染、避免军事泄密等具有重要意义。基于装备供应链的物流管理，一是要求建立专业性单位专门负责装备回收；二是尽可能地消除装备回收过程中对环境的影响；三是尽可能实现装备回收再利用；四是加强回收装备的处理方式方法和手段途径的研究，提高处理质量。

三、装备供应链信息流管理

信息贯穿于装备供应链管理过程始终，是连接装备供应链各要素的桥梁和中介。通过信息的作用，使得装备供应链管理的各要素有机地相互联系在一起，使装备供应链处于动态稳定的状态。获取了信息，就意味着能够取得对装备供应活动系统规律的认识，可以尽可能消除不确定性并强化系统的有序性。因此，信息对装备供应链的运行起着主导作用，左右着装备供应链的运行效率和质量。研究装备供应链管理中信息流动所形成的信息流，对装备供应链管理的实施具有重要意义。

（一）装备供应链信息流管理的特点

与传统物流信息管理相比，装备供应链信息流管理具有以下特点：

（1）更加强调信息实时采集识别。装备供应链涉及军内外两个供应链系统，供应链末端装备使用部队类型复杂，需求各异，实时采集并处理终端用户非常复杂的各类信息至关重要。装备供应链信息流管理要求：一方面，要实时识别有效信息，过滤无用或重复信息；另一方面，要求实时采集和处理有效信息。装备供应链信息流的实时信息采集处理，离不开信息技术的支撑，要求在供应链末端广泛采用二维条码、RFID、GPS、GIS、EDI 等信息技术。

（2）更加强调信息实时传输与交换。装备供应链管理环境下的信息流管理，更加强调信息在各个节点之间传递的时效性，要求提供近似实时的信息共享，避免一切不必要的信息采集和传输的滞后。由于装备供应链涉及节点和层次较多，因此必须克服传统物流管理信息逐级传递和放大的"牛鞭"效应，提高信息传递与交换的效率，建立良好的信息并行处理机制，提高快速反应能力。

（3）更加强调数据挖掘与决策分析。供应链上的信息是一种海量的信息，既包括各节点主体的信息，又包括装备供应链内外部环境信息；既包括装备需求信息，又包括装备保障信息；既包括现在的信息，又包括过去的信息。需要充分利用数据挖掘、决策分析技术，充分发挥有用信息对装备供应链的支撑作用。

（二）装备供应链管理信息配置原则

装备供应链管理信息的配置，主要解决在装备供应链的链条中及管理过程中，如何分配信息的问题。信息配置问题，关系到信息流控制的过程、机制及信息集成中心建立等一系列内容，是一个非常重要的问题，直接影响到装备供应链运行的效果。配置原则如下：

1. 充足原则

对于装备供应链的任何一个环节来讲，都应该提供尽可能充足的信息，只有充足的信息才能保证在装备供应链管理过程中得到自己需要的信息，从而应用信息来引导装备供应链的运行。

2. 共享原则

装备供应链的每个环节所需要的信息是多种多样的，各个环节之间也不相同，甚至差异较大。在装备供应链管理过程中往往需要相关环节之间能进行充分地交互、协同与协调。能否实现有机的、无缝的连接与协同，取决于信息共享的程度。因此，在装备供应链管理信息配置中，应该注意信息的共享问题，在保密的前提下，充分共享信息。

3. 准确原则

由于装备供应链的各个环节、装备供应链管理中的各个阶段、不同层次的装备供应链以及不同的装备供应链管理活动和内容所需要的信息是不相同的，甚至同一类活动或者是同一个内容所需要的信息也存在差异，要保证装备供应链管理活动的正确开展与运行，就必须提供准确的装备供应链管理信息配置，在正确的时间、正确的地点，为装备供应链管理提供正确的信息。

4. 及时原则

装备供应链的运行，尤其是战时状态下的运行，对其效率的要求非常高，需要在极短时间完成武器装备供应的相关任务，而要实现这一目标，对于信息的及时性要求非常高。没有近乎于实时的信息配置，装备供应链的运行就没有目标，没有方向，就无从谈起其运行效率，也就没有装备供应链管理的效果。

（三）装备供应链信息流的集成化管理模式

传统的信息流一般采用点对点的信息传输模式，往往造成需求信息放大的"牛鞭"效应，信息传递效率低、整体协调性差等缺点，严重影响了装备供应链管理的运转效率。在装备供应链管理中，采用的是信息流集成化管理模式。这种模式下，在装备供应链之外独立建立一个新的功能节点，即信息集成中心。其主要功能包括信息收集、信息存储、信息处理、信息发送。装备供应链管理的主要信息包括需求信息、库存信息、消耗信息、研发与生产信息、需求预测和运输信息，形成信息共享源。同时，该信息中心还负责对收集到的信息进行加工，并把加工后的信息发送到需要这些信息的节点。装备供应链中的所有节点与信息中心建立高速信息通道，保证信息在整个装备供应链中实时共享。

四、装备供应链风险管理

（一）基本概念

1. 装备供应链风险

装备供应链风险是指装备供应链偏离预定管理目标的可能性。装备供应链风险不以人的意志为转移，人们可以对它进行控制、改变，但不能将其完全消除。

装备供应链是不断发展变化的，随着各种风险因素的变化，装备供应链风险的性质、结构、后果会发生变化，而且还会出现新的风险。影响装备供应链风险的主要因素包括：

（1）装备供应链风险随军工企业的战略调整而变化。

（2）装备供应链风险与管理队伍水平密切相关。

（3）装备供应链风险受技术水平的影响。

（4）装备供应链风险受物流环境的影响。

（5）装备供应链风险受装备供应链结构变化的影响。

（6）装备供应链风险受社会政治经济环境和自然灾害的影响。

2. 装备供应链风险管理

装备供应链风险管理就是管理人员通过风险识别、风险估计和风险评价，合理地使用多种管理方法、技术和手段，对可能影响装备供应链的各种风险因素实行有效控制，妥善处理风险事件造成的不利后果，保证装备供应链管理目标的实现。

（二）防范装备供应链风险的主要措施

装备供应链管理是多环节、多通道的复杂系统。在管理过程中，对突发事件要有充分的准备，对破坏性大的事件，可预先制定应变措施，以减少管理风险。为了保证装备供应链的安全运行，尽量避免装备供应链管理风险，主要采取以下措施进行防范：

1. 建立沟通与激励制度

装备供应链各环节应建立畅通的联络渠道并进行有效的沟通，以利于信息共享。通过建立专门协调机构来进行管理工作的协调，利用面对面的交流、网络、电视会议等定期或不定期沟通渠道交换信息，建立相互信任。为保持装备供应链整体运行，必须建立利益协调机制，对因系统目标而使个体利益受损的一方给予一定补偿，从而提高装备供应链管理抵抗风险的能力。积极采用一定的激励手段和机制，使装备供应链各节点能得到更大利益，装备供应链节点组织追求的个体利益最大化目标应和装备供应链整体的系统最优目标相一致。

2. 进行柔性化设计

装备供应链管理中存在需求和供应方面的不确定性。在装备供应链成员合作过程中，通过协同设计相互提供柔性，可以部分消除外界环境不确定性的影响，尽可能准确地传递供给和需求信息。柔性设计是消除由外部环境不确定性引起的供应链变动风险的一种重要手段。

3. 构建先进的信息传递平台

在装备供应链管理信息传递过程中，可能会造成信息反馈不及时和严重失真，造成信息传递风险，同时也容易造成信息丢失、泄密等信息安全风险。因此，应该构建先进的信息传递平台，加强信息共享能力、互联互通能力和保密能力。

（三）供应商风险管理

供应商风险是由供应商原因所造成的装备供应链风险。在众多的装备供应链风险因素中，供应商是装备供应链风险的主要来源之一。供应商的表现直接影响核心环节的行为，供应商风险的控制是装备供应链风险控制的重要内容。

1. 供应商风险成因

形成供应商风险的原因可分为客观和主观两种类型。客观原因是指外部环境不利因素或者内部人员的失误与设备故障等。主观原因是指供应商为了自己的短期利益而故意采取损害下游合作伙伴利益和装备供应链整体运行的行为，或者不履行合作义务而导致合作伙伴损失的行为等。

2. 防范供应商风险的主要措施

防范和控制供应商风险的主要措施如下：

（1）优化供应商选择机制。供应商的选择是装备供应链管理的一个基本问题。设计合理的供应商选择程序与标准，是克服逆向选择风险的重要方式。从装备供应链风险控制的角度选择合格的供应商，应按照绩效、实力、合作三方面指标进行考察。

绩效水平是装备供应链运行管理的核心目标。考察供应商对装备供应链绩效的贡献率，是选择合格供应商的重要指标。实力强大的企业，更具有保证装备供应链绩效水平的能力，更具有长期稳定合作的能力，更具有克服内外部风险的能力，而供应商实力不强，本身就是装备供应链的风险，如果关键供应商陷入困境或者倒闭破产，将严重影响整个装备供应的稳定。因此，基于企业实力选择装备供应链合作伙伴，才能选出真正有实力、稳健发展的企业，并与之建立长期战略合作关系；合作包括合作态度与合作能力两方面，合作态度主要考察供应商对合作的重视程度，合作能力主要考察供应商尽快融入装备供应链大环境的能力，以及与装备供应链上下游成员之间的合作能力。

（2）供应链成员激励机制与信任关系的建立。供应链没有激励机制，当出现个体利益与装备供应链利益冲突时，就很可能在信息高度不对称的情况下，采取损害装备供应链整体利益的行为，从而给装备供应链带来风险。因此，为供应商提供适当的激励机制是装备供应链正常运转的必要条件；同时，促进装备供应链成员之间增进互信、建立信任关系也是供应商风险管理的关键举措。

思考与练习

1. 简述装备储备策略有哪些。
2. 简述装备仓库的分类与功能。
3. 简述装备运输投送的地位和作用。
4. 论述装备供应链管理的主要内容。
5. 简述装备供应链信息流管理的特点。

第八章
装备物流运筹优化

装备物流运筹是装备供应保障计划、管理、指挥过程中无可回避的现实问题。装备物流运筹优化问题涵盖范围非常广泛,包括需求预测、选址规划、运输调度、任务指派、车辆配装、路径优化、方案决策等。通过求解这些问题,可以充分利用供应过程中的有限资源,对人力、资金、物资、装备等进行科学计划和统筹,以期达到最大效率和最佳效益。因此,利用运筹学模型求解装备物流运筹优化问题,可以为装备供应保障管理与指挥决策提供理论依据和参考。

第一节 装备物流运筹优化方法

装备物流运筹优化,即运用运筹学原理与方法建立分析模型,用以求解装备物流运筹问题的一项优化分析技术。运筹学作为一门实践性很强的科学,已被广泛应用于社会、经济、军事、民政等领域,解决由各种复杂因素交联的实际问题。目前在军事供应领域应用也很广泛,解决了一些问题,取得了很好的效果。辅助决策是运筹学运用的核心,建立数学模型是运筹学方法的精髓,装备物流运筹优化分析方法主要用于解决以下几个方面问题。

一、装备供应需求预测

(一)基本概念

所谓装备供应需求,是指装备供应保障活动中所伴随产生的运输、仓储、装卸搬运、配送等供应活动的需要情况。一般分定性预测和定量预测两类,其中定量预测又可分为相关回归预测法和时间序列预测法。

时间序列预测法的基本思想是根据预测的惯性原则,利用事物发展的历史数据变化趋势的延续来估计预测目标的未来发展趋势。按照模型特性分为趋势预测模型、季节变动预测模型、随机预测模型等。常用的移动平均预测法和指数平滑法属于趋势预测模型,以下主要介绍这两种方法。

(二)建模方法

1. 移动平均预测法

移动平均预测法是假定预测事物的未来状况只与邻近几期的状况有关,而与较远期的状况无关，因此只要选用近期的几个数据加以数学平均，即可预测下期数据。典型的时间序列预测问题如下：

【例 8-1】某仓库近 n 个月来弹药装备逐月中转量如表 8-1 所示，试预测第 $n+1$ 个月的弹药装备中转量。

表 8-1 某仓库近 n 个月来弹药装备逐月中转量

月份	1	2	...	i	...	n
中转量/千吨	V_1	V_2	...	V_i	...	V_n

预测模型的通式如下：

$$F_{i+1} = \frac{V_i + V_{i-1} + V_{i-2} + \cdots + V_{i-n+1}}{n} \quad (8-1)$$

式中，V_i 为第 i 个周期（月）的实际值；F_{i+1} 为第 $i+1$ 个周期（月）的预测值；n 为与预测期邻近有关周期（月）数。

上式运用的是简单算术平均法，所以称之为简单滑动平均法。它把过去数据对预测值的影响作用等同看待，实际上远近不同历史数据对预测值的影响作用是不同的。一般来说，距预测期越近的数据影响越大。为了加强近期数据的作用，提高预测的准确程度，将简单滑动平均法修正为加权滑动平均法，若 $i=3$，则式（8-1）计算方法修正如式（8-2）所示：

$$F_4 = \alpha_1 V_3 + \alpha_2 V_2 + \alpha_3 V_1 \quad (权重 \alpha_1, \alpha_2, \alpha_3) \quad (8-2)$$

其中，权重可根据实际值对预测值的影响不同，结合实际经验加以选择。一般距预测期越近，分配的权值越大；距预测期越远，分配的权值越小。这样就可以使预测值较快地适应实际值的变化，从而改进了简单滑动平均法。

2. 指数平滑预测法

（1）一次指数平滑法。一次指数平滑法又称简单指数平滑法（Single Exponential Smoothing，SES），式（8-3）给出了计算公式：

$$F_{t+1} = \alpha y_t + (1-\alpha) F_t \quad (8-3)$$

式中，α 为平滑常数；F_{t+1} 与 F_t 分别是 $t+1$ 时刻和 t 时刻的预测值；y_t 为实际观察值。

从式（8-3）中可以看出，用一次指数平滑法进行预测时，$t+1$ 时刻预测值是 t 时刻观察值与 t 时刻预测值的加权平均，权数分别是 α 和 $1-\alpha$（$0<\alpha<1$）。该式的计算不需要存储全部历史数据，欲得出新的预测值，只要有最近一期的观察值和预测值即可。但当历史全部数据可得时，同样可运用此公式预测。

式（8-3）进一步递推可得

$$F_{t+1} = \alpha y_t + (1-\alpha)[\alpha y_{t-1} + (1-\alpha) F_{t-1}] = \alpha y_t + \alpha(1-\alpha) y_{t-1} + (1-\alpha)^2 F_{t-1} \quad (8-4)$$

上式可进一步展开，得到如下普遍表达式：

$$F_{t+1} = \alpha y_t + \alpha(1-\alpha) y_{t-1} + \alpha(1-\alpha)^2 y_{t-2} + \cdots + \alpha(1-\alpha)^{t-1} y_1 + (1-\alpha)^t F_1 \quad (8-5)$$

从式（8-5）可以看出，指数平滑法克服了移动平均法的另一个局限，即离预测期较远的观察值得到逐渐减小的权重，随着时间向过去的推移，权重指数规律递减，这就是该法称为"指数"平滑法的原因。

运用指数平滑法需要确定一个初始值。一般来说，当历史数据较多时，初始值用 y_1 来代替，当数据较少时用前三期实际观察值作为初始值。

（2）二次指数平滑法。二次指数平滑法又称为双指数平滑法，它是以相同的平滑常数 α，在一次指数平滑的基础上再进行一次平滑，用 F_t' 表示一次指数平滑值，用 F_t'' 表示二次指数平滑值，则

$$F_t'' = \alpha F_t' + (1-\alpha) F_{t-1}'' \qquad (8-6)$$

当时间序列存在趋势变动时，一次指数平滑值和二次指数平滑值均落后于实际值，布朗单一参数线性指数平滑法能较好地解决这一问题，计算公式为

$$F_{t+m} = a_t + b_t m \qquad (8-7)$$

式中，m 为预测超前期数；a_t, b_t 为待定参数，且

$$a_t = 2F_t' - F_t'' \qquad (8-8)$$

$$b_t = \frac{\alpha}{1-\alpha}(F_t' - F_t'') \qquad (8-9)$$

（3）三次指数平滑法。三次指数平滑法又称三重指数平滑。与二次指数平滑法一样，三次指数平滑并不直接用平滑值作为预测值，而是用平滑值建立预测模型，再用预测模型进行预测。

3. 回归分析预测法

所谓回归分析预测，就是依据历史观察值之间的变量关系进行预测的方法。首先对变量间的因果关系进行分析，建立含有待定参数的回归方程，然后对待定参数进行估计，对回归方程进行显著性检验，最后利用回归模型进行点预测和区间预测。根据因变量的数量可分为一元回归分析和多元回归分析两类，下面主要介绍一元回归分析。

（1）回归方程。一元线性回归方程的模型可表述为

$$y_i = a + bx_i + u_i \quad i = 1, 2, \cdots, n \qquad (8-10)$$

式中，a, b 为回归方程的参数；x_i 为自变量；y_i 为因变量；u_i 为剩余残差项或称随机扰动项。

为了达到所要求的目的，做出以下几点基本假定：

① x_i 是确定的非随机变量。

② y_i 对同样的 x_i，由于 u_i 的影响是允许可变的。

③ u_i 为随机变量，有零均值和有限常数方差，服从正态分布。

对式（8-10）两边取方差（Variance）：

$$\operatorname{var}(y_i) \operatorname{var}(a + bx_i + u_i) = \operatorname{var}(u_i) = \sigma_{u_i}^2 \quad i = 1, 2, \cdots, n \qquad (8-11)$$

实际上，$a, b, \sigma_{u_i}^2$ 都是真实存在的参数。回归分析的内容之一就是通过样本值 (x_i, y_i) 将其估计出来。回归方程的确定，实际上是要求出待定参数 a, b，若 a, b 求出来了，回归方程就是唯一确定的，由此可得预测公式为

$$\hat{y}_i = E(y_i) = a + bx_i \quad i = 1, 2, \cdots, n$$

（2）参数估计。线性回归模型参数的估计方法通常有两种：普通最小二乘法和最大似然

估计法。最常用的是普通最小二乘法。下面用普通最小二乘法来估计模型的回归参数。

最小二乘法的中心思想是通过数学模型，配合一条较为理想的趋势线，这条趋势线必须满足以下要求：

① 原数列的观测值与模型估计值的离差平方和为最小。

② 原数列的观测值与模型估计值的离差总和为0。

（3）模型显著性检验。这里的检验，一般应包括两个方面，即物流理论检验和统计检验。物流理论检验即检查模型中参数的关系与物流理论是否相符。统计检验有相关系数检验、t 检验、F 检验，计算剩余均方差。对一元线性回归模型进行显著性检验时，可任选一种。

（4）利用回归方程进行预测。

① 点预测。将自变量的预测值 x_i 代入回归模型所得到的因变量 y_i 的值 $\hat{y}_i$ 作为与 x_i 相对应的 y_i 的预测值。设预测点为 (x_0, y_0)，则预测值为 $\hat{y}_0 = a + bx_0$。

② 区间预测。由于对不同的样本会得到不同的 a，b，因此，$\hat{y}_0$ 与 y_0 之间总存在一定的抽样误差。在回归模型的假设条件下，可以证明：

$$(\hat{y}_0 - y_0) \sim N\left[0, \sigma_{u_i}^2 \left(1 + \frac{1}{n} + \frac{(x_0 - \overline{x})^2}{\sum_{i=1}^{n}(x_i - \overline{x})^2}\right)\right] \tag{8-12}$$

假定回归标准误差是 S，数理统计中已经证明，S^2 是总体方差 $\sigma_{u_i}^2$ 的无偏差估计量。令

$$S_0^2 = S^2 \left[1 + \frac{1}{n} + \frac{(x_0 - \overline{x})^2}{\sum_{i=1}^{n}(x_i - \overline{x})^2}\right] \tag{8-13}$$

可以证明 S_0^2 服从 χ^2 分布，故有

$$\frac{y_0 - \hat{y}_0}{S_0} \sim t(n-2) \tag{8-14}$$

从而，在显著水平 α 下，$1-\alpha$ 的置信区间为

$$\left[\hat{y} - t_{\frac{\alpha}{2}} S \sqrt{1 + \frac{1}{n} + \frac{(x_0 - \overline{x})^2}{\sum_{i=1}^{n}(x_i - \overline{x})^2}}, \hat{y} + t_{\frac{\alpha}{2}} S \sqrt{1 + \frac{1}{n} + \frac{(x_0 - \overline{x})^2}{\sum_{i=1}^{n}(x_i - \overline{x})^2}}\right]$$

回归标准误差的计算公式为

$$S = \sqrt{\frac{1}{n-2} \sum_{i=1}^{n}(y_i - \hat{y}_i)^2} \tag{8-15}$$

二、装备供应运筹规划

（一）基本概念

装备供应运筹规划方法包括线性规划、非线性规划、整数规划、目标规划和动态规划等。

装备供应运筹规划的研究内容与装备供应管理活动中的资源分配有关，在解决装备供应保障运筹优化问题中具有极为重要的地位和作用。它们解决的问题一般可归纳为：在满足既定资源条件下，按某一衡量指标来寻求最优方案，求解约束条件下目标函数的极值问题。

（二）建模方法

1. 装备调运线性规划

装备调运问题又称运输问题，研究单一品种装备多起讫点的调运规划问题，一般采用线性规划模型解决。其典型情况是：设 m 个供应地（装备仓库）$A_1, A_2, \cdots, A_m$ 可供应某装备的数量分别为 $S_1, S_2, \cdots, S_m$，现在有 n 支部队 $B_1, B_2, \cdots, B_n$ 各需要该装备的数量为 $R_1, R_2, \cdots, R_n$，供应地与需求部队间的权数 C_{mn}（运输距离、时间或运费）已知，问如何安排使总吨公里数（总运输时间或总运费）最小？典型的装备供应保障调运模型见图 8-1。

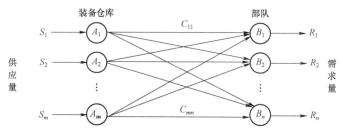

图 8-1 典型的装备供应保障调运模型

线性规划模型由 3 部分组成：一是决策变量，是问题中要确定的未知量，它用以表明规划中用数量表示的方案、措施，可由决策者决定和控制；二是目标函数，即期望达到目标的决策变量的线性函数，按优化目标分为 max 和 min 函数；三是约束条件，指决策变量取值时受到的各种资源条件的限制，是含决策变量的线性等式或不等式。可见，所谓线性规划中的"线性"，是指目标函数和约束关系均为决策变量的线性表达式，下面举例说明。

【例 8-2】现有 A_1、A_2 两个弹药库向 B_1、B_2、B_3 三支炮兵部队输送某种弹药。已知 A_1、A_2 分别储存该弹药 S_1、S_2 吨，三支部队 B_1、B_2、B_3 分别需要 R_1、R_2、R_3 吨。各仓库到部队的最短路程如表 8-5 所示。问如何安排运输使得总吨公里数最小？

表 8-2 各仓库到部队的最短路程　　　　　　　　　　km

	B_1	B_2	B_3
A_1	C_{11}	C_{12}	C_{13}
A_2	C_{21}	C_{22}	C_{23}

该问题属于典型的线性规划问题，建模时首先确定决策变量，假设从 A_1、A_2 两仓库发往 B_1、B_2、B_3 三支部队的弹药数量分别为 $x_{ij}(i=1,2; j=1,2,3)$；其次确定目标函数，即期望达到的目标表示为

$$\min Z = \sum_{i=1}^{2}\sum_{j=1}^{3} c_{ij} x_{ij} \qquad (8-16)$$

最后确定决策所要满足的约束条件

$$\text{s.t.} \begin{cases} x_{11} + x_{12} + x_{13} \leqslant S_1 \\ x_{21} + x_{22} + x_{23} \leqslant S_2 \\ x_{11} + x_{21} = R_1 \\ x_{12} + x_{22} = R_2 \\ x_{13} + x_{23} = R_3 \\ x_{11}, x_{12}, x_{13}, x_{21}, x_{22}, x_{23} \geqslant 0 \end{cases} \tag{8-17}$$

线性规划最常用的解法是图解法和单纯形法两种。图解法主要是针对两个决策变量线性规划问题求解，它有助于我们了解线性规划解的形式及线性规划的几何意义；单纯形法是从标准问题可行域中某一基可行解出发，转换到另一基可行解，直至使目标函数值最大的一种解决方法。

2. 调运方案目标规划

目标规划研究解决有多个目标的决策优化问题。上述弹药运输调配过程中，若从线性规划的角度看，问题似乎得到了圆满解决，但是如果站在弹药供应保障指挥员的立场，制定弹药供应保障调运方案的依据不仅仅取决于总吨公里数，还取决于其他很多主客观因素，这些因素共同构成了一个需按优先级依次考虑的目标集合，因此问题可能会变得更加复杂。

【例 8-3】现有 A_1、A_2、A_3 三个弹药库分别向 B_1、B_2、B_3、B_4 四支炮兵部队运送某种弹药。已知 A_1、A_2、A_3 分别储存该弹药 S_1、S_2、S_3 吨，四支部队 B_1、B_2、B_3、B_4 分别需要该弹药 R_1、R_2、R_3、R_4 吨。各仓库到部队的最短路程如表 8-3 所示。编制调运方案时按照优先级依次考虑以下目标：

P_1：B_3 是重点保证单位，其需求应尽可能全部满足；

P_2：每支部队得到弹药数量不少于其需求的 80%；

P_3：因路况原因，尽量避免安排 A_2 弹药运往 B_4；

P_4：力求使总吨公里数最小。

试求满意的弹药调运方案。

表 8-3　各仓库到部队的最短路程　　　　　　　　　　km

	B_1	B_2	B_3	B_4
A_1	C_{11}	C_{12}	C_{13}	C_{14}
A_2	C_{21}	C_{22}	C_{23}	C_{24}
A_2	C_{31}	C_{32}	C_{33}	C_{34}

类似例 8-3 的多目标决策问题是典型的目标规划问题，其数学模型涉及以下基本概念：

（1）偏差变量。对于每一个决策目标，引正、负偏差变量 d^+、d^-，分别表示决策函数值超过或不足目标值的部分。按定义应有 $d^+ \geqslant 0$，$d^- \geqslant 0$，$d^+ \cdot d^- = 0$。

（2）绝对约束与目标约束。绝对约束是指必须严格满足的约束条件，如线性规划中的约束条件都是绝对约束，满足与否决定了解的可行性。目标约束是目标规划特有的概念，是一种软约束，其决策值与目标值的差异用偏差变量来表示。

（3）优先因子和权系数。不同目标的主次轻重有两种差别。一种差别是绝对的，可用优

先因子 P_l（优先级随 l 增加而降低）来表示，只有在高级优先因子对应目标已满足的基础上，才能考虑低级优先因子对应的目标，且不允许违背已满足的高级优先目标。另一种差别是相对的，目标具有相同的优先因子，重要程度可用权系数的不同来表示。

（4）目标规划的目标函数。目标规划的目标函数由各目标约束的偏差变量及相应优先因子和权系数构成。由于目标规划追求尽可能接近目标值，也就是使各有关偏差变量尽可能小，所以其目标函数只能极小化。应用时有 3 种表达式：

要求正好到达目标值，超过或不足都是不希望的，因此有 $\min\{f(d^+ + d^-)\}$；

要求不超过目标值，但允许不足目标值，希望超过部分尽量小，因此有 $\min\{f(d^+)\}$；

要求不低于目标值，但允许超过目标值，希望不足部分尽量小，因此有 $\min\{f(d^-)\}$。

（5）目标规划的数学模型。目标规划数学模型的一般形式为

$$\min Z = \sum_{l=1}^{L} p_l \left(\sum_{k=1}^{K} \left(W_{lk}^- d_k^- + W_{lk}^+ d_k^+ \right) \right) \quad l=1,2,\cdots,L \tag{8-18}$$

$$\text{s.t.} \begin{cases} \sum_{j=1}^{n} c_{kg} x_j + d_k^- - d_k^+ = g_k & k=1,2,\cdots,K \\ \sum_{j=1}^{n} a_{ij} x_j \leqslant (=,\geqslant) b_i & i=1,2,\cdots,m \\ x_j \geqslant 0 & j=1,2,\cdots,n \\ d_k^-, d_k^+ \geqslant 0 & k=1,2,\cdots,K \end{cases} \tag{8-19}$$

式中，W_{lk}^- 和 W_{lk}^+ 为 P_l 优先因子对应各目标的权系数；g_k 为第 k 个目标约束的预期目标值，是软约束；b_i 为各种资源与供应约束，是硬约束。

依据上述理论建立例 8-3 的目标规划模型如下：设从 A_1、A_2、A_3 三个仓库发往 B_1、B_2、B_3、B_4 四支部队的弹药数量分别为 $x_{ij}(i=1,2,3;j=1,2,3,4)$，运用线性规划法可求得不考虑 $P_1 \sim P_4$ 四项目标时的最小吨公里数为 M。确定目标函数为

$$\min Z = p_1 d_4^- + p_2 (d_5^- + d_6^- + d_7^- + d_8^-) + p_3 d_9^+ + p_4 d_{10}^+ \tag{8-20}$$

满足的各种约束条件：

$$\text{s.t.} \begin{cases} \sum_{j=1}^{4} x_{ij} \leqslant S_i \quad (i=1,2,3) & (8\text{-}21\text{a}) \\ \sum_{i=1}^{3} \left(x_{ij} + d_j^- - d_j^+ \right) = R_j \quad (j=1,2,3,4) & (8\text{-}21\text{b}) \\ \sum_{i=1}^{3} \left(x_{ij} + d_{j+4}^- - d_{j+4}^+ \right) = 0.8 R_j (j=1,2,3,4) & (8\text{-}21\text{c}) \\ x_{24} + d_9^- - d_9^+ = 0 & (8\text{-}21\text{d}) \\ \sum_{i=1}^{3} \sum_{j=1}^{4} c_{ij} x_{ij} + d_{10}^- - d_{10}^+ = M & (8\text{-}21\text{e}) \\ x_{ij}, d_k^-, d_k^+ \geqslant 0 \quad i=1,2,3; j=1,2,3,4; k=1,2,\cdots,10 \end{cases}$$

式中，式（8-21a）是供应量刚性约束，考虑到各部队需求有 20%的向下浮动，故皆取"$\leqslant$"号；式（8-21b）是需求量目标约束；式（8-21c）是最低供应量目标约束；式（8-21d）

是 A_2 尽量不向 B_4 调运弹药的目标约束；式（8-21e）是总吨公里数尽量小的目标约束。

目标规划的解法同线性规划法，可根据不同条件运用图解法和单纯形法求解。

3. 运输线路网络分析

图与网络分析（Graph Theory and Network Analysis）是近几十年来运筹学领域发展迅速的一个分支，将庞大复杂的工程系统和管理问题用网络图来描述，可以解决很多工程设计和管理决策的最优化问题，在解决装备保障运输线路优化等方面也具有比较广泛的应用，其典型问题是最短路问题、回路问题和最大流问题。

（1）最短路问题。最短路问题是网络分析理论基本问题之一，通过分析规划运输线路，在两点间找到一条距离最短（或时间最少，费用最省）的路线。最短路问题的一般提法如下：设 G(V，E) 为连通图，图中两点各边 (v_i, v_j) 有权 l_{ij}，v_s、v_t 为图中任意两点，求一条路线使它是从 v_s 到 v_t 所有路中总权最小的路，即 $L(\mu) = \sum_{(v_i, c_j) \in \mu} l_{ij}$ 最小。其中"权"指边的数量指标，根据实际问题需要，可以赋予它距离、时间、费用等不同含义。根据最短路问题的一般提法，典型的装备保障最短路问题举例如下。

【例 8-4】装备供应点 v_1 与需求点 v_8 之间的交通网络示意如图 8-2 所示，数字表示为里程或平均运输时间（h），试寻找最短路径。

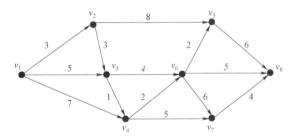

图 8-2 装备供需点之间的交通网络示意

求解这一类问题的一般方法有 Dijkstra 算法、逐次逼近算法、Floyd 算法等。其中，Dijkstra 算法基于以下原理：若序列 $\{v_s, v_1, \cdots, v_{n-1}, v_n\}$ 是从 v_s 到 v_n 的最短路，则序列 $\{v_s, v_1, \cdots, v_{n-1}\}$ 必为从 v_s 到 v_n 的最短路。Dijkstra 算法是一种标记法，它的基本思路是从 v_s 出发，逐步向外探寻最短路，执行过程中，对于点 v_i，若已经求出 v_s 到 v_i 的最短路，标号 (α_i, β_i)，其中 α_i 表示 v_s 到 v_i 的最短路值，β_i 表示最短路中最后经过的点。运用 Dijkstra 算法求解例 8-4（解略），得到最短路径为 $v_1 \rightarrow v_3 \rightarrow v_4 \rightarrow v_6 \rightarrow v_8$。

（2）回路问题。最短路问题是解决单一起讫点，且起讫点不重合的装备运输线路优化问题，而起讫点重合的回路运输问题也称旅行商问题（Traveling Salesman Problem），是解决装备的小规模多需求点的配送问题：配送车辆从装备配送站出发，经由多个部队用户，每个用户都要经过且只经过一次，最后回到配送站，求总行程最短（或时间最短）的巡行线路。对于简单的单回路线路优化问题可采用 TSP 模型求解，对于复杂的单回路线路优化一般采用启发式方法求解，如最近邻点法、最近差值法、局部搜索最优算法、模拟等。对于多回路运输线路优化，已经有相当成功的模型，即运用 VRP（Vehicle Routing Problem）模型进行求解。

（3）最大流问题。网络最大流问题是网络分析的另一个基本问题。许多网络包含了流量问题,如交通系统的车流、人流及物资流,控制系统的信息流等。所谓最大流问题,就是已知交通网络每条边流量限制,求一个流 $f=\{f(v_i,v_j)\}$,使得总流量 $v(f)$ 达到最大,并且满足可行流的容量限制条件和平衡条件。如果问题的已知条件还包括每条边运送单位物资的费用,那么怎样运送才能得到最大运输量,并且运费最少?这就是所谓最小费用最大流问题。

【例 8-5】装备供应点 v_1 与需求点 v_7 之间的交通网络示意及其流量如图 8-3 所示,括弧外数字表示该公路最大允许车流量,括弧内数字表示实际车流量,试求 v_1 到 v_7 最大车流量。

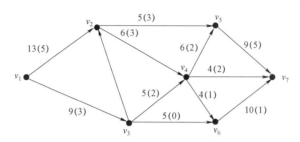

图 8-3 装备供需点之间的交通网络示意及其流量

求解最大流问题的基本思路是:从一个可行流开始,寻求关于这个可行流的可增广链,若存在,则可以经过调整,得到一个新的可行流,其流量比原来的可行流要大,重复这个过程,直到不存在该流的可增广链时就得到了最大流。求解时,第 1 步是标号过程,通过标号来寻找可增广链;第 2 步是调整过程,沿可增广链调整 f 以增加流量(解略)。

4. 任务指派整数规划

装备供应保障活动中,经常会遇到这样一类问题:有 n 项运输任务,恰好有 n 辆车可以承担这些运输任务,由于车型、载重以及司机对道路熟悉程度等方面的不同,效率也不一样,于是产生了应指派哪辆车去完成哪项运输任务,使总效率最高(或费用最省、时间最短)的问题,这一类问题称为指派问题。典型的指派问题举例如下。

【例 8-6】现有 A、B、C、D 四项装备运输任务,由甲、乙、丙、丁四辆车分别完成,完成任务所需时间如表 8-4 所示,问如何指派车辆使所需总时间最短?

表 8-4 完成任务所需时间

	A	B	C	D
甲	c_{11}	c_{12}	c_{13}	c_{14}
乙	c_{21}	c_{22}	c_{23}	c_{24}
丙	c_{31}	c_{32}	c_{33}	c_{34}
丁	c_{41}	c_{42}	c_{43}	c_{44}

数表称为效率矩阵或系数矩阵,其元素 $c_{ij} \geq 0$($i, j = 1, 2, \cdots, n$)表示指派第 i 人去完成第 j 项任务时的效率。解题时需引入变量 x_{ij},其取值只能是 1 或 0。令

$$x_{ij} = \begin{cases} 1, \text{当指派第 } i \text{ 人去完成第 } j \text{ 项任务} \\ 0, \text{当不指派第 } i \text{ 人去完成第 } j \text{ 项任务} \end{cases}$$

当目标极小化的数学模型是

$$\min Z = \sum_i \sum_j c_{ij} x_{ij} \tag{8-22}$$

$$\text{s.t.} \begin{cases} \sum_i x_i = 1, \quad j=1,2,3,4 & (8-23a) \\ \sum_j x_{ij} = 1, \quad i=1,2,3,4 & (8-23b) \\ x_{ij} = 1 \text{ 或 } 0 \end{cases}$$

约束条件式（8-23a）说明第 j 项任务只能由 1 人完成，式（8-23b）说明第 i 人只能完成 1 项任务。指派问题是 0-1 整数规划的特例，也是运输问题的特例。

在一个规划问题中，如果要求全部决策变量为整数，则称为纯整数规划；如果问题的约束条件与目标函数都是线性函数，就称为线性整数规划，简称整数规划。0-1 整数规划是整数规划的特殊情形，它的变量仅限于 0 或 1。因此，指派问题的实质是 0-1 整数规划问题，可以用多种方法求解。

目前比较常用的方法是匈牙利法。其基本思路为：修改系数矩阵的行或列，使得每一行（或列）中至少有一个为零的元素，直到在不同行不同列中至少有一个零元素，从而得到与这些零元素相对应的最优分配方案。这种方法利用了指派问题最优解的性质：如果从系数矩阵某行（或某列）各元素中同时减去一个常数 k，得到一个新的矩阵，则新矩阵对应的指派问题与原问题有相同的最优解。利用匈牙利法需要具备以下条件：

（1）系数矩阵为方阵。
（2）系数矩阵元素值为非负。
（3）目标函数是求极小值。

满足上述条件的指派问题为标准指派问题，对于非标准指派问题，可以采用数学处理方法转换为标准指派问题。（具体解法见运筹学相关文献）。

三、装备供应方案决策

（一）基本概念

决策是指人们为达到某一目标，从若干可能的方案（或措施、途径、行动）中经过分析、比较，选择最优（或次优、满意、非劣）方案的行为。按照决策阶段的次数分为单阶段决策和多阶段决策，单阶段决策即只决策一次就解决问题，而多阶段决策按照时间先后或逻辑顺序将决策分为多个阶段，每个阶段都要决策一次，整个阶段多次决策共同构成了问题的一个决策。按照决策问题自然状态信息的掌握程度，又可将决策问题分为确定型决策、不确定型决策和风险决策 3 种。其中，风险决策是装备运筹优化方案决策中常用的一种决策方法。

（二）建模方法

1. 风险决策

风险决策是指决策者对客观情况不甚了解，但对将发生各事件的概率却是已知的。决策者往往通过调查，根据过去的经验或主观估计等途径获得这些概率。在风险决策中一般采用期望值作为决策准则，常用的有最大期望收益决策准则（EMV）和最小机会损失决策准则

（EOL）。风险决策的关键是要得到表格化的决策矩阵，即风险决策表（表8-5）。

表8-5 风险决策表

方案	状态			
	S_1	S_2	…	S_n
	P_1	P_2	…	P_n
A_1	a_{11}	a_{12}		a_{1n}
A_2	a_{21}	a_{22}	…	a_{2n}
…	…	…		…
A_m	a_{m1}	a_{m2}		a_{mn}

其中，自然状态发生概率 p_i 已知或可计算，对应不同自然状态下的备选方案损益值 a_{ij} 也可推算出来，列表形成损益矩阵，计算每种方案下的期望收益或机会损失，按照一定准则即可进行决策。最大期望收益决策准则（EMV）是常用的决策准则，即选择期望收益最大（A_k^*）所对应方案为优化方案。其数学表达式为

$$\max_i \sum_j p_j a_{ij} \to A_k^*, \quad i=1,2,\cdots,n \tag{8-24}$$

2. 决策树法

对于简单的风险决策问题，一般运用决策表进行决策。该方法虽然比较常用，但对于较为复杂的，特别是多阶段的风险决策问题，就显得无能为力，采用决策树法可以弥补这个不足，且决策树法形象直观，思路清晰，易于掌握。

决策树由4部分要素组成，如图8-4所示。

（1）决策点：在决策树中用□代表，表示决策者要在此进行决策，从它引出的每个分支都代表决策者可能选取的一个策略（又称决策支）。

（2）机会点：在决策树中用●代表，从它引出的分支代表其后续状态，分支上括号内的数字表明该状态发生的概率。

（3）后果点：在决策树中用▲代表，它表示决策问题在某种可能情况下的结果，它旁边的数字是这种情况下的后果值（或损益值）。

（4）分支：在决策树中用连接两个节点的线段代表。根据分支所处的位置不同，又可分成方案支和状态支两种。连接决策点和机会点的分支称为决策支，连接机会点和后果点的分支称为机会支。

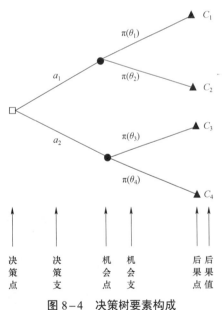

图8-4 决策树要素构成

3. 基于决策树的方案决策

典型的装备物流方案决策问题见该章第二节。

第二节　装备物流运筹优化分析计算

一、装备物流运筹优化计算工具

常用的装备物流运筹优化工具包括 Excel、WinQSB、LINDO 及 LINGO 等。这些教学应用软件技术成熟稳定，安装使用非常方便。下面主要简介 Excel 和 WinQSB 的基本功能。

（一）Excel 软件

电子表格软件 Excel 是微软公司应用软件系统 Office 的重要组成部分。它是一个电子表格程序，具有强大的数据处理功能、图表图形能力以及丰富的函数和宏命令，在各种领域中均得到广泛应用。

Excel 的基础工作环境是一个包含一个或多个工作表的工作簿文件。其中，工作表类似人们日常使用的各种报表，由若干行和列组成。每行和每列的交叉点是电子数据表处理数据的最小单位，称为单元格（cell）。在每个单元格中既可以直接输入不同类型的数据，也可以建立复杂的计算公式。

Excel 提供了丰富的函数功能，包括财务、日期与时间、数学与三角、统计、查找与引用、数据库、文本、逻辑、信息共 9 大类几百个函数。用户可以通过自定义函数满足众多领域对数据处理与分析的需求。

Excel 还提供了许多有效的辅助决策功能项和功能模块，包括数据排序、筛选、统计、汇总数据表、模拟数据表、方案管理器、单变量求解、规划求解等。利用这些辅助决策功能，可以有效地进行数据分析和辅助决策。

通过 Excel 的数据分析工具和函数功能可实现装备物流运筹优化中的预测问题的求解，利用规划求解的功能可求解一般的线性和非线性规划问题。

（二）WinQSB 软件

WinQSB（Quantitative Systems for Business）是一种教学软件，对于非大型的运筹学问题一般都能计算，较小问题还能演示中间计算过程。该软件可用于管理科学、决策科学、运筹学及生产运作管理等领域的求解问题。

该软件使用非常方便，其操作界面与办公软件基本相同，而且可以与 Office 文档直接进行数据交换。安装后在系统程序中自动生成 WinQSB 应用程序，用户可根据不同的问题选择相应的子程序。进入某个子程序后，第一项工作就是建立新问题或打开已有的数据文件，观察数据输入格式，了解系统能够解决问题的类型、结果的输出格式等内容，其主要功能模块如表 8-6 所示。

表 8-6　WinQSB 主要功能模块

序号	程序（缩写）	名称	应用范围
1	ASA	抽样分析	抽样分析，抽样方案设计、假设分析
2	DA	决策分析	确定型与风险型决策，贝叶斯决策、决策树等
3	DP	动态规划	最短路径问题，背包问题，生产与储存问题

续表

序号	程序（缩写）	名称	应用范围
4	FLL	设备场地布局	设备场地设计、功能布局、线路均衡布局
5	FLR	预测与线性回归	移动平均、指数平滑、多元线性回归等
6	GP－IGP	目标规划与整数目标规划	多目标线性规划，线性目标规划，变量可以取整、连续、0－1 或无限制
7	ITS	库存控制	经济订货批量，单时期随机模型，储存控制策略
8	JS	作业调度	机器加工排序，流水线车间加工排序
9	LP－ILP	线性规划	线性规划，整数规划，灵敏度分析、参数分析
10	MKP	马尔可夫过程	转移概率、稳态概率
11	MRP	物料需求计划	物料需求计划编制、成本核算
12	NM	网络模型	运输、指派、最大流、最短路、货担郎等问题
13	NLP	非线性规划	目标函数和（或）约束条件非线性规划的求解
14	PERT－CPM	网络计划	关键路径法、计划评审技术、网络优化
15	QA	排队分析	各种排队模型的求解与性能分析

二、装备物流运筹优化分析示例

下面以弹药保障物流为例，说明装备物流运筹优化分析过程。

（一）弹药保障需求预测

[情况想定] 某弹药仓库通过铁路向不同部队发出弹药，已知弹药铁路运输在途时间与运输距离之间的10项历史数据如表8－7所示。现该仓库准备发出一车弹药到1 500 km外的某部队仓库，试估计其运输在途时间。

表8－7 运输距离－在途时间变量

发出点	1	2	3	4	5	6	7	8	9	10
铁运距离 x_i/km	210	290	350	480	490	730	780	850	920	1 010
在途时间 y_i/h	5	7	6	11	9	11	12	10	15	12

[方案题解] 观察历史数据，运输距离与在途时间之间存在某种线性关系，可建立一元线性回归预测方程为 $\hat{y}_i = a + bx_i$ $(i=1,2,\cdots,n)$。该问题可运用 Excel 或 WinQSB 进行求解，下面运用 Excel 软件的"数据分析"工具进行求解。

（1）打开 Excel 工作表，录入原始数据（图8－5）。

（2）单击【工具】→【数据分析】，在弹出的对话框中选择"回归"（图8－6），单击【确定】按钮后，调出"回归"对话框（图8－7）。

（3）图8－7中，在"Y值输入区域"输入"C2:C11"；在"X输入区域"输入"B2:B11"；在"输出选项"中选中"输出区域"单选框，并输入"A13"。

（4）单击【确定】按钮，得到如图8－8所示分析结果，可得 $a = 4.014$，$b = 0.009\ 47$，回归预测模型为 $\hat{y}_i = a + bx_i = 4.014 + 0.009\ 47x_i$ $(i=1,2,\cdots,n)$。

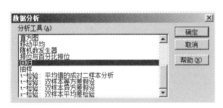

图 8-5 录入原始数据

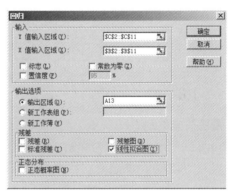

图 8-6 选择数据分析工具　　图 8-7 设置输入输出区域

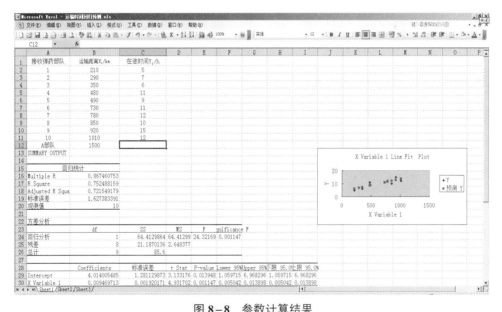

图 8-8 参数计算结果

（5）图 8-8 中输入单元格"C12"的内容为"B29+B12*B30"，可得预测值为 $\hat{y}_{11} = a + bx_{11} = 4.014 + 0.00947 \times 1500 = 18.219$（h）（图 8-9）。

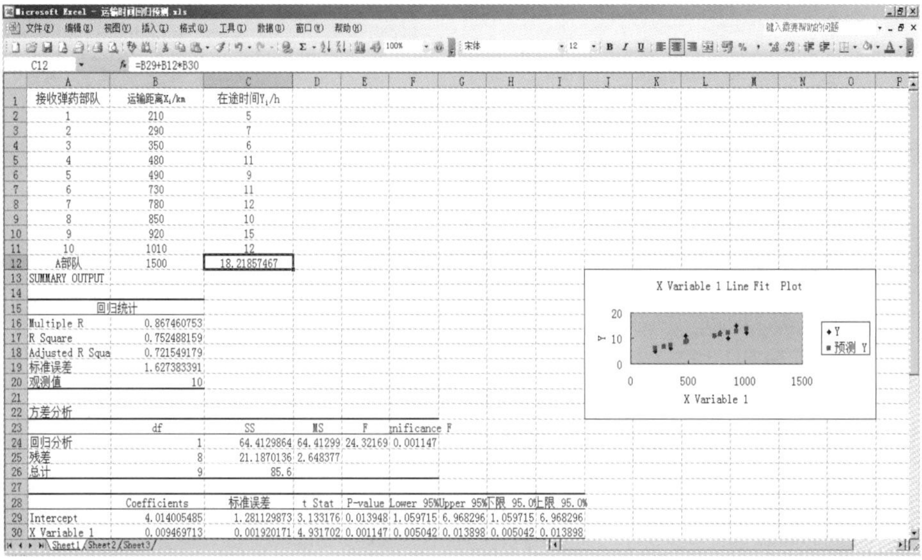

图 8-9　预测结果

（二）弹药运输方案制定

[情况想定] 现有 A_1、A_2、A_3 三个弹药库向 B_1、B_2、B_3、B_4 四支炮兵部队运送弹药。已知 A_1、A_2、A_3 分别储存同类弹药 150 t、180 t、210 t，四支部队各需要 100 t、120 t、130 t、150 t。各仓库到部队的最短路程变量见表 8-8。问如何安排运输使得总吨公里数最小？

表 8-8　最短路程变量

	B_1	B_2	B_3	B_4
A_1	50	20	50	20
A_2	30	50	30	100
A_3	40	60	50	40

[方案题解] 假设从第 i 仓库发往第 j 部队的弹药数量为 x_{ij}，最短路程为 c_{ij}，该问题的数学模型为

$$\min Z = \sum_{i=1}^{2}\sum_{j=1}^{3} c_{ij} x_{ij}$$

$$\text{s.t.} \begin{cases} x_{11}+x_{12}+x_{13}+x_{14} \leqslant 150 \\ x_{21}+x_{22}+x_{23}+x_{24} \leqslant 180 \\ x_{31}+x_{32}+x_{33}+x_{34} \leqslant 210 \\ x_{11}+x_{21}+x_{31} = 100 \\ x_{12}+x_{22}+x_{32} = 120 \\ x_{13}+x_{23}+x_{33} = 130 \\ x_{14}+x_{24}+x_{34} = 150 \\ x_{ij} \geqslant 0 (i=1,2,3; j=1,2,3,4) \end{cases}$$

该问题可运用 Excel 或 WinQSB 进行求解，下面给出 WinQSB 的求解步骤。

（1）启动网络模型程序（Network Modeling），出现启动界面后，进入程序主界面（图 8-10）。

图 8-10　模型程序启动界面和主界面

（2）单击【建立新问题】按钮，或者单击【File】→【New Problem】，弹出"NET Problem Specification"对话框，选定问题类型为"Transportation Problem"，输入题目、仓库数量、部队数量，选定目标函数类型为最小化函数"Minimization"（图 8-11）。

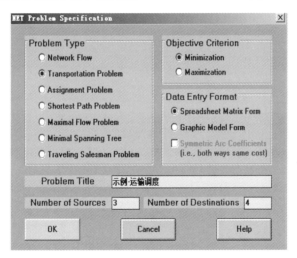

图 8-11　建立新问题

（3）单击【OK】按钮，弹出数据录入窗口，输入最短路径、供应能力、需求数量等数据，单击【Edit】→【Node Names】，重命名弹药发出地与接收地名称（图 8-12）。

From \ To	B1	B2	B3	B4	Supply
A1	50	20	50	20	150
A2	30	50	30	100	180
A3	40	60	50	40	210
Demand	100	120	130	150	

图 8-12　录入数据

（4）单击【Solve the Problem】按钮，可求得结果如图 8−13 所示，其中 A_3 仓库有 40 t 弹药未发出，且最小吨公里数为 min$Z$=15 200，单击【Results】→【Graphic Solution】，可生成弹药调运方案网络图（图 8−14）。

Solution for 示例-运输调度: Minimization (Transportation Problem)

03-31-2014	From	To	Shipment	Unit Cost	Total Cost	Reduced Cost
1	A1	B2	120	20	2400	0
2	A1	B4	30	20	600	0
3	A2	B1	50	30	1500	0
4	A2	B3	130	30	3900	0
5	A3	B1	50	40	2000	0
6	A3	B4	120	40	4800	0
7	A3	Unused_Supply	40	0	0	0
	Total	Objective	Function	Value =	15200	

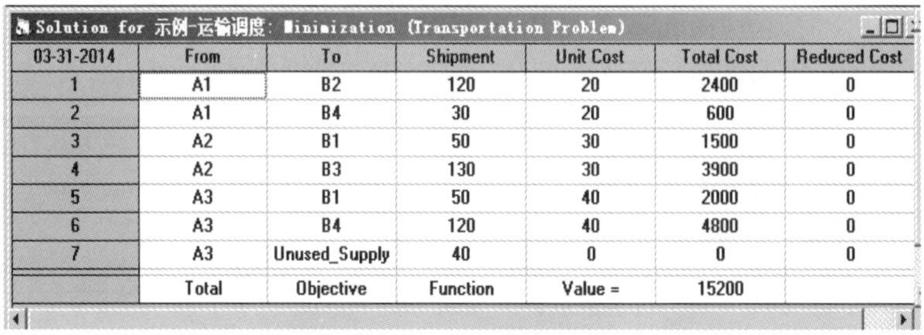

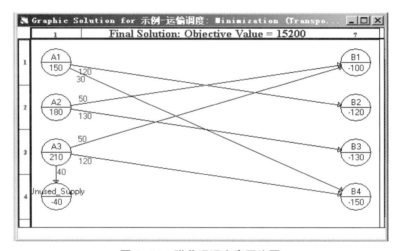

图 8−13　求解结果

图 8−14　弹药调运方案网络图

（三）弹药调运方案优化

［情况想定］题设条件如本节弹药运输方案制定的情况想定，编制调运方案时按照优先级依次考虑以下目标：

目标 1（P_1）——B_4 是重点保证单位，其需求必须全部满足；

目标 2（P_2）——A_3 向 B_1 提供的弹药不小于 50 t；

目标 3（P_3）——每支部队得到弹药数量不少于其需求的 80%；

目标 4（P_4）——因路况原因，尽量避免安排 A_2 弹药运往 B_4；

目标 5（P_5）——力求使总吨公里数最小。

试求满意的弹药调运方案。对调目标 2 与目标 4 的优先级，方案有何变化？

［方案题解］目标规划模型如下：

设从第 i 个仓库发往第 j 支部队的弹药数量为 $x_{ij}(i=1,2,3; j=1,2,3,4)$，已知由线性规划求得不考虑 P_1～P_5 五项目标时的最小吨公里数为 M=15 200。目标函数为

$$\min Z = p_1 d_4^- + p_2 d_5^- + p_3(d_6^- + d_7^- + d_8^- + d_9^-) + p_4 d_{10}^+ + p_5 d_{11}^+$$

满足的约束条件为

供应约束：$\sum_{j=1}^{4} x_{ij} \leqslant S_i$ (S_i 为第 i 个仓库储存量，$i = 1, 2, 3$)

需求约束：$\sum_{i=1}^{3} (x_{ij} + d_j^- - d_j^+) = R_j$ (R_j 为第 j 支部队需求量，$j = 1, 2, 3, 4$)

目标 2 约束：$x_{31} + d_5^- - d_5^+ = 50$

目标 3 约束：$\sum_{i=1}^{3} (x_{ij} + d_{j+5}^- - d_{j+5}^+) = 0.8 R_j$ ($j = 1, 2, 3, 4$)

目标 4 约束：$x_{24} + d_{10}^- - d_{10}^+ = 0$

目标 5 约束：$\sum_{i=1}^{3} \sum_{j=1}^{4} c_{ij} x_{ij} + d_{11}^- - d_{11}^+ = M = 12\,500$

$(x_{ij} \geqslant 0; \quad d_1^+, d_2^-, \cdots, d_{11}^+, d_{11}^- \geqslant 0)$

该问题可运用 WinQSB 求解。

（1）启动目标规划程序（Goal Programming），单击【File】→【New Problem】，弹出"GP-IGP Problem Specification"对话框，输入题目、目标数、变量数、约束数，选定目标类型为最小化函数"Minimization"，变量定义域为非负整数"Nonnegative integer"（图 8-15）。

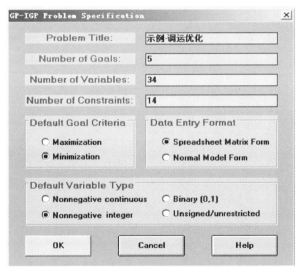

图 8-15 建立新问题

（2）单击【OK】按钮，弹出数据录入窗口，输入目标变量及约束。为便于观察，单击【Edit】→【Variable Names】，将 X_j 重命名为 X_{ij}，将所有偏差变量重命名为 n_i、p_i（图 8-16）。

（3）单击【Solve the Problem】按钮，可求得结果如图 8-17 所示。调运方案为 $X_{11}=22$，$X_{12}=22$，$X_{13}=0$，$X_{14}=106$，$X_{21}=8$，$X_{22}=0$，$X_{23}=104$，$X_{24}=0$，$X_{31}=50$，$X_{32}=74$，$X_{33}=0$，$X_{34}=44$。

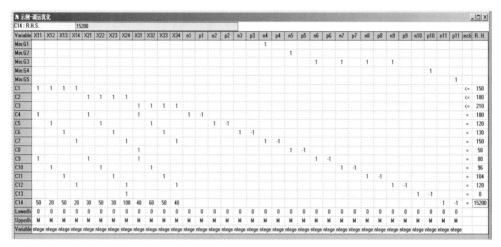

示例-调运优化

C14 : R.H.S. 15200

Variable	X11	X12	X13	X14	X21	X22	X23	X24	X31	X32	X33	X34	n1	p1	n2	p2	n3	p3	n4	p4	n5	p5	n6	p6	n7	p7	n8	p8	n9	p9	n10	p10	n11	p11	ecti	R. H.
Min:G1																			1																	
Min:G2																					1															
Min:G3																							1		1		1		1							
Min:G4																																1				
Min:G5																																		1		
C1	1	1	1	1																															<=	150
C2					1	1	1	1																											<=	180
C3									1	1	1	1																							<=	210
C4	1				1				1				1	-1																					=	100
C5		1				1				1					1	-1																			=	120
C6			1				1				1						1	-1																	=	130
C7				1				1				1							1	-1															=	150
C8									1												1	-1													=	50
C9	1				1				1														1	-1											=	80
C10		1				1				1															1	-1									=	96
C11			1				1				1																1	-1							=	104
C12				1				1				1																	1	-1					=	120
C13								1																							1	-1			=	0
C14	50	20	50	20	30	50	30	100	40	60	50	40																					1	-1	=	15200
LowerBo	0	0	0	0	0	0	0	0	0	0	0	0	0	0	0	0	0	0	0	0	0	0	0	0	0	0	0	0	0	0	0	0	0	0		
UpperBo	M	M	M	M	M	M	M	M	M	M	M	M	M	M	M	M	M	M	M	M	M	M	M	M	M	M	M	M	M	M	M	M	M	M		
Variable	ntege	ntege	ntege	ntege	ntege	ntege	ntege	ntege	ntege	ntege	ntege	ntege	ntege	ntege	ntege	ntege	ntege	ntege	ntege	ntege	ntege	ntege	ntege	ntege	ntege	ntege	ntege	ntege	ntege	ntege	ntege	ntege	ntege	ntege		

图 8–16 输入数据

Combined Report for 示例-调运优化

	21:24:20		2014/4/7 21:24:20	2014/4/7 21:24:20	2014/4/7 21:24:20	2014/4/7 21:24:20
	Goal Level	Decision Variable	Solution Value	Unit Cost or Profit c(j)	Total Contribution	Reduced Cost
1	G1	X11	22.00	0	0	0
2	G1	X12	22.00	0	0	0
3	G1	X13	0	0	0	0
4	G1	X14	106.00	0	0	0
5	G1	X21	8.00	0	0	0
6	G1	X22	0	0	0	0
7	G1	X23	104.00	0	0	0
8	G1	X24	0	0	0	0
9	G1	X31	50.00	0	0	0
10	G1	X32	74.00	0	0	0
11	G1	X33	0	0	0	0
12	G1	X34	44.00	0	0	0

图 8–17 求解结果

（4）在数据录入窗口对调目标 2 和目标 4 优先级，单击【Solve the Problem】按钮，可求得结果如图 8–18 所示。显然，优先级调整后，所求结果发生了显著变化。

	21:57:49		2014/4/7 21:57:49 下午	2014/4/7 21:57:49 下午	2014/4/7 21:57:49 下午	2014/4/7 21:57:49 下午
	Goal Level	Decision Variable	Solution Value	Unit Cost or Profit c(j)	Total Contribution	Reduced Cost
1	G1	X11	0	0	0	0
2	G1	X12	0	0	0	0
3	G1	X13	0	0	0	0
4	G1	X14	150.00	0	0	0
5	G1	X21	43.00	0	0	0
6	G1	X22	7.00	0	0	0
7	G1	X23	130.00	0	0	0
8	G1	X24	0	0	0	0
9	G1	X31	57.00	0	0	0
10	G1	X32	73.00	0	0	0
11	G1	X33	0	0	0	0
12	G1	X34	0	0	0	0

图 8–18 对调目标 2、4 优先级后求解结果

（四）弹药运输线路规划

［情况想定］弹药供应点 v_1 与需求点 v_8 之间的交通网络示意如图 8–19 所示，数字表示

为里程（或平均运输时间），试寻找最短路径（或最少时间路径）。

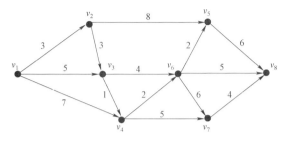

图 8-19　交通网络示意

[**方案题解**] 该问题可运用 Excel 或 WinQSB 进行求解，下面给出 WinQSB 的求解步骤。

（1）启动网络模型程序（Network Modeling），单击【File】→【New Problem】，弹出"NET Problem Specification"对话框，选定问题类型为"Shortest Path Problem"，输入题目、节点数量（图 8-20）。

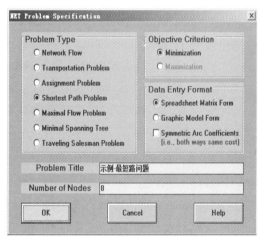

图 8-20　建立新问题

（2）单击【OK】按钮，弹出数据录入窗口，将程序中节点 $Node_i$ 与实际网络节点 v_i 一一对应，输入各节点间的距离数据（图 8-21）。

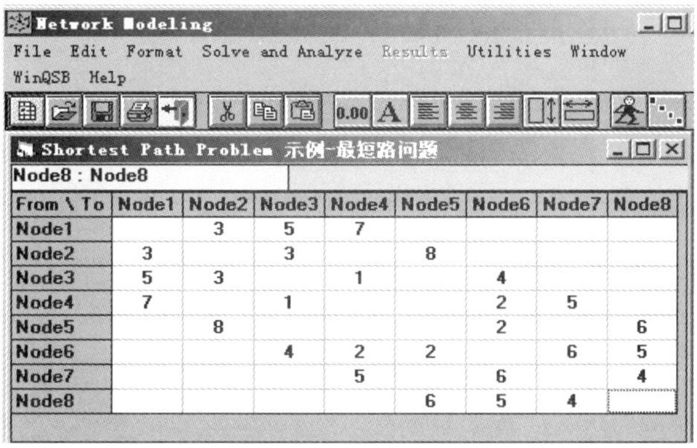

From \ To	Node1	Node2	Node3	Node4	Node5	Node6	Node7	Node8
Node1		3	5	7				
Node2	3				8			
Node3	5	3				1	4	
Node4	7		1			2	5	
Node5		8				2		6
Node6			4	2	2		6	5
Node7				5		6		4
Node8					6	5	4	

图 8-21　录入数据

（3）单击【Solve the Problem】按钮，在网络起讫点选项卡中选定起点和终点，按题设分别选第 1 节点和第 8 节点（图 8–22）。

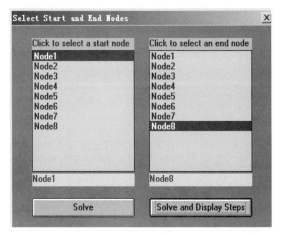

图 8–22　选定起讫点

（4）在起讫点选项卡中单击【Solve】按钮，求解结果如图 8–23 所示：最短路程为 13，路径为 $v_1 \to v_3 \to v_4 \to v_6 \to v_8$；结果还给出了从起点出发到所有中途点的最短距离。

Solution for Shortest Path Problem 示例-最短路问题

04-03-2014	From	To	Distance/Cost	Cumulative Distance/Cost
1	Node1	Node3	5	5
2	Node3	Node4	1	6
3	Node4	Node6	2	8
4	Node6	Node8	5	13
	From Node1	To Node8	=	13
	From Node1	To Node2	=	3
	From Node1	To Node3	=	5
	From Node1	To Node4	=	6
	From Node1	To Node5	=	10
	From Node1	To Node6	=	8
	From Node1	To Node7	=	11

图 8–23　求解结果

（5）在起讫点选项卡中单击【Solve and Display Steps】按钮可得网络图形式的分部求解演示，单击【Results】→【Graphic Solution】得到最短路径网络（图 8–24）。

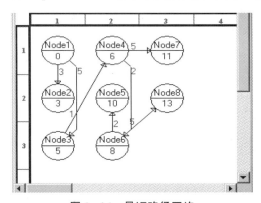

图 8–24　最短路径网络

(五)弹药配送回路优化

[情况想定] 设一弹药保障车队从 N_1 点出发,途经 N_2、N_3、N_4、N_5 五个点后回到 N_1,要求经过每个点一次且仅一次,假设两点间往返路程相同,距离由表 8-9 给出。试给出最优路线和最短行程。

表 8-9 回路节点间路程

出发点 \ 到达点	N_1	N_2	N_3	N_4	N_5
N_1	0	22	55	48	35
N_2	22	0	33	18	20
N_3	55	33	0	25	35
N_4	48	18	25	0	16
N_5	35	20	35	16	0

[方案题解] 该问题可运用 Excel 或 WinQSB 进行求解,下面给出 WinQSB 的求解步骤。

(1)启动网络模型程序(Network Modeling),单击【File】→【New Problem】,弹出"NET Problem Specification"对话框,选定问题类型为"Traveling Salesman Problem",输入题目、节点数量,选定目标函数类型等(图 8-25)。

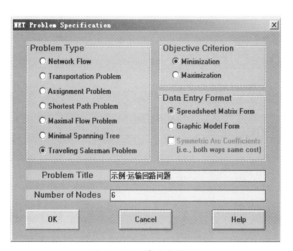

图 8-25 建立新问题

(2)单击【OK】按钮,出现数据录入窗口,输入各节点间距离数据(图 8-26)。

(3)单击【Solve the Problem】按钮,在选择算法选项卡中选定"Nearest Neighbor Heuristic"(最近邻点法)(图 8-27)。

(4)单击【Solve】按钮,求解结果如图 8-28 所示:回路最短路程为 146,路径为 $N_1 \rightarrow N_2 \rightarrow N_4 \rightarrow N_5 \rightarrow N_3 \rightarrow N_1$。

(5)单击【Results】→【Graphic Solution】可得到直观的最短回路图(图 8-29)。

From \ To	Node1	Node2	Node3	Node4	Node5
Node1	0	22	55	48	35
Node2	22	0	33	18	20
Node3	55	33	0	25	35
Node4	48	18	25	0	16
Node5	35	20	35	16	0

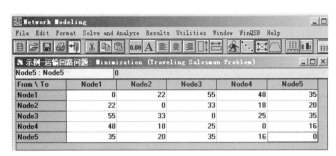

图 8-26　录入数据

图 8-27　选定算法模型

04-04-2014	From Node	Connect To	istance/Cos		From Node	Connect To	istance/Cos
1	Node1	Node2	22	4	Node5	Node3	35
2	Node2	Node4	18	5	Node3	Node1	55
3	Node4	Node5	16				
	Total	Minimal	Traveling	Distance	or Cost	=	146
	(Result	from	Nearest	Neighbor	Heuristic)		

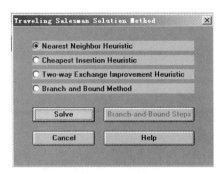

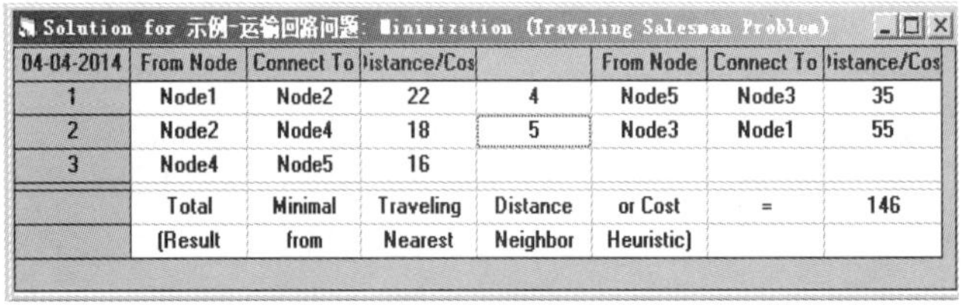

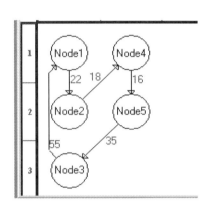

图 8-28　求解结果

图 8-29　最短回路图

(六) 弹药供应车流量计算

[情况想定] 弹药供应点 v_1 与需求点 v_7 之间的交通网络示意及其流量如图 8-30 所示，括弧外数字表示该路段最大允许车流量，括弧内数字表示实际车流量，试求从 v_1 到 v_7 最大车流量。

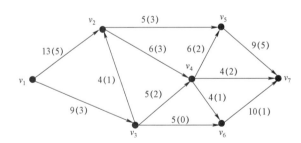

图 8-30　交通网络示意及其流量

[方案题解] 设 $V(f)$ 为网络最大流，f_{ij} 代表从 V_i 点发往 V_j 的流量。该问题的数学模型为

$$\max Z = V(f)$$

$$\text{s.t.} \begin{cases} V(f) = f_{12} + f_{13} \\ f_{12} + f_{32} = f_{24} + f_{25} \\ f_{13} = f_{32} + f_{34} + f_{36} \\ f_{24} + f_{34} = f_{45} + f_{46} + f_{47} \\ f_{25} + f_{45} = f_{57} \\ f_{36} + f_{46} = f_{67} \\ f_{57} + f_{47} + f_{67} = f_{12} + f_{13} \\ f_{12} \leqslant 13, f_{13} \leqslant 9, f_{24} \leqslant 6, f_{25} \leqslant 5, f_{32} \leqslant 4, f_{34} \leqslant 5 \\ f_{36} \leqslant 5, f_{45} \leqslant 6, f_{46} \leqslant 4, f_{47} \leqslant 4, f_{57} \leqslant 9, f_{67} \leqslant 10 \\ f_{ij} \geqslant 0 \quad (i,j = 1,2,\cdots 7) \end{cases}$$

求解该问题时,从题设可行流出发寻找增广链路,调整可行流上限,不断重复这一过程直到找到最大可行流即最大流。该问题可运用 Excel 或 WinQSB 进行求解,下面给出 WinQSB 的求解步骤。

(1) 启动网络模型程序 (Network Modeling),单击【File】→【New Problem】,弹出"NET Problem Specification"对话框,选定问题类型为"Maximal Flow Problem",选定目标函数类型为"Maximization",输入题目、节点数量 (图 8-31)。

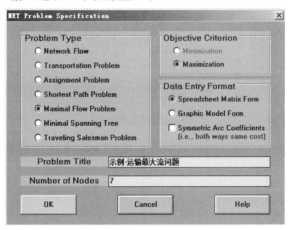

图 8-31 建立新问题

(2) 单击【OK】按钮,在数据录入窗口中输入各点间最大允许车流量数据,程序中节点 Node_i 与实际网络节点 v_i 一一对应 (图 8-32)。

From \ To	Node1	Node2	Node3	Node4	Node5	Node6	Node7
Node1		13	9				
Node2				6	5		
Node3		4		5		5	
Node4					6	4	4
Node5							9
Node6							10
Node7							

图 8-32 录入数据

（3）单击【Solve the Problem】按钮，在网络起讫点选项卡中选定起点和终点，按题设分别选第 1 节点和第 7 节点（图 8-33）。

（4）在起讫点选项卡中单击【Solve】按钮，求解结果如图 8-34 所示：最大运输流量为 $V(f)=f_{12}+f_{13}=11+9=20$。

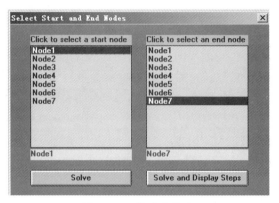

图 8-33　选定起讫点

Solution for Maximal Flow Problem 示例-运输最大流问题

04-03-2014	From	To	Net Flow		From	To	Net Flow
1	Node1	Node2	11	7	Node4	Node5	4
2	Node1	Node3	9	8	Node4	Node6	2
3	Node2	Node4	6	9	Node4	Node7	4
4	Node2	Node5	5	10	Node5	Node7	9
5	Node3	Node4	4	11	Node6	Node7	7
6	Node3	Node6	5				
Total	Net Flow	From	Node1	To	Node7	=	20

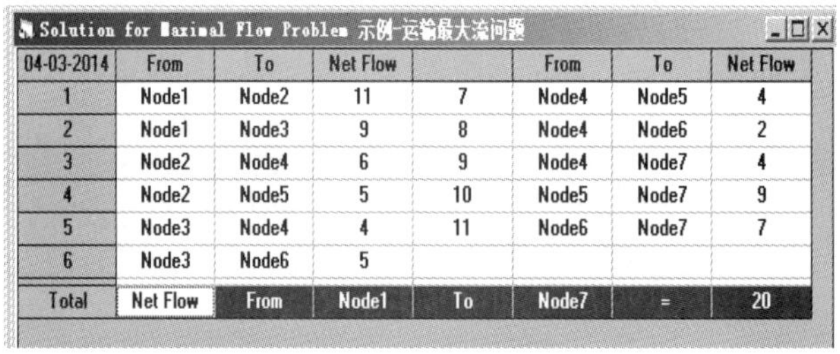

图 8-34　求解结果

（5）在起讫点选项卡中单击【Solve and Display Steps】按钮可得网络图形式的分步求解演示，单击【Results】→【Graphic Solution】得到最大流网络（图 8-35）。

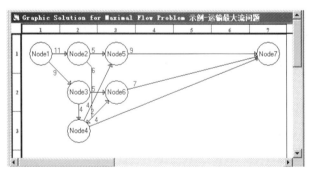

图 8-35　最大流网络

（七）仓库作业计划安排

［情况想定］某后方仓库计划向某部队发出一批弹药，发出作业可分为 7 道工序，分别以代号 A、B、C、D、E、F、G 表示，各项工序的内容及工时见表 8-10，试绘制网络计划图，并求整个弹药发出作业的最短时间和关键路线。

表 8-10　某后方仓库弹药发出作业工序

工序代号	工序内容	工时/h
A	接收调拨单	0.5
B	审核调拨单，制作出库单	0.5
C	查看弹药批次，确定待发弹药	2
D	指定车辆	1
E	确定驾驶员	0.5
F	搬运，装车	3
G	发运	6

[方案题解] 作业统筹的实质是一种网络计划技术方法，它提供一种描述计划任务中各项工序逻辑关系的网络图解模型。利用这种图解模型和计算方法，可以看清计划任务的全局，分析其规律，找出关键工序，以便寻求最好的计划方案。弹药发出作业运筹可以用 WinQSB 软件的"网络计划"（PERT-CPM）子程序进行求解。

（1）确定工序逻辑关系，即确定某项工序的紧前（或紧后）工序。所谓紧前工序，是指如果一项工序（B）只有在另一项工序（A）结束后才具有开始的可能，则称工序 A 为工序 B 的紧前工序；反之，工序 B 为工序 A 的紧后工序。经分析，弹药发出作业各工序间逻辑关系如表 8-11 所示。

表 8-11　弹药发出作业各工序间逻辑关系

工序代号	A	B	C	D	E	F	G
紧前工序	—	A	B	B	B	C, D, E	F

（2）启动网络计划程序，单击【File】→【New Problem】，弹出"Problem Specification"对话框，输入题目、工序数、时间单位，选定问题类型为"Deterministic CPM"（工时确定的关键路径法）（图 8-36）。

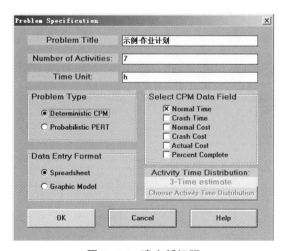

图 8-36　建立新问题

（3）单击【OK】按钮，在数据录入窗口中输入各工序耗时及紧前工序，若有多项紧前工序，各项间用“，”隔开（图 8–37）。

Activity Number	Activity Name	Immediate Predecessor (list number/name, separated by ',')	Normal Time
1	A		0.5
2	B	A	0.5
3	C	B	2
4	D	B	1
5	E	B	0.5
6	F	C,D,E	3
7	G	F	6

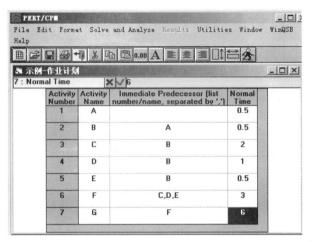

图 8–37 录入数据

（4）单击【Solve the Problem】按钮，可得结果如图 8–38 所示：完成全部弹药发出作业的最短时间为 12 h，其中关键路线是“$A-B-C-F-G$”。

04-02-2014 22:19:35	Activity Name	On Critical Path	Activity Time	Earliest Start	Earliest Finish	Latest Start	Latest Finish	Slack (LS-ES)
1	A	Yes	0.5	0	0.5	0	0.5	0
2	B	Yes	0.5	0.5	1	0.5	1	0
3	C	Yes	2	1	3	1	3	0
4	D	no	1	1	2	2	3	1
5	E	no	0.5	1	1.5	2.5	3	1.5
6	F	Yes	3	3	6	3	6	0
7	G	Yes	6	6	12	6	12	0
	Project	Completion	Time	=	12	hs		
	Number of	Critical	Path(s)	=	1			

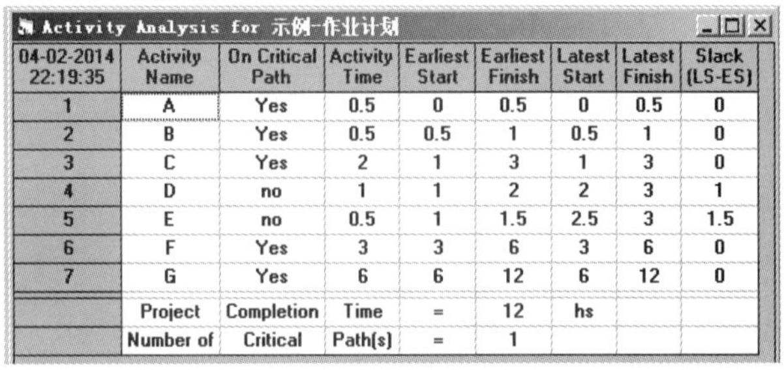

图 8–38 求解结果

（5）单击【Results】→【Graphic Activity Analysis Solve the Problem】，可得弹药发出作业网络计划图（图 8–39）。

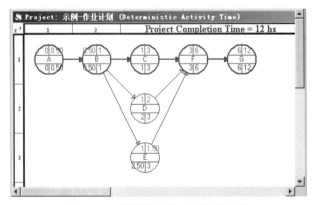

图 8–39 弹药发出作业网络计划图

(八)承担任务人员安排

[情况想定] 某弹药仓库接到一项保障任务,计划工作 30 天,每周每天工作所需人数如表 8-12 所示,为保证效率,每人工作 5 天后,可连续休息 2 天。能完成任务前提下,如何安排作息使配备人数最少?

表 8-12 一周工作所需人数

时间	星期日	星期一	星期二	星期三	星期四	星期五	星期六
所需人数	28	15	24	25	19	31	28

[方案题解] 设星期 i 开始休息的人数为 x_i $(i=1,2,\cdots,7)$。

该问题的数学模型为

$$\min Z = \sum_{i=1}^{7} x_i$$

$$\text{s.t.} \begin{cases} x_1 + x_2 + x_3 + x_4 + x_5 \geq 28 \\ x_2 + x_3 + x_4 + x_5 + x_6 \geq 15 \\ x_3 + x_4 + x_5 + x_6 + x_7 \geq 24 \\ x_4 + x_5 + x_6 + x_7 + x_1 \geq 25 \\ x_5 + x_6 + x_7 + x_1 + x_2 \geq 19 \\ x_6 + x_7 + x_1 + x_2 + x_3 \geq 31 \\ x_7 + x_1 + x_2 + x_3 + x_4 \geq 28 \\ x_1 \sim x_7 \geq 0 \text{且为整数} \end{cases}$$

该问题可运用 Excel 或 WinQSB 进行求解,下面给出 WinQSB 的求解步骤。

(1)启动线性规划与整数规划程序(Linear and Integer Programming)。单击【File】→【New Problem】,弹出 "LP-ILP Problem Specification"对话框,输入题目、决策变量和约束条件数量,选定目标函数类型、决策变量取值范围等(图 8-40)。

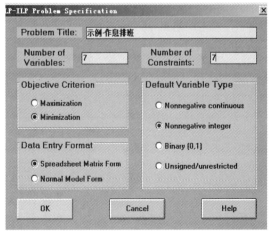

图 8-40 建立新问题

（2）单击【OK】按钮，弹出数据录入窗口，完成数据录入（图 8－41）。

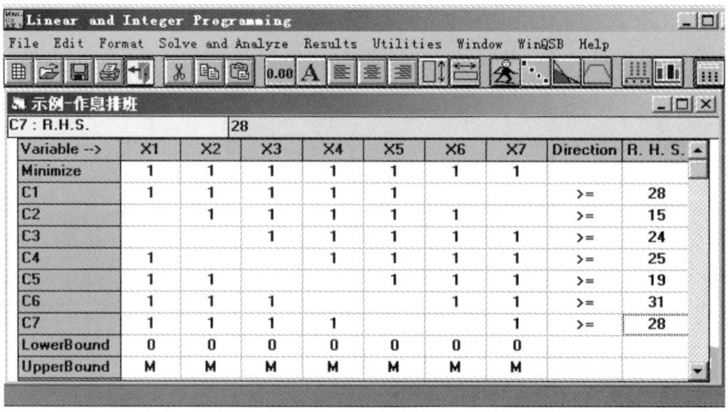

Variable -->	X1	X2	X3	X4	X5	X6	X7	Direction	R. H. S.
Minimize	1	1	1	1	1	1	1		
C1	1	1	1	1	1			>=	28
C2		1	1	1	1	1		>=	15
C3			1	1	1	1	1	>=	24
C4	1			1	1	1	1	>=	25
C5	1	1			1	1	1	>=	19
C6	1	1	1			1	1	>=	31
C7	1	1	1	1			1	>=	28
LowerBound	0	0	0	0	0	0	0		
UpperBound	M	M	M	M	M	M	M		

图 8－41 录入数据

（3）单击【Solve the Problem】按钮，可求得结果如图 8－42 所示：安排 12 人在周一、周二休息，安排 11 人在周三、周四休息，安排 5 人在周四、周五休息，安排 8 人在周六、周日休息。该弹药库最少要配备 36 名工作人员，并由此得一周工作人数排班表 8－13。

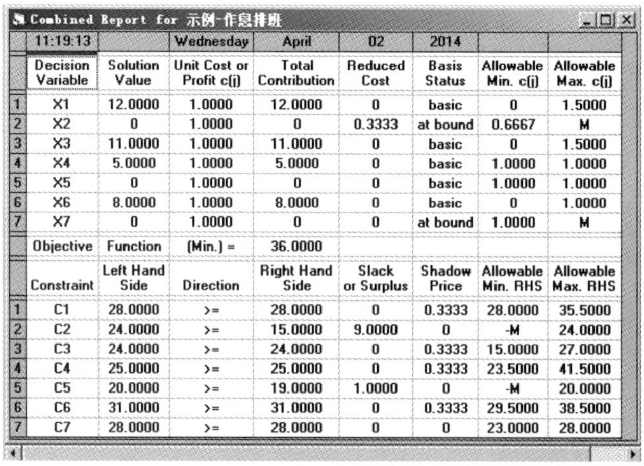

	Decision Variable	Solution Value	Unit Cost or Profit c(j)	Total Contribution	Reduced Cost	Basis Status	Allowable Min. c(j)	Allowable Max. c(j)
1	X1	12.0000	1.0000	12.0000	0	basic	0	1.5000
2	X2	0	1.0000	0	0.3333	at bound	0.6667	M
3	X3	11.0000	1.0000	11.0000	0	basic	0	1.5000
4	X4	5.0000	1.0000	5.0000	0	basic	1.0000	1.0000
5	X5	0	1.0000	0	0	basic	1.0000	1.0000
6	X6	8.0000	1.0000	8.0000	0	basic	0	1.0000
7	X7	0	1.0000	0	0	at bound	1.0000	M
	Objective	Function	(Min.) =	36.0000				
	Constraint	Left Hand Side	Direction	Right Hand Side	Slack or Surplus	Shadow Price	Allowable Min. RHS	Allowable Max. RHS
1	C1	28.0000	>=	28.0000	0	0.3333	28.0000	35.5000
2	C2	24.0000	>=	15.0000	9.0000	0	-M	24.0000
3	C3	24.0000	>=	24.0000	0	0.3333	15.0000	27.0000
4	C4	25.0000	>=	25.0000	0	0.3333	23.5000	41.5000
5	C5	20.0000	>=	19.0000	1.0000	0	-M	20.0000
6	C6	31.0000	>=	31.0000	0	0.3333	29.5000	38.5000
7	C7	28.0000	>=	28.0000	0	0	23.0000	28.0000

图 8－42 求解结果

表 8－13 工作人数一周安排

开始上班日	星期一	星期三	星期五	星期六	合计
安排人数	8	12	11	5	36

（九）弹药运输任务分配

［情况想定］现有 *A*、*B*、*C*、*D* 四项弹药运输任务，每项任务由一辆车完成，可选车辆为甲、乙、丙、丁、戊五辆车，每车固定配一名驾驶员，根据路况、车况及驾驶员等不同条件，各车完成任务所需平均时间如表 8－14 所示，问如何指派任务使所需总时间最短？哪辆车可不派任务？

表 8–14 车辆完成任务所需时间　　　　　　　　　　　　　　　　　　　h

	车辆甲	车辆乙	车辆丙	车辆丁	车辆戊
任务 A	3	5	5	6	7
任务 B	6	4	4	7	3
任务 C	8	6	5	8	6
任务 D	4	5	9	7	4

[方案题解] 给任务和车辆按原来顺序编号，引入 0–1 变量 x_{ij}，并令

$$x_{ij} = \begin{cases} 1, & \text{第 } i \text{ 项任务分派给第 } j \text{ 辆车完成} \\ 0, & i=1,2,3,4;\ j=1,2,3,4,5 \end{cases}$$

设 Z 为完成任务总时间，该问题的 0–1 整数规划模型为

$$\min Z = 3x_{11} + 5x_{12} + 5x_{13} + 6x_{14} + \\ 7x_{15} + 8x_{21} + 6x_{22} + 5x_{23} + 8x_{24} + 6x_{25} + \\ 4x_{31} + 5x_{32} + 9x_{33} + 7x_{34} + 4x_{35} + 6x_{41} + \\ 4x_{42} + 4x_{43} + 7x_{44} + 3x_{45}$$

$$\text{s.t.} \begin{cases} \sum_{i=1}^{4} x_{ij} = 1,\ j=1,2,3,4,5 \text{ (每辆车只能完成一项任务)} \\ \sum_{j=1}^{5} x_{ij} = 1,\ i=1,2,3,4 \text{ (每项任务只能由一辆车完成)} \\ x_{ij} = 0 \text{ 或 } 1,\quad (i=1,2,3,4;\ j=1,2,3,4,5) \end{cases}$$

该问题可运用 Excel 或 WinQSB 进行求解，下面给出 WinQSB 的求解步骤。

（1）启动网络模型程序（Network Modeling），单击【File】→【New Problem】，弹出"NET Problem Specification"对话框，选择问题类型为"Assignment Problem"，输入题目、车辆数、任务数，选定目标函数类型为"Minimization"（图 8–43）。

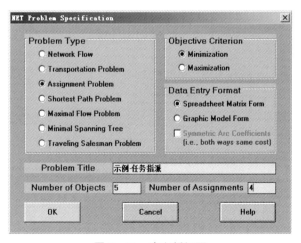

图 8–43　建立新问题

（2）单击【OK】按钮，弹出数据录入窗口，输入完成任务时间，单击【Edit】→【Node Names】，重命名任务与完成者名称（图 8-44）。

From \ To	车辆甲	车辆乙	车辆丙	车辆丁	车辆戊
任务A	3	5	5	6	7
任务B	6	4	4	7	3
任务C	8	6	5	8	6
任务D	4	5	9	7	4

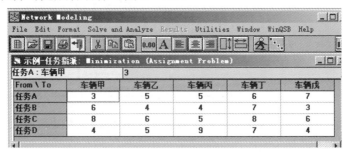

图 8-44　录入数据

（3）单击【Solve the Problem】按钮，求得结果如图 8-45 所示：车辆丁未派任务，完成任务总耗时 16 h。单击【Results】→【Graphic Solution】，可得到任务指派方案网络图（图 8-46）。

03-31-2014	From	To	Assignment	Unit Cost	Total Cost
1	任务A	车辆甲	1	3	3
2	任务B	车辆戊	1	3	3
3	任务C	车辆丙	1	5	5
4	任务D	车辆乙	1	5	5
5	Unfilled_Demand	车辆丁	1	0	0
	Total	Objective	Function	Value =	16

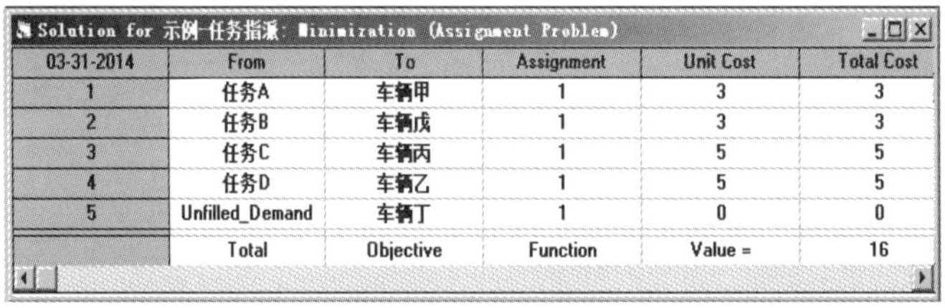

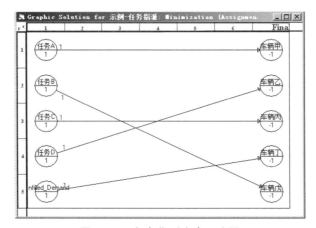

图 8-45　求解结果

图 8-46　任务指派方案网络图

思考与练习

1. 简述装备物流运筹优化的概念。
2. 装备物流运筹优化问题包括哪些？
3. 时间序列预测法的基本思想是什么？
4. 请概括装备供应运筹规划所解决问题的基本特点。
5. 试运用 WIN QSB 分析计算示例三弹药调运方案优化。

参 考 文 献

[1] 全军军事术语管理委员会,军事科学院. 中国人民解放军军语(全本)[M]. 北京:军事科学出版社,2011.
[2] 杨西龙,甘明,王丰,等. 军事物流工程[M]. 北京:中国物资出版社,2012.
[3] 李山麑. 现代物流概论[M]. 北京:北京理工大学出版社,2012.
[4] 王树礼,盛卫超,倪明仿,等. 装备物流概论[M]. 哈尔滨:哈尔滨工程大学出版社,2009.
[5] 王丰,姜大力. 物流工程概论[M]. 北京:首都经济贸易大学出版社,2008.
[6] 罗毅,王清娟,刘小玲. 物流装卸搬运设备与技术[M]. 北京:北京理工大学出版社,2007.
[7] 祁立雷,等. 通用弹药保障概论[M]. 北京:国防工业出版社,2010.
[8] 金秀满. 军事物流系统工程[M]. 北京:中国财富出版社,2014.
[9] 齐二石,霍艳芳. 物流工程与管理[M]. 北京:科学出版社,2016.
[10] 姜大立,彭良涛,张军. 现代物流系统规划与设计[M]. 北京:中国石化出版社,2008.
[11] 蔡军锋. 弹药保障信息技术[M]. 北京:国防工业出版社,2018.
[12] 吴清一. 现代物流概论[M]. 2版. 北京:中国物资出版社,2005.
[13] 王长琼. 物流系统工程[M]. 北京:中国财富出版社,2014.
[14] 金秀满. 现代军事物流理论研究[M]. 北京:中国财富出版社,2013.
[15] 徐寿波. 关于物流工程的几个问题[J]. 北方交通大学学报(社会科学版),2003,2(1):21-22.
[16] 单圣涤,陈洁余. 关于"物流"与物流工程中几个基本概念的探讨[J]. 中南林学院学报,2006,26(5):106-112.
[17] 姚恺,安振涛,李德鹏,等. 高技术战争条件下弹药物流发展研究[J]. 商品储运与养护,2006,5:25-27.
[18] 李欣. 军事物流工程课程群建及教学模式研究[J]. 军事交通学院学报,2018,20(2):58-61.
[19] 胡玉清,高铁路,张帅. 基于约束理论的装备物流系统研究[J]. 物流科技,2011,3:117-120.
[20] 纪红任,张炜,刘克胜,等. 逆向装备物流系统特征研究[J]. 中国物流与采购,2007,24:59-60.

[21] 姚恺,安振涛,吴雪艳,等.面向应急保障的弹药物流体系分析研究[J].物流技术,2007,26(5):123-125.
[22] 任煜,张厚猛,高斌,等.对我军装备物流建设的几点思考[J].物流科技,2006,29(136):77-80.